JN201229

統一戦線論

戦間期ドイツの
歴史的経験から
未来へ

石川捷治 著
ISHIKAWA SHOJI

People's Front on the Days of Crisis

Historical Experiences of German Political Movements in the Weimar Period

晃洋書房

まえがき

私たちはどこへ向かっているのか。霧の先に何があるのか。いま私たちは何をすべきなのか。

私たちが生きている今日が、「危機の時代」であることは多くの人が認めるであろう。「危機」（クライシス）は「岐路」でもあり、私たちに選択のあり方を鋭く問うている。だが、直面する人々にとっては深い霧のなかという状況が常である。

「危機の時代」には、これまでは常に様々な形で「統一戦線」が語られた。統一戦線という言葉が生まれたのは、100年以上前のことである。この概念には政治変革・革命のスピリットが込められている。だから、最初は、革命をめざした、コミンテルン（第3インタナショナル、共産主義インタナショナル）や共産党によってまず用いられた。そして歴史のなかで様々な経験を経てきた言葉（概念）である。要するに、危機に直面した広範な人民・ピープル（多様な市民）が、最も切実な要求や志向を寄せ合って、危機に対抗し、それを克服するための民衆結集の形態（組織・運動・論理を含む）、ピープルズ・フロント（people's front）である。共通の敵に対して、多様な主体がその多様性を保ったまま、共同で対抗しようとする試みだといえる。

本書は、日本が歴史的分岐点にある（と考えられる）今日、「現代の統一戦線」（新しい人民戦線／ピープルズ・フロント）の意義およびその有効性と可能性について論じようとするものである。「ピンとこない！」「あればいいけど、そんなの夢で実現可能性はないのでは？」という反応が多いだろう。しかし歴史を振り返ってみると、実際に統一戦線が形成され、現実政治を動かす力となったケースも少なくない。第一次世界大戦直後の1920年代初頭や反ファシズムが焦点となった1930年代には、それは人々の「希望の星」でもあった。

ドイツの1920年カップ・クーデターに対する統一戦線は、ワイマール共和制（1919〜33年）を救う巨大な威力を発揮した。23年には、統一戦線がクーノー反動政権を打倒した。しかし32〜33年の一番肝心なときに、反ナチ統一戦線が成立せず、ヒトラーに敗北した。フランス、スペインにおいては、反ファシズム人民戦線が成立した。アジアでは、中国の「抗日民族統一戦線」やベトナムの「解放民族戦線」などの統一戦線が文字どおり世界の歴史を動かした。戦後日本においては、政治の反動化を阻止し、平和と人間らしい暮らしを求める人々にとって、統一戦線は大衆自身の言葉となり、政治変革の合い言葉となった。第二次世界大戦直後から70年代まではそのような状況が続いた。しかし、今日の危機のなかで「統一戦線を」という声はまだ小さくしか聞こえてこない。ヨーロッパなどからは、「ファシズム・リバイバル」や「第三次世界大戦」という声までが聞こえてくる。

2025年は、日本の戦後でいうと80年となる。80年という時間は明治維新から敗戦までの時間（77年）より長くなる。つまり「戦後」が「戦前」よりも3年長く積み重ねられるわけだ。戦後がこれからも永久に続くことを祈りたいが、ここに来て、「新しい戦前」へという動きが急速に強まっている。その中心にあるのが、「戦争国家」化である。戦前の反省から、戦後国家は、政治家・官僚・財界人などが自由に操れる中央集権的国家ではなく、市民の声が反映できる自治体を重視する平和国家として構想された。今日それが崩されようとしている。「新しい戦前」への人々の危機感はまだ大きくなっていない。それが危機の最も本質的な問題である。戦前と同じだ。最悪の状況への想像力が欠如している（これも戦前と同じだ）。日本の市民社会は今、正念場を迎えている。私たちが「仕方ない」と流され続けた後、どのような現実が待っているのか、流されながらも抵抗の方法はないのか、と考える。

かつてファシズムに敗北した経験をもつ私たちは、あの嵐の時代に遭難したあの場所・あの海域への探査に乗り出さざるをえない船乗りと同じ気持ちになる。あの時、なぜ反ファシズム勢力は統一戦線を組めなかったのかという疑問が、これまで常に提起されてきた。しかし、統一戦線とは本当は何もので、どうすれば実現可能なのか。戦前の嵐の時代の統一戦線をめぐる実相はどうだったのか。今日の危機的状況のなかで統一戦線という処方箋は有効なのか。日本において現実的可能性はあるのか。この本では、「新しい統一戦線」の必要性と可能性を論ずるが、あくまで我流であり、私論であるとともに試論である。

本書は、旧来型の統一戦線が時代的には終焉したことを前提としながら、これまでの歴史過程のなかに私たちが受け継ぐべき教訓や問題点があるとの立場から、歴史に学び、未来に向けての若干の整理を試みようとするものである。

本書は4部から成る。序章では統一戦線とは何かの原理論を、第Ⅰ部では1920～39年のヨーロッパ、特にドイツの歴史過程を、第Ⅱ部では今日の統一戦線をめぐる状況を、第Ⅲ部では4人のメンバーによる討論を、という「ごった煮」である。この構成でしか出せない「味」＝表現があるのではないかと考えたからである。そのようになっているかどうかは読者諸賢の判断に委ねたい。

［付記］蛇足ながら、「へんてこりんなごった煮」の本との付き合い方について付言する。

本書は、もちろん冒頭から読んでいただく予定で構成されているが、第Ⅲ部の座談会から読んでいただくのもよいかもしれない。というのは、本書出版の原動力となってきた「現代統一戦線論研究会」のメンバーが、本書の意義や何を問題にしているのかについて、様々な観点や方向から明らかにし、本書の読書案内ともなっているからだ。さらにいえば、第Ⅲ部の次に第Ⅱ部において今日の問題のあり様を探っていただき、序章と第Ⅰ部の歴史的プロセスに分け入っていただくのが理解しやすいかと思う。

統一戦線論／目　次

第Ⅰ部　歴史のなかの統一戦線
──1920〜39年の戦間期ヨーロッパ、特にドイツを中心に

第Ⅱ部　現代日本において統一戦線は可能か

第Ⅲ部

〔座談会〕本書は今日の危機時代に何を問うているのか

石川捷治＋星乃治彦＋平井一臣＋田籠純子

序　章　統一戦線とは何か

（1）統一戦線研究への私の思い

「統一戦線」という言葉は一般的にはあまり馴染みのあるものではない。『広辞苑〔第5版〕』によれば、「（united front）政治運動などにおいて、ある共通の目標に対して諸党派または諸団体が協同して形成した持続的な運動形態。人民戦線の類」とある。だが今、統一戦線のイメージを浮かべられる人は少ないだろう。

政治変革を志す人々にとって、かつてこの統一戦線は「希望を語る」言葉であった。しかし今日において、その言葉を現実の政治的変革と結びつけて語る人は少ない。その意味では統一戦線という言葉そのものがかなり死語と化しているといえる。しかし、1960年代~70年代に私がこの統一戦線に興味をもち、研究対象の1つとして選択したときは、この言葉がまさに「希望を語る」ものであった。ベトナム反戦、南ベトナム解放民族戦線、チリ人民連合政府、ユーロ・コミュニズム、革新自治体などの統一戦線運動が眼前で展開され、各野党や反体制グループなどがそれぞれ統一戦線構想を打ち出していた。政治的変革の方法論としての統一戦線は前提ないし当然視され、その実現はまさに時代的要請として認識されていたといえる。

私はこうした状況のなかで、理論的にも実践的にも、統一戦線があたかも安易に実現可能なものであり、そこに至る過程とそれがもたらしうるものが、それを熱望する人の熱望の分だけきっちりと美しい希望に満ちあふれた未来を約束している、かのように語られる当時の統一戦線論に若干の違和感を憶えたのである。冷徹な権力の様態に触れつつ歴史事実を検討する政治史という手法を用いながら、統一戦線の理論的形成過程およびその実践過程の実態を明らかにすることによって、統一戦線の展開を、常に自らの政治的立場をにらみながら主導していったコミンテルン、特にドイツ、スペインの共産党というその時代における推進主体の側から分析することを当時試みた。これによって、様々な肯定しうる側面をもってはいるが、なかなかうまくいかない統一戦線運動の危うさ、困難さを明らかにしたかったのである。統一戦線を無自覚に肯定する時代状況に一本釘を刺すことで、統一戦線の理論と実践が太い筋金の通った運動を実現するために、私なりの微力を添えたいと思ったのである。

しかし1989年以降、そうした時代状況そのものが変化し、いわば統一戦線を「正の側」（可能性）からだけ見ていた人々はどこかに行ってしまい、「負の側」（困難性）をも見ていた私は取り残されてしまった。「まだ、そんなことに関心をもっているのか」と不思議がられたりした。こうした私の統一戦線への歴史的スタンスを明らかにするためには、研究に取り組んだ時点での統一戦線史研究状況を概観して、当時の研究状況に対して私がどのような認識をもっていたのかを説明するほうがいいかもしれない。

(2) 統一戦線史研究（1989年以前）の問題点

統一戦線史に関する研究がいかに展開されてきたかという研究史的視点からみれば、1989年以前と以後において、大きな変化があった。その変化を一言で表すならば、統一戦線史研究の終焉である。正確にいえば、もし将来、統一戦線史研究の再生があるとすれば、研究の第一次高揚期の終焉ということになるだろう。もちろん、1989年以降も、コミンテルンやドイツ、スペインなどの政治・社会運動についての優れた研究も生まれているが、少なくとも統一戦線に焦点をあてたものは、管見の限り、ほとんどない。*1 まず、1989年以前の研究状況について概観しよう。

当時、とりわけ統一戦線史研究における中心的対象の1つであったドイツの統一戦線運動に関しては、当時のドイツ民主共和国（東ドイツ）やソ連をはじめとする社会主義諸国、ならびにドイツ連邦共和国（西ドイツ）を中心とした欧米諸国、さらに日本において、研究の蓄積があった。特に旧東ドイツ・旧ソ連においては、統一戦線運動史の研究がコミンテルン史ないしはドイツ共産党史研究の一環として、活発に行われていた。

当時の東ドイツでの研究は、エルジル（Wilhelm Ersil）、クルシュ（H.-J. Krusch）、ライスベルク（Arnold Reisberg）、マンマッハ（Klaus Mammach）などに代表される。またソ連での研究では、レイプゾン（Б. M. Лейбзон）、シリーニャ（К. К. Ширния）などが日本でもよく知られ、研究者の注目を浴びたといえる（それぞれ「引用・参考資料文献等」を参照されたい。以下同じ）。それらの研究は、当時私たちが直接見ることのできない未公開や未公刊の資料を利用しながら、新しい史実を掘り起こして、中央レベルでの動向だけでなく、地方・地域レベルの運動の実態を解明するというきわめて精細なものとなっていたし、そのなかで、統一戦線運動が現代における政治的変革の主体として創造的な役割を果たした点が力説されていた。しかし、そのような研究において私が感じた問題点は次の3つであった。

第1の問題点は、研究の対象とされている時期に大きな片よりがあったということである。研究は、1921年から22年にかけてのコミンテルン第3回・第4回大会の時期と、35年のコミンテルン第7回大会の時期、いうならば「正」の経験の時期に集中しており、「負」の経験であった23年の革命の敗北とか、30年代初頭の反ファシズム（ファッショ化阻止）統一戦線の不成功――ナチスの権力掌握を許す結果となり、現代史のうえできわめて重大な意味をもった――などの時期に関しては、意外なほど取り上げられていなかった。例えば1971年に出されたライスベルクの『統一戦線政策の源泉（資料）―行動の統一をめざすドイツ共産党の闘争（1921～1922年）』は2巻本834頁に及ぶ大著［Reisberg 1971］だが、同書では、21年から22年までの統一戦線政策のひとつの帰結であったはずの23年の統一戦線運動の経験には言及されていない。もっとも、旧東ドイツにおいても23年の問題に正面から取り組もうとした研究がまったくなかったわけではない。23年の夏までの運動の展開を扱った研究は、少数ながら存在していた。しかし、1966年にマルクス・レーニン主義研究所の編集による『ドイツ労働運動史（*Geschichte der deutschen Arbeiterbewegung*）』（全8巻）が出版され、ドイツ社会主義統一党（SED）の公認の見解が示された後は、23年の時期に関する研究はほとんど進められていないという状況に当時はあった。

1930年代初頭に関する研究においても事情はほぼ同じだ。したがって、当時の研究状況においては、ワイマール共和制期全体を通じての統一戦線運動の分析となると、この『労働運動史』以外にはなく、また同書によっても、次に指摘する第2の問題点とも関わって、ワイマール共和制期の統一戦線運動の全体的総括を知ることにはならないように私には思われた。

第2の問題点は、分析の視角である。第1の点で指摘したように研究が集中している時期とそうでない時期があったのであるが、集中時期の研究をみてみると、分析視角に次のような特徴があった。統一戦線運動史研究が主として統一戦線政策史、つまり、コミンテルンやドイツ共産党において統一戦線の理論や政策がいかにして形成・発展してきたかという観点からなされていることであった。確かに、統一戦線の理論や政策の形成・発展過程を抜きにしては、統一戦線運動史研究は成り立たないのは事実である。

しかし、いわゆる「プロレタリア革命党」（前衛党）が統一戦線を中心とした路線を形成ないし確立することと、現実に統一戦線が結成され、それが期待されるような役割を果たすことができるかどうかとは、当然のことながら別の問題である。例えば1922年から23年にかけてのドイツ共産党は、統一戦線を単に戦術とするのではなく、プロレタリア革命の戦略にまで高め、統一戦線政府が社会主義への移行形態となりうる可能性を認めた戦略路線を確立した。しかし、そのような路線の形成は、現実政治のなかで、その路線に基づく革命の実現を保障しなかったのである。一般に統一戦線政策を評価する場合は、それぞれの歴史的条件のなかで、運動として展開され（実態）、その運動が提起した諸々の問題点を含めて考察しなければ歴史的な評価はできないはずだが、研究においては、客観的条件と課題の相違を無視して、当時到達した統一戦線論の立場からの固定的な評価基準を押しあてて各時期の理論・戦術・運動の正否を評価することがしばしば行われている、と私には思われた。

第3の問題点は、第2の点と関連が深いのであるが、当時の研究においてはレーニンやディミトロフやトリアッティなどの権威を借用し、例えば、具体的分析を指導者の文言で代えるなどして、自己の統一戦線運動の立場を正当化する観点から論述される傾向があったということだ。

こうして考えると、当時の東ドイツやソ連における豊富な研究に含まれている問題点は、一言でいえば、統一戦線運動の大衆運動としての側面へのスポットのあて方が弱いということだ。そのため、私が最も知りたいところの問題、すなわち、どのような条件のもとに統一戦線は成立したのか、政治危機のなかで統一戦線が維持・発展できなかったのはなぜか、そして、30年代初頭において反ファシズム統一戦線が成長せず、途中で失速状態に陥ったのはなぜか、といった疑問に答えてくれるようなドイツ・ワイマール期における統一戦線運動の内在的総括は見受けられなかった。

次に、欧米諸国における研究は、ドイツの統一戦線運動に正面から焦点をあてたものは少なかったとはいえ、統一戦線運動に触れた研究は全体的にはかなりの数が発表されていた。それらの研究は、東ドイツやソ連の研究にみられるような、ある時期の運動の経験については避けて通るといった傾向はみられなかった。資料も多方面から収集されており、それを批判的に検討しているので、私たちが学ぶ点も多かった。しかし、統一戦線運動を分析する視点に関しては、問題がないわけではない。例えば1963年に発表されたW・T・アングレスの『流産した革命(*Stillborn Revolution*)』は、2巻500頁を使い、1921年から23年までのドイツ共産党の統一戦線運動を詳しく扱っているが、そこでは、ドイツ共産党とソ連外交との関連、特に、ドイツ共産党のモスクワへの隷属を論証することに多くのエネルギーが割かれていたように思われる。確かに、ドイツ共産党とコミンテルンおよびソ連外交との関連という問題も、統一戦線運動史の研究にとって重要テーマの1つではあるが、しかしそれがすべてというわけではない。このような視点からのものが多い欧米の研究に、統一戦線運動の内在的総括を探ることはほとんど期待できないのである。

最後に、当時の日本における統一戦線運動史研究の状況について触れたい。当時はようやく本格的研究の段階を迎えたばかりであった。というのも、当時の日本においては、それまで国際労働運動史や社会主義運動史の概説的叙述のなかで、その一部として触れられるにすぎなかった段階から、諸外国における研究の成果を紹介することに主力が注がれる段階を経て、問題意識の点からも、史料的にも、かなりオリジナルといってよい研究が開始されていたからである。*2 しかし、当然ながらそうした開始期の段階であるがゆえに、必ずしも先に指摘したような諸外国の研究にみられる問題点を抜け出ているという状況ではなかったように思う。

さて、以上のような国内外の研究状況から課題を引き出そうとするならば、統一戦線運動そのものの分析において、大衆運動としてもっている内在的ダイナミズムを把握することであった。私もこうした課題を意識しつつ、統一戦線運動に関する研究を進めてきた。私の関心はとりわけ統一戦線の形成・成立にまつわる政治過程、換言すれば、統一戦線という政治運動の形成・成立を実現する客観的条件と、それに関する諸主体の政策形成や政治行動、および両者の関係性に向けられたのである。

(3) 現代統一戦線(新しい統一戦線)の困難性と可能性

私は統一戦線を次のように定義している。

「統一戦線運動（Einheitsfrontbewegung）とは、労働者階級あるいは労働者階級を中心とする被抑圧諸階級・諸階層（人民諸階層）を政治的・社会的に代表する諸組織と個人が、世界観や政治上の基本原理、綱領などの相違を前提としながら、当面する緊急にしてもっとも重要な課題を解決するために、共通の目標をかかげ共通の敵に対して共同の戦線を構築して闘おうとする目的意識的な運動である。また、その組織的形態としては、いわゆる『前衛政党』を中心として、ピラミッド型に結集するかなりハードな形態から、政治的多様性とそれぞれの組織や個人の個性とフィーリングのちがいを前提とした中心の多元性をふくむ緩やかな運動的結合や一致、すなわち『多様性の統一』とでもよべるような形態まで、さまざまなものがある。」[*3]

あえていえば、この定義は統一戦線を政治運動論的に捉えようとするものである。言葉づかいが古くさいと感じる人もいるかもしれない。要するに「統一戦線」とは、歴史的に様々な変遷はあるにせよ、その形態の違いを問わず、危機に直面した広範な人々（諸組織および個人）が、最も切実な要求や志向を寄せ合い、危機に対抗・克服するために生まれる民衆結集の形態・統一的運動である。だからその統一的組織は多様な要素を含んでいる。

反ファシズム統一戦線の場合は、多様性（＝自由）を破壊しようとするファシズムという共通の敵に対して、多様な主体がその多様性を保ったまま、共同で対抗しようとした試みであった。しかし現実には、多様性を保ちつつ共同することは簡単なことではない。多様性を保つことは、対立の萌芽を含んでいることでもある。その困難性は歴史的事実のなかに散見される。

だがそれでも、統一戦線が成立する場合がある。歴史的経験としては、ドイツでの１９２０年カップ・クーデターに対する統一戦線は巨大な威力を発揮した。１９２０年にワイマール共和国が葬られていた可能性があったのを１２００万人が結集した統一戦線によって粉砕したのである。23年には実質的な反ファシズム統一戦線である「反クーノー統一戦線」ができて、反動政府と初期ナチズムを粉砕した。にもかかわず、ドイツで一番肝心なとき（１９３２～34年）に反ファシズム統一戦線（人民戦線）はできなかった。フランス、スペインではそれが成立した。しかし、ファシズムが政権を掌握した、日本・ドイツ・イタリアはいずれも反ファシズム統一戦線は形成されなかったのである。

戦後日本においても、統一戦線をめぐる政治過程はいくつかの段階的変遷を経験してきた。敗戦直後においては、自然発生的大衆運動の高揚とＧＨＱの方針転換があり、「民主主義擁護同盟」（民擁同）などの統一戦線的運動組織も生まれたが、各政党指導部の内部対立や路線の未確立もあり、全体としては混沌のなかでアメリカの占領政策の貫徹を許す結果となった。次の1960~70年代では、「警職法改正反対闘争」「安保闘争」「ベトナム反戦」「革新自治体運動」「創・共協定」（1974年12月、創価学会と日本共産党は「日本に新しいファシズムをめざす潮流が存在しているとの共通の現状認識」に立ち、それと闘うために今後の協力関係を築こうとする協定を締結した）というように、労働・市民運動に統一の気運がみなぎった。

1960年の安保反対運動が大きな威力を発揮できたのは、「安保改定阻止国民会議」が社会党、共産党、総評を中心として結成され、その傘下に多くの団体や労働者、農民、市民を結集できたからであった。当時全国に組織された2千余の共闘組織は安保闘争を歴史的なものにした原動力であったということができる。70年代安保闘争においてもその再来をめざして運動が進められた。

しかし80年代に入ると、その流れをくい止める体制側の動きが激しくなり、「社公合意」（80年1月、社会党・公明党による連立政権構想で共産党排除）の影響下で、統一の気運はしぼんでしまった（81年「革新懇」運動が始められ、草の根からの統一戦線をめざす運動が続けられたことにも注目）。それから40年近くの時間が経過して、2015年安倍内閣による「半クーデター」的手法による安保法制（「戦争法」）の強行に反対する国民的運動のなかから「野党は共闘」の声が起こり、統一へのスイッチが入った。「市民と野党の共闘」の時代に突入し、共闘は国会選挙などで一定の成果をあげ、21年9月、4野党の政策合意、さらには野党連合政権構想へと進もうとしたところで、支配勢力の激しい「反共闘」「反共」の嵐に遭遇し、その政治プロセスは現在進行中である（詳しくは第Ⅱ部第2章参照）。

（4） 統一戦線とはどのような「現象」か

なぜ統一戦線（人民戦線を含む）が実現したり、そうでなかったりするのか（歴史上現れた成立時の「勢い」と「熱」はなぜなのか）。基本的な問題を挙げると、「時間」「空間」「主体」の3つを構成要素とする「現象としての統一戦線」問題がある。

①時　間……危機の政治過程、瞬間としての統一戦線（現象）、ファッショ化過程の場合、その成立の時間を限定するものとして、「不可逆点」（point of noreturn）の存在という問題がある。

戦線というイメージから想像されるように、かなり長期にわたる恒常的なものを想定する場合が多いが、実際の経験によれば、ある瞬間（一定の長さを伴う場合もある）にしか現れない「現象」である。そして、条件の変化とともに戦線は分解する。戦線をその都度組み直す必要がある。あくまで結集している人々の意見に従って、デモクラシーの原則のもとに再構築を繰り返すべきである。その分解傾向を無理やりに阻止しようとすると、デモクラシーと相反する事態を生ずることもある。最悪の場合には、「左翼からする強制的同質化」になる可能性さえある。

②空　間……危機の共有空間、「民衆的力学」と組織（政党、労働組合、市民）の問題がある。空間をデモクラシー的な関係が支配するのが望ましいのはいうまでもない。しかし現実的には、空間に対立の内在的要因が存在する以上、しばしば対立的側面が顔を出す。「統一戦線における論理と倫理」の問題が市民レベルで徹底的に議論される必要がある所以である。統一戦線の思想と文化の問題でもある。

③主　体……統一戦線を担う主体。政治の基本的な抵抗と対抗のなかで危機的状況に対応する主体の構図（市民、政党、労働組合等の配置の問題）がどのようになるかは、この統一戦線という現象の帰趨にとって、きわめて大きな問題である。

統一戦線という現象を考察する場合の問題を整理すると次のようになる。

①統一戦線の概念
②統一戦線の成立条件
③統一戦線の論理と倫理
④統一戦線のもつ本質的問題（デモクラシーの論理と統一戦線そのものの飛躍の問題との関連性、その困難性）

（5）統一戦線研究の衰退理由

統一戦線を推進する立場から、今日において統一戦線があまり語られなくなった理由について考えてみたい。

(1)「冷戦」終結と「統一戦線」という言葉のイメージの変化

「冷戦」は戦後世界を長期にわたって根本的に規定してきたが、1989～91年に基本的には終結した。アジアにおいては、単なる冷戦ではなく熱戦が闘われ、現在も朝鮮半島や中国・台湾等では最終的には終焉したとはいえない状況がまだ続いている。しかし、冷戦の基本的終結は、多くの人々に「戦争と大量殺戮」の20世紀から「平和と人道主義」の21世紀を展望させた。9・11事件以降、確かに逆流は生じたが、闘争ではなく平和を求める気持ちは人々の間で共通目標として急速に拡大していった。

統一戦線は、それ自体は軍事用語とはいえないが、闘争や戦争をイメージする、あるいはイメージしやすい言葉であることは確かであろう。脱冷戦の時代的雰囲気のなかで、統一戦線は固い、ともすればセクト的、イデオロギー的なイメージの言葉として避けられ、そして「民衆の結集」という意味には、共同（協働・共働）とか社会的連帯というやわらかく、漠然とした言葉が好まれるようになったのである。

(2)コミンテルン系の社会主義・共産主義の権威とモデル性の崩壊

(イ)「統一戦線」という用語・概念は、もともと主としてコミンテルン系の社会主義運動のなかにおいて提起されたものである（コミンテルンにおける「統一戦線現象」の発見とその戦術化）。コミンテルンの系譜を継ぐソ連や東欧の社会主義が崩壊し、現存する社会主義も失望の対象としかみられなくなった。すなわち、資本主義のオルタナティブとしての社会主義の権威およびモデル性が崩壊したのである。そのような現実のなかで、コミンテルン系譜の諸運動のもつ影響力の著しい低下がみられたが、それにともなってコミンテルン出自の統一戦線という言葉も死語となったのである。

(ロ)　コミンテルン系の社会主義運動においては、その出発の当初より統一戦線を含む革命の戦略・戦術論が広い意味での「暴力革命」（強力革命、武力革命）を中心として構築されていた。確かに1970年代、イタリア・フランスを中心とするユーロ・コミュニズムや、日本の共産党など一部（ユーロ・ニッポ・コミュニズムとも呼ばれた）においては、議会制民主主義を前提とした構造改良や、社会主義への民主主義的な道がめざされていた。しかし政治的変革における暴力（物理的強制力）の問題は、社会的強制力、組織的強制力の問題を含めて、政治と暴力の関係に関わる政治学の根本問題である。したがって、これまでは暴力（敵の出方によって余儀なくされる場合を含めて）を前提とした考え方であったが、これからは非暴力の考え方で行くというようにはならないはずである。暴力の問題は原理上の問題である。しかし、コミンテルン系の社会主義運動においては、民主主義とともに暴力の問題について原理的な検討があまりなされないまま、状況の変化にともなって、「非暴力」「民主主義」的な運動の模索が続けられた。しかし、上記(イ)のような変化のなかで政治変革における暴力の問題の探究自体も影が薄くなったのである。前衛が強力にリードするイメージが、「民主主義」「非暴力」を希求する人々に好まれなくなったのである。

(3)　社会の組織的形態の変化

「20世紀社会主義」が崩壊する以前（1989年以前）に構想されていた統一戦線は、いずれも労働者組織を中心とする組織としての民衆結集の形態であった。それは、第二次産業中心社会の反映でもあった。

しかし、第二次産業から第三次産業中心の今日の社会になると、強固な労働者組織自体が存在しなくなったり、弱体化してきている。いうならば「労働者の世界」から「消費者の世界」への変化ともいえよう。それにともない、労働者中心ではなく、市民中心へ、組織主体ではなく、個人を主体としたネットワーク型の民衆結集の形態が生まれてきた。そのような変化のなかで統一戦線という形態はもはや古いと捉えられたのである。新しい結集の形態を何と表現すべきか。ＳＮＳなどで結びつきやすくなった反面、それを使用しての分断という問題も生まれている。

⑷　敵の不明確さ

統一戦線は共通の敵に対する共同の戦線である。反ファシズム統一戦線が立ち向かった敵は、ファシズムという具体的目標をもった反動、つまり具体的な政権や政党や政治勢力であった。具体的な闘いははっきりした敵対関係において展開され、そこでの敵は容易に見えるものであった。

しかし今日、敵の姿は容易にはつかめない。新しい反動の形も十分には捉えられていない。グローバルな市場経済の広がりとそれを支える新自由主義が敵の本陣であろうが、そのどこを突けばよいのか、敵の姿があまり明確には見えてこない。つまり、統一戦線成立の不可欠な条件である共通の敵の存在とその姿が不明確なのである。

以上に挙げたような要因によって統一戦線という言葉は死語となり、それにともなって統一戦線研究も１９８９年以降、基本的には一応の終焉（「第1次高揚期」としての）を迎えたといえる。

しかし、歴史的転換期にあるところ、特に日本においては内外の危機を背景として戦後レジームの転換に直面しているが、その転換のあり方をめぐって、例えば「九条の会」「市民連合」などのような、意見の異なる広範な人々やグループを結集した新しい「統一戦線的なもの」（かつてのものよりさらに広く、緩やかであるが）がにわかにリアリティーをもってきた。文字どおりそれらが世論を動かす力をもち始めている。

＊１　統一戦線をめぐる今日の研究状況と課題については、［岡本　１９８2-86・１９８９］を参照されたい。

＊２　そのようななかで、注目すべき研究として以下がある。［加藤哲郎　１９９１］、［上杉　１９６９・１９７８］、［近江谷　１９７５］、

［中林 1969］、［石川浩 1972］、［山田徹 1979］、［篠塚 1984・2008］、［星乃 2007］。

＊3 私の統一戦線の定義については、［石川 2011・2010］および「コミンテルン史再考」（［石川ほか 1992］所収）を参照されたい。

第Ⅰ部

歴史のなかの統一戦線

——1920～39年の戦間期ヨーロッパ、特にドイツを中心に

ワイマール共和国時代のドイツ

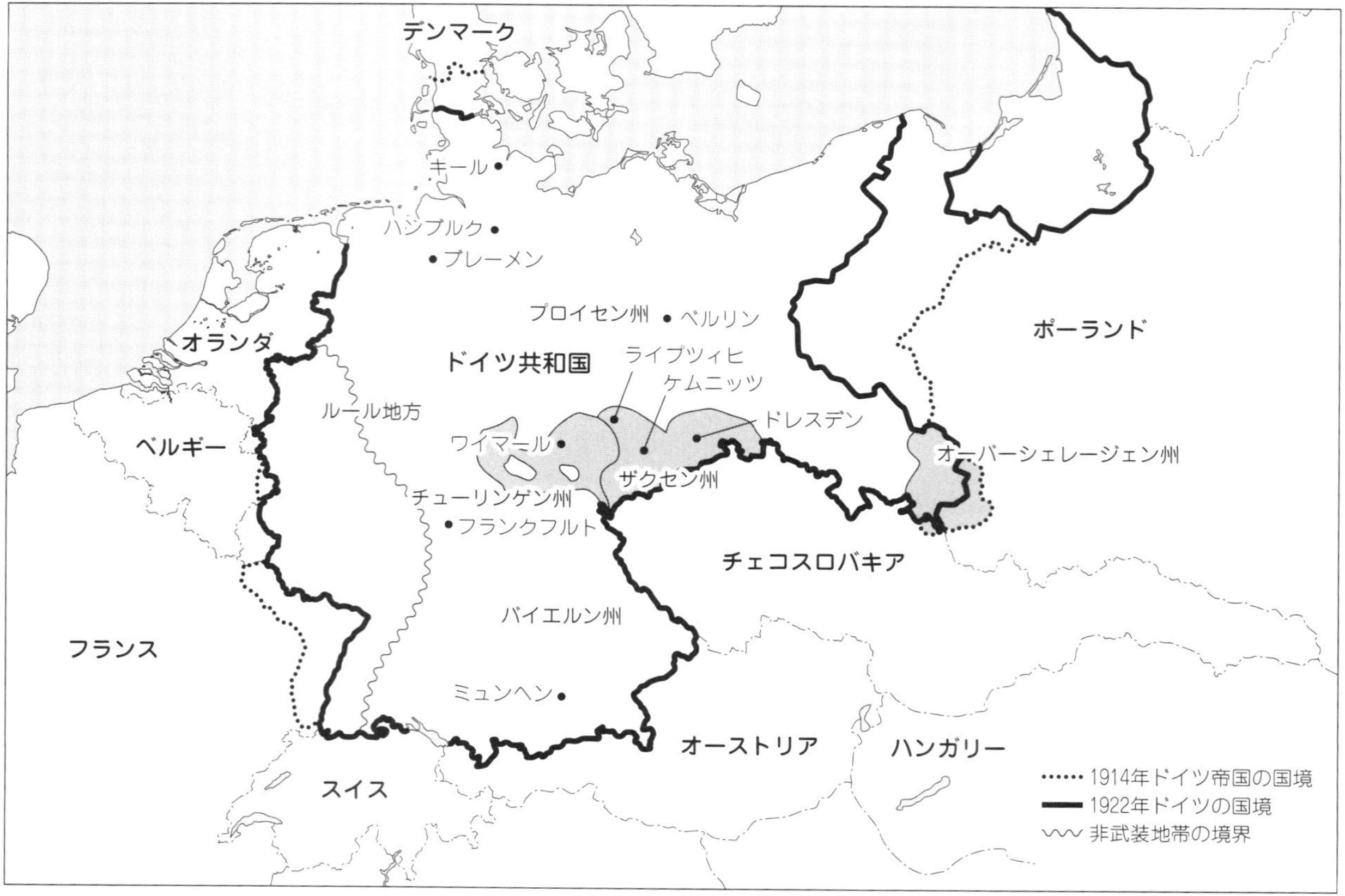

はじめに：歴史的前提

（1）なぜ戦間期ヨーロッパ、特にドイツを検討対象にするのか――統一戦線における歴史的条件

統一戦線という現象が最も鋭い形で現出したのは戦間期のドイツにおいてであった。統一戦線はファシズムと同じように「大衆の時代」に特有な現象であった。それは、ドイツの1920年代初頭の危機と世界恐慌による1930年代の危機が、いずれも政治体制の選択を問う性質（いうならば「革命」）のものであり、体制の根本的変革を志向する政治勢力が「統一戦線」現象を発見し、それを戦術として、その推進をめざしたからである。戦間期ドイツが統一戦線という現象のもつ様々な問題や今日においても論争になっている諸点を浮かび上がらせている、時期と場所であったことが重要である。

1920年代初頭に登場し今日に至るまでの100年間の統一戦線は、目的・内容・形態は多彩であり、その変化・発展は、推進者の主観的意図のみならず、客観的諸条件に大きく規定される。もちろん推進者の認識の変化は重要な問題であるが、その変化をア・プリオリなものとしてみるのでなく、歴史的条件の変化と関連づけてみることが必要だと考える。そこでまずここでは、戦間期を中心に、ヨーロッパにおける統一戦線の歴史過程について、諸条件に応じて変化・発展した統一戦線（運動）の世界的な主要動向を段階区分することによって、統一戦線の展開をあとづけ、統一戦線における歴史的条件を確認しておきたい。

まず、統一戦線（運動も含む。以下同じ）の現実的展開条件は、一般的にいって帝国主義段階において生まれる。またこのことは、そこに誕生した「大衆の時代」の産物でもあったのである。すなわち、統一戦線の具体的内容と形態が何よりも世界帝国主義の動向によって規定されることを意味している。

この規定的条件をより具体的にみるならば以下の3つが考えられる。第1に、世界帝国主義を中心とする資本主義の動向（好況、不況、恐慌、高度経済成長、危機、戦争など）であり、さらにそれらとの関連において、その国家が占める「世界システム」のなかでの位置（中心・中核—半周辺—周辺—外部世界）である。第2には、第1と不可分の政治的支配形態（ブルジョア的支配の態様、すなわち、「ブルジョア民主主義」、大衆民主主義の程度、議会制民主主義の制度的定着度、ファシズム支配の存否、権威的秩序の存否とその程度など）である。第3には、以上の2点と密接に関わりをもち、それらに規定される労働運動内部の諸潮流、特に改良主義的諸潮流の動向である。

以上のような条件に規定された統一戦線を推進する側から、その展開を考察すると、次のように時期区分できるであろう。

前　期（1905～20）　自然発生的統一行動と「プロレタリア革命党」の創設＝第一次ロシア革命から第一次世界大戦後の革命的高揚期〔戦後革命期〕

第1期（1921～23）　「統一戦線」現象の発見とコミンテルンにおける戦術化＝ヨーロッパ革命の退潮期

第2期（1924～33）　「下から」の統一戦線戦術の「推進」＝相対的安定期およびファシズムの台頭・勝利期

第3期（1934～39）　反ファシズム統一戦線・人民戦線の形成と崩壊＝ファシズムをめぐる国際的対抗と妥協の交錯期

第4期（1940～47）　反ファシズム統一戦線の崩壊と再構築＝第二次世界大戦と戦後処理期

（2）　前期（1905～20年）について

統一戦線という概念が提起されたのは、1921年のコミンテルンにおいてであるが、統一戦線という言葉で表現される実態（状況・運動・組織）は、すでにコミンテルン創立以前にも歴史的に生まれていた。それはロシアにおける革命運動のなかで生まれた「ソヴェト」（Soviet）という組織である。したがって、1921年に始まる統一戦線の「第1期」の前に「前期」を設定した。

19世紀末に世界的規模で帝国主義が成立したが、日露戦争は世界史上最初の帝国主義戦争であった。日本とロシアの背後には、それぞれイギリス・アメリカ、ドイツ・フランスがあり、日本とロシアはともに後発帝国主義国として、これら列強の複雑な利害を代表して戦ったのであった。この日露戦争のさなか、ロシア第一次革命の発端となったのは1905年1月の血の日曜日事件であった。対馬海戦の前後からストライキ闘争は激化し、政治ストが増加した。同年5月15日、ゼネストを続けるイワノヴォ・ヴォズネセンスク市で、最初の労働者代表ソヴェトが組織された。

労働者代表ソヴェトは、工場を基礎として一定の割合で選出された労働者代表の会議であり、反体制諸党派の結集体であった。ソヴェトはイワノヴォ・ヴォズネセンスクでは、50日間にわたるゼネストを指導したが、ペテルブルク・モスクワなど多くの都市でも形成され活動した。このソヴェトは自然発生的に形成されたものだが、実体的には統一戦線的組織であった。このことは、革命期ないし政治危機の時期には、統一戦線の推進主体が目的意識的に追求しない場合でも、労働者の自然発生的な統一行動が起こり、統一戦線的な組織が生まれることがありうることを示している。ドイツにおけるその後の展開過程においても経験されることになる。

世界帝国主義の成立は「プロレタリア革命」の客観的条件を準備し、特に第一次世界大戦は帝国主義諸国における危機を促進した。しかし、政治変革の指導部となるべき第2インタナショナルの諸政党は、19世紀の「平和的」時代に政治的にも経済的にも半ば体制内化され、危機的状況に対応できなかった。革命を達成するには、まず第2インタナショナルから革命派を分離し、新しい革命党に結集することが要求された。1903年のボリシェヴィキ（ロシア社会民主労働党ボリシェヴィキ派）の形成、19年のコミンテルンの結成、そして20年のコミンテルン第2回大会に至る各国での共産主義党派の結成の過程がそれである。

レーニンは、1905~17年のロシア革命の過程で、統一戦線戦術の先駆的形態ともいうべき他の小ブルジョア的民主主義党派、「小ブルジョア的」社会主義党派との統一行動を追求したが、彼にとって他党派との「統一」はきわめて条件的なものであって、原則はプロレタリア革命党の独自性を堅持し、他党派への批判と闘争を通じて、大衆を革命の側に結集することにあった。

第一次世界大戦直後の各国における政治危機に対応した勤労大衆の統一行動は、17年革命におけるソヴェトだけでなく、18年のドイツ革命におけるレーテ（Räte）や20年の反カップ闘争における各種の統一組織（レーテも含む）にみられるごとく、自然発生的傾向の強いものであった。以下、ドイツにおける統一行動の初期的経験と統一戦線戦術の形成（第1章）、統一戦線運動の展開と挫折（第2章）、ファッショ化過程と統一戦線の不成立（第3章）を歴史のなかで探ってみることにする。

第1章　反カップ統一戦線の経験――その力と意義（1920年）

1　反カップ闘争における統一戦線の形成と「社会主義的政府」

（1）クーデターの発生

世界史上最初の総力戦であった第一次世界大戦に敗北したドイツでは、旧来の国家権力の統合力が解体し、既存の価値体系が倒壊するなかで、平和と民主主義を求める広範な大衆運動が自然発生的に展開され、1918年から19年にかけてのいわゆる第一次〈高揚期〉には、「帝政打倒」とその後の新体制をめぐる労働者・兵士の武装闘争という形態がとられた。

1918年10月末、キール軍港の水兵の反乱をきっかけに戦争の継続に反対し平和を求める運動が全国に広がり、蜂起した労働者と兵士は各地に労働者・兵士評議会（Arbeiter und Soldatenräte）権力を樹立した。ヴィルヘルム二世をはじめドイツ各地の王侯は退位し、ベルリンでは11月9日、社会民主党（Sozialdemokratische Partei Deutschlands, SPD）のシャイデマンによって共和制が宣言された。11月10日、社会民主党と独立社会民主党（Unabhängige Sozialdemokraticshe Partei Deutschlands, USPD）の代表からなる「人民委員協議会（Der Rat der Volksbeauftragten）」という臨時政府が、労兵評議会（レーテ）と共存する形で成立した。この政府は、連合国と休戦条約を締結（11月11日）し、他方、ボルシェヴィキ型の革命を阻止するために革命派を抑え、ユンカー（Junker）や軍部や独占資本と「妥協」しながら、旧国家機構の解体を最小限度に止めようとした。

社会民主党幹部の行動は、第二帝制期における彼らの歴史的に形成された心性や体制内的行動の習慣等によって強く規定されていた。しかし、革命に参加した労働者・兵士の多数は、革命直前のマックス・フォン・バーデン内閣への復帰を意味するような共和制ではなく、より進んだ「社会的共和制（社会的民主主義）」を望んでいた。彼らは労兵レーテ全国大会（1918年12月）において、国民議会の召集に賛成しつつも、軍隊民主化と鉱山の社会化（すなわち軍部・重工業の打倒へ繋がる）を決定した。革命状況における政治指導部と大衆は二重の意味で乖離していた。労働者の多数の支持を得ていた社会民主党指導部は革命を終息させようとしていたし、他方、革命推進派のスパルタクス団（Spartakusbund：後のドイツ共産党の前身）は、労働者大衆の望むものをはっきりとは把握できない、たぶんに観念的な少数派にすぎなかった。

1919年1月19日の国民議会選挙の結果、社会民主党は総投票数の37・8％を得て第一党となった。2月に革命勢力の強いベルリンを避けてワイマールに召集された国民議会は、エーベルトを臨時大統領に選び、社会民主党、中央党（Deutsche Zentrumspartei, Z）、民主党（Deutsche Demokratische Partei, DDP）のいわゆるワイマール連合からなるシャイデマン内閣を組織した。ついで同連合を基礎とするバウアー内閣に引き継がれ、この内閣のもとで、ヴェルサイユ条約の調印、ワイマール憲法（「1919年8月2日ドイツ国憲法」の通称）が制定・公布された。

このような経過のなかで、議会制民主主義形態による共和国（Weimarer Republik）が誕生した。1919年の1月闘争が挫折させられた後、「反革命」の側は著しく強化された。

ワイマール憲法は当時の世界で最も民主的な憲法であるといわれたが、その制度的外観にもかかわらず、ワイマール民主主義は様々な矛盾ないし弱点をもっていた。

第1は、第二帝制の直接の支柱であったユンカー・軍部・重工業独占資本が強力な勢力として残存し続けた点である。ワイマール憲法がしめす国家形態は、本来第二帝制の国家機構、社会、経済の根本的改革なしには成り立たないものであった。ユンカー・軍部・重工業独占資本は、民主主義そのものに敵意を抱き、ワイマール体制の受益者であるという観念が薄く、共和国政府を我慢の対象としてしかみていなかった（民主主義化の阻止要因の存在）。

第2は、ワイマール体制の国民統合のうえでの正統性（Legitimität）の点である。ワイマール共和国政府は、敗戦とヴェルサイユ体制の苛酷な抑圧を皇帝と軍部をはじめとする旧体制の責任として明確化しえなかった。ドイツは戦争に負けたのではなく、革命とストライキが背後から匕首《あいくち》で刺したのだという「匕首伝説」（Dolchstoßlegende）が右翼政党やナチ党等によって宣伝された。敗戦の責任者たる皇帝と軍部の身代わりとしてヴェルサイユ条約の屈辱的条件を受諾させせられたワイマール共和国政府への不信感は大衆のなかに根強いものがあった。国民統合の要であるはずのナショナリズムは、反ワイマール民主主義派の専売特許となった。

第3は、より根本的な問題であるが、いわば民主主義の物質的基礎に関わる点である。[*1] ドイツは、後発帝国主義国であり敗戦によって第一次世界大戦前の帝国主義支配システムを喪失し、その意味では「民主主義的奴隷制」の物質的基礎を破壊されていた。そのような物質的基礎をもたない国家（しかもかつての政治大国）が、危機に直面した場合、先発帝国主義と同じく、ブルジョア民主主義的国家形態を維持することがはたして可能であるのかという問題である。もちろん、国内の社会・政治・経済・文化の根本的・構造的変革によって可能性が開かれる場合はあるが、それを不問に付したドイツのワイマール体制においては大変困難であったといえよう。

しかし、次のことは強調しておきたい。1918年のドイツ革命の発生直後、ボリシェヴィズムの回避という消極的な選択から生まれたワイマール共和国（体制）は、多くの対立や矛盾を内包したものであったが、共和国の崩壊はすでに時間の問題であったということを必ずしも意味するものではない。多様で混沌としているが可能性をはらんだ民主主義を育む道が、すべて塞がれていたわけではなかった。その可能性を現実性に転化するカギは、通常いわれているように伝統的保守派の姿勢にかかっていたのではなく、労働者と中間層に基礎をおく政治勢力がどのような力を発揮するかにかかっていた。

1920年1月10日、ヴェルサイユ条約は発効した。同条約は、ドイツ陸軍を10万人へ、海軍を1万5千人へ制限することを規定していた。削減が開始された。社会民主党連立政府は、2月29日、エールハルト海兵旅団とレーヴェンフェルト海兵旅団の解散を指令した。この解散指令が、革命からわずか1年3か月後に共和制打倒の反革命クーデターが発生する直接の契機となったのである。

1920年3月22日早朝、帝制時代の国旗「黒＝白＝赤」を押したて、鉄兜にハーケンクロイツを掲げたエールハルト旅団（5千名）が首都ベルリンに侵攻し、その中心部を占領した。国防軍第一軍団司令官リュトヴィッツ将軍指揮下のこのクーデター軍は、元東プロイセン総監で国家人民党（ＤＮＶＰ）幹部のカップを首班とする軍事独裁政権の樹立、ワイマール連合内閣の退陣と国民議会の解散を宣言した。社会民主党を中心とする連合内閣は、国防軍にクーデター鎮圧のための出動を要請した。国防軍の実権を握るゼークトは、その要請を拒絶した。大統領エーベルトや首相バウアーをはじめ政府閣僚はベルリンを退避し、自派勢力が比較的安定しているとみられたドレスデンへ、ついでシュットガルトへと遁走した。各地の義勇軍（Freikorps）は、カップ政府樹立に呼応して軍事行動を開始した。ワイマール共和制を打倒しようとする反革命の諸潮流は、カップ・クーデターを契機として結集し始めた。反革命は勝利をおさめるかにみえた。

クーデター政権は即日、「政府布告」を発し、ストライキやサボタージュなどの新体制への反抗は祖国への反逆行為であると威嚇したうえで、政治的民主主義を一掃した軍事独裁体制の樹立と帝制復帰への志向を表明した。[*2]この復古的色彩をおびた政府布告は、反革命クーデターの階級的基盤を浮き彫りにしていた。クーデター政権の閣僚の多くが東部プロイセンの大土地所有者ないしは軍人であることに象徴されているように、東部のユンカーをその主要な担い手としていた。独占資本は1918年の11月革命を経るなかで、ユンカーの勢力から支配階級内部でのイニシャティヴを奪っていた。独占資本の影響が強い保守政党が、クーデター政権を全面的に支持することに躊躇する理由もそこにあった。だが保守政党は、11月革命の達成物を一掃しようとするカップ新政府にまったく反対であったのではなく、同情的でさえあった。ワイマール共和国軍（国防軍）の立場も同様であった。各地の義勇軍はカップ政府樹立に呼応して軍事的行動を開始した。ワイマール共和制を打倒しようとする反革命の諸潮流は、カップ・クーデターを契機として結集しつつあった。

（2）クーデターに対する労働者諸政党の反応

カップ＝リュトヴィッツのめざす方向は、11月革命においてドイツ人民が獲得したブルジョア民主主義の全面的否定に他ならなかった。政治的自由や議会制民主主義の否定は、社会民主主義者にとって、自らの存立基盤そのものの喪失を意味した。

ドイツ労働組合総同盟（Allgemeiner Deutscher Gewerksbund, ADGB 以下、労働総同盟と略す）は、軍事クーデターへの対抗手段としてゼネストの実施を決定した。ベルリンを退避した大統領エーベルトや首相バウアーらは、社会民主党中央委員会と共同して次のようなゼネスト宣言を発した。

「軍事一揆（Militärputsch）が発生した。バルチックの傭兵たちは、共和国を打倒し、リュトヴィッツとカップを首班とした独裁政府を樹立しようと企てている。市民・労働者・同志諸君！　我々は、今日、血なまぐさい傭兵連隊に服従するために、革命を遂行したのではない。我々は、バルチックの犯罪者たちとは妥協しない。……この一年余りの事業は水の泡となり、諸君が困難な犠牲を払って獲得した自由は、破壊されようとしている。いまや、徹底した防衛手段がとられなければならない。ルーデンドルフらの軍事独裁が支配する限り、どの経営も操業をしてはならない。労働を放棄せよ。ストライキに突入せよ。この反動的徒党の息の根をとめよ。共和国防衛のために、あらゆる手段をもって闘え。そこにこそ、ヴィルヘルム二世の復帰を防ぐ唯一の手段があるのである。」*3

このゼネスト宣言は、社会民主党党員閣僚の全員と社会民主党中央委員会代表オットー・ウェルスの署名を付して、3月13日付で発表された。これまでゼネストという戦術には強い拒否反応を示してきた社会民主党指導部がゼネストに訴えざるをえなかったのは、それが彼らに残された政権復帰への最後の頼みの綱であったからに他ならなかった。しかし、その姿勢は断固としたものとは言い難かった。社会民主党指導部は、後にアピールの閣僚署名は自ら書いたものでないと否定したり、ゼネストの徹底的実行について躊躇したり、副首相シッファーをベルリンに残留させてカップ政権との間に交渉の可能性を見出そうともした。

独立社会民主党中央委員会は、翌3月14日、「カップ、リュトヴィッツらが企図していることは、労働運動にこれまで以上の束縛と迫害をもたらす」[*4]との声明を出し、労働総同盟と社会民主党閣僚によって呼びかけられたゼネストを支持して、「この独裁の打倒は、労働者階級の完全な解放と革命的社会主義の勝利のための闘争の第一段階である」[*5]との積極的位置づけを与えた。

ドイツ共産党（Kommunistische Partei Deutschlands, KPD）は、すでに反革命クーデターの危険性について警告を発していた。1920年2月25日にカールスルーエにおいて非合法下に開催された同党第3回大会において、クララ・ツェトキンは反革命軍事クーデターの危険性について警告し、3月4日付共産党機関紙《ローテ・ファーネ》（Die Rote Fahne＝『赤旗』）は一大キャンペーンをはり、クーデターの危険性について大衆に注意を喚起していた。[*6]

しかし、ドイツ共産党中央は、社会民主党政府閣僚が呼びかけ労働総同盟が指導するゼネストの提起に対して、その最初の判断と対応において、著しい立ち遅れをみせた。クーデター勃発当日に発表された共産党中央委員会の声明「ルーデンドルフのブリュメール18日、軍事独裁か？ プロレタリア独裁か？」は、次のようにいう。

「カップ反革命クーデターは支配階級内部の抗争にすぎない。したがって、〈共和国を守れ〉などというスローガンのもとに、リープクネヒトやローザ・ルクセンブルクを虐殺した政府であるエーベルトやノスケの政府を擁護せねばならない道理はまったくない。……プロレタリアートは、ブルジョア独裁の、みすぼらしい仮面にすぎない民主共和国のために指一本だって動かさないであろう。[*7]」

ここでは反革命クーデターへの対応という問題が、「ブルジョア独裁か、プロレタリア独裁か」の選択という形で提起されていたのである。

こうしたドイツ共産党中央委員会がクーデター当日にとった対応は、このクーデターをロシア革命におけるコルニーロフの反乱（1917年8月）と同一の性格をもつものとみなし、ブルジョア民主主義擁護（ケレンスキー政権の擁護）ではなく、それがもたらすであろう「政治危機」のなかにプロレタリア革命への転化の可能性を見出そうとするものであった。ゆえに、この政治危機こそがプロレタリア革命への第一歩であるから、ブルジョア民主主義擁護のためのゼネストの呼びかけには応じる必要はない、ということであった。

しかし、共産党中央が反革命クーデターとの闘争を不必要と考えていたわけではない。社会民主主義幹部のゼネスト指令に対する労働者大衆の動向および同党独自の反カップ闘争について、次のような見通しが党中央にはあった。

「つい昨日までエーベルトやノスケらのイデオロギーに呪縛され、きわめて激しい資本家の圧迫のもとに武装解除させられてきた労働者階級は、この瞬間には行動に決起できない。このことを明らかにすることが、我々の義務だと考える。労働者階級は、自らが有利だと考える瞬間に、自分たちに適した手段でもって、軍事独裁に対する闘争を始めるであろう。その瞬間はまだ来ていない。軍事独裁の実態が暴露されたときが、まさにその時である。[*8]」

しかし、このドイツ共産党中央の見通しは事実によって打ち砕かれた。13日、ハレ、メルゼブルクなど各地では工場労働者が抗議行動に決起し、自然発生的にストライキ闘争に突入した。労働者大衆は社会民主主義幹部のゼネスト指令にただちに積極的に応えた。社会民主党閣僚と労働総同盟のゼネスト宣言に対する労働者大衆の反応は、ドイツ共産党中央の予測を完全にくつがえすものだったのである。

(3) 反カップ統一戦線の形成と勝利

3月13日、独立社会民主党はゼネスト支持を表明した。翌14日付の同党の声明は「この独裁の打倒が、労働者階級の完全な解放と革命的社会主義の勝利のための闘争の第一段階である」[*9]と位置づけた。同じく13日には、職員層やいわゆるホワイト・カラーを構成員とし、従来政治ストライキを拒否してきた自由職員組合連合(Arbeitsgemeinschaft freier Angestelltenverbände, AfA)が、労働総同盟と共同でのゼネスト決議を行った。3月14日、黄色組合(協調主義的傾向の強い)のヒルシュ=ドゥンカー(Hirsch Dunker)労働組合もゼネストを支持した。さらには、中央党の影響の強いキリスト教労働組合(Christliche Gewerkschaften)も15日にゼネストの支持を表明した。16日には、ドイツ公務員同盟(Deutscher Beamtenbund)もゼネストに突入した。

このように広範な労働組合が短時間のうちにゼネスト支持を決定したのは、労働者大衆のカップ・クーデターに対する憤激と危機感がいかに強かったかを示すものであった。11月革命の成果を守れというアピールは、君主制への復帰の危険性を目の前に見せつけられた労働者大衆を急激に統一させるに至ったのである。強力な「統一の磁場」が発生した。

それは、共産党下部組織においても例外ではなかった。共産党中央のように静観してはいなかった。共産党の地区ならびに居住や経営単位の組織の大部分は、党中央の態度とは違って、労働者大衆の危機感や反革命に対する憎悪をもち、最初の瞬間から反革命クーデター打倒のためのゼネスト参加という姿勢を明確にした。例えばラインラント=ヴェストファーレンやエルツゲヴィルゲ=フォークトラントの共産党地区委員会は、反革命クーデターへの闘争を呼びかけ、ゼネストを実施するなかで、労働者の武装と「労働者評議会」(Arbeiterräte)の樹立を訴えた。もちろん、政府閣僚や労働総同盟などの社会民主主義幹部の呼びかけをそのまま鵜呑みにしたのではなかった。エルツゲヴィルゲ＝フォークトラント地区委員会は「この裏切者の政府は、いまや諸君たちに救いを求め、ゼネストを呼びかけている。この政府のためではなく、君たち自身のために闘争に立ち上がらねばならない」と強調した。[*10] 各地で共産党員はストライキ指導部や行動委員会の組織化に全力をあげ、反カップ闘争の先頭に立った。

このような労働者大衆の動向と共産党下部組織の突き上げによって、ドイツ共産党中央は、3月14日、早くも前日の態度を変更せざるをえなくなった。党中央は同日ゼネストを指令した。ドイツ共産党は反革命クーデターに反対する労働者階級の統一行動を呼びかけ、「カップ＝リュトヴィッツ政府の即時退陣、国防軍・保安警察（Sicherheitspolizei）・地区防衛隊（Einwohnerwehren）・義勇軍の武装解除、ブルジョアジーのあらゆる武器の即時没収、労働者評議会統制下の革命的労働者軍の創設、すべての政治犯の釈放」[*11]などの徹底した要求を提出した。さらに共産党は、ワイマール連合政府のこれまでの支配層との妥協政策がクーデターを許す要因であったとして、反革命クーデターの背後にあるユンカーと独占資本という〈後援者たち〉の仮面をはぎ、政府によるこれまでの有害な労働者敵視政策の実施者であった「血の支配者ノスケ、エーベルト、バウアーらの復帰にも反対して闘う意志を明らかにしなければならない」[*12]と訴えた。それは、反革命クーデターの粉砕と同時に、反カップ闘争をプロレタリア革命へと移行させようとするものであった。

カップ反革命クーデター発生からわずか2日後の3月15日には、ゼネストは全ドイツに波及した。ドイツ全土にわたって交通機関がストップし、ほとんどの大都市でデモンストレーションと抗議集会が開催された。[*13] 地方レベルにおいては、ドイツ共産党、独立社会民主党、社会民主党の3つの労働者政党の間に複数の協定が成立し、共同のストライキ指導部が結成された。3つの労働者政党の各党員と、その影響下にある労働者、あるいはキリスト教系組織労働者、無党派の労働者が、共同してカップ・クーデターに対する防衛闘争を闘うための様々な名称の統一戦線組織――「ストライキ委員会（Streikausschüss）」、「統一委員会（Einheitskomitee）」、「執行委員会（Vollzugsräte）」、「人民委員会（Volksausschüss）」――を作り上げ、そこに結集した。

首都ベルリンでは、独立社会民主党、共産党、ベルリン労働組合会議（Berliner Gewerkschafts Kommission）の各代表からなる統一ストライキ中央指導部が成立した。ベルリンの労働者大衆は、1918年11月革命においてもみられなかったほどの活発な行動に決起した。

各地の統一戦線組織は掲げている目標も様々であったが、大別して2つの傾向をみることができた。1つは、労働総同盟や社会民主党系の社会民主主義者がイニシャティヴを握った組織であり、他方は、独立社会民主党左派を含む共産主義者の指導性が貫徹している組織であった。前者がワイマール・デモクラシーの擁護を前面に押し出したのに対し、後者の共産主義者のイニシャティヴによる組織は、ブルジョア・デモクラシーそのものをも超えるような要求と行動を提起したところに特色があった。これらの傾向の異なった統一戦線組織は、各々の地域的な不均等をともなって複雑に絡み合いながらも、全体として反カップ戦線を形成していた。[*14]

チューリンゲン州のイェナの場合、3月13日に共産党と独立社会民主党によって「行動委員会」が樹立され、その後、社会民主党を加えた3労働者政党の代表を含む「執行委員会」が成立した。共産党が強い影響力をもっていたケムニッツでは、ドイツ共産党ケムニッツ地区委員会のイニシャティヴのもとに、3月15日、各経営において労働者評議会（レーテ）の選挙が行われ、秘密投票によって「執行評議会」が成立した。その内訳は、共産党10名、社会民主党9名、独立社会民主党1名、民主党1名であった。[*15] 執行評議会は下部組織として、ストライキ指導部、軍事指導部、食糧監察委員会、警察監察委員会などの諸機関をもち、クーデター反対闘争の一環として、ケムニッツの労働者の支持のもとに約3千名の労働者が武装し、クーデター軍との対抗行動のなかで、市の主要部所を占拠するとともに、クーデター軍に呼応して行動を起こしていた義勇軍の武装解除に成功した。ケムニッツの労働者統一戦線は、共産党幹部ハインリヒ・ブランドラーの指導のもとに、共産主義者と社会民主主義者による「一種の連合地方ソヴェト政府」[*16]を形成し、一時的にではあれ、地方的国家権力機関を麻痺させることに成功した。

本来階級協調的性格の強い社会民主主義者の変化は、彼らの政治的基盤であるブルジョア民主主義（特に議会制民主主義）の危機という条件のもとで、しかもドイツ共産党の政治的影響力が他の地方に比べて強力であり、地方の政治諸組織が共産党を無視して行動できないという地方的特殊性のうえに出現した現象であった。ところが後にブランドラーはこの特殊条件を考慮せずに、反カップ闘争の経験を一般化してしまうことになる（例えば、ドイツ共産党第8回大会における彼の発言を参照）。*17

労働者の武装闘争は、ルール工業地帯において最高点に達した。この地域ではすでに第一次世界大戦中より伝統的に、独立社会民主党左派系の労働運動が指導権を握っていた。*18 特に西部鉱山地域のエッセン、ミュールハイム、デュイスブルクなどが、その拠点であった。ルールにおいては、ストライキ闘争が流血をともなう対立にまで発展するといった事態がしばしば発生した。ワイマール連立政府は特にこの地方に国防軍を常駐させていたが、ヴァッター将軍麾《き》下《か》の部隊は、緊張を緩和するというよりはむしろ対立を激化させる役割を果たした。すなわち、兵士の多くが労働者から嫌悪されていた反共和主義的な義勇軍出身者によって構成されており、彼らの粗暴な行動が日常的に市民との対立を惹起していたからである。*19

ルールの鉱山労働者、金属労働者たちはベルリンからのゼネスト呼びかけに呼応して、3月13日より全面的ストライキに突入した。各地で共同の闘争指導部、行動委員会、執行委員会が成立した。例えばフランクフルトでは、独立社会民主党、社会民主党、共産党が共同アピールを出し、共同闘争のための行動委員会を結成した。*20 ニーダーライン地区の3労働者政党は、労働者大衆の急激に広がった行動決起を反映して、きわめて急進的なスローガンを提起している。3月14日付の同地区3政党連名のアピールは、「レーテ体制を基礎とするプロレタリアート独裁機関による政治権力の奪取！　経済部門の社会化の実施！　これらの要求実現のためにゼネストに突入せよ」と訴えた。*21 決起した労働者の圧力は、社会民主党をもレーテ樹立に賛成せざるをえなくした。だが、ニーダーラインの社会民主党組織は、翌日には動揺しアピールの線から後退して「バウアー政府擁護のためのみにゼネストを実施する」*22 と宣言した。

3月13日夜から14日にかけて、各地でカップ新政府樹立に勢いづいた右翼的な自警団と労働者との武力衝突が発生した。ルールでは、ヴァッター将軍が全域にわたる軍事的制圧を指示した。武装労働者は3月15日、カップ支持の義勇軍、自警団などとの衝突において最初の勝利を収めたが、そうした武力衝突の過程で「赤軍」を結成した。共産党員、独立社会民主党員、社会民主党員、各系統の労働者および労働組合員からなる戦闘員は、その数約10万にも及んだといわれている。[*23] なお、アングレスは赤軍の規模を5万人と推定している。[*24] 赤軍は各地区単位で独自に編成され、その地区の行動委員会、執行評議会と緊密に連携して行動した。3月18日には、ドルトムント、エッセンなどの大都市で赤軍が軍事的主導権を握った。3月20~23日には、赤軍はルール地域の主要都市をほぼ全域にわたって影響下におさめることに成功した。これらの地区においては、ケムニッツと同じく、労働者評議会の再建が始められた。さらにこうしたルール地方労働者の武装闘争は、クーデター軍へ合流しようとする義勇軍のベルリン進行を阻止し、カップ＝リュトヴィッツらの計画を頓挫させるのに大きく貢献した。[*25]

ドイツ全土にわたる都市労働者、勤労大衆の闘争は農村地域にも伝播し、カップ・クーデターの階級的基盤であるユンカーの地域支配にも影響を与えた。メクレンブルク地域では1万数千の農業労働者が武装して決起し、土地闘争を展開した。[*26] 農村での闘争は、カップ政権の後方を揺るがすものであった。

ドイツの労働者・勤労大衆は、いままで経験したなかで最も強力な大衆運動を行おうとしていた。あらゆる思想傾向の1200万人のドイツ人民が反革命に対する闘争に参加し、行動した。[*27] 労働者の強力な統一行動は、中間層・インテリ、さらにはブルジョアジーの一部に属する人々までをも反カップの戦線に結集させた。ブルジョアジーと中間層の政治的代弁者である民主党は声明を発し、ワイマール憲法擁護、カップ・クーデター反対の立場を明確にした。[*28]

1200万人の労働者・勤労大衆の統一行動の圧力は、支配勢力内部に大きな恐怖をもたらした。内部矛盾が激化した。国防軍内部では、将校と兵士との間に対立が生まれた。国家人民党は、カップ・クーデターの目的に関して、全面的ではないにしろ支持をしていた。すなわち、11月革命の達成物を一掃し、労働者の諸権利を剥奪し、社会民主党を排除した支配体制の確立をめざすという方向性においては一致していたにもかかわらず、もはやカップを援助することができないようになってしまった[*29]。化学工業の独占資本は、反カップの大衆闘争がプロレタリア革命へと転化することを恐れ、可能な限り早急に反革命クーデターを鎮圧する必要があると判断した。これらの企業家は3月15日に、労働者の反カップ・ストライキを「是認」し、ストライキ期間中の賃金については支払うという前代未聞の声明を発し、労働者大衆の慰撫に全力を傾けた[*30]。こうしてカップ政府は、支配階級内部でも孤立したのである。

1920年3月17日、全ドイツにおけるストライキの波が高揚するなかで、カップと主要なクーデター指導者は国外に逃亡した。

（4） 統一戦線から「新政府」への展望

カップ反革命クーデターによってもたらされたドイツの政治危機は、労働者諸政党の幹部たちの予測を超えた自然発生的な労働者の統一行動を生み、形成された統一戦線組織はさらに巨大な闘争を呼び起こし、短期間のうちにカップ政府を打倒した。

当時、『共産主義内の「左翼主義」小児病』の執筆を急いでいたレーニンは、この反カップ闘争の報告を受け、高い評価と今後の発展に次のような大きな期待を寄せた。

「たんに都市労働者大衆のあいだだけでなく、ドイツ農村のプロレタリアートのあいだでも労働者権力への転換が始まったが、この転換は世界史的な意義をもっている。……それは、われわれが、ドイツのソヴェト政府と手をとりあってすすむ時期が遠くないという確信を、われわれにあたえる[*31]。」

広範な自然発生的大衆ストライキ運動が最高潮に達し、共産党および急進化した労働者の指導によって、労働者がクーデター部隊の武装解除に着手し、主要都市で革命的経営評議会が活動を再開し、さらに一部の地方では、労働者評議会が復活し、ゼネストから労働者の武装、全国的な武装蜂起へと高まる可能性が生まれていたといえる。まさに、レーニンの期待する方向へと運動は展開するようにみえた。

支配勢力はこうした大衆運動の流れをせきとめるために、労働者の統一戦線を分裂させることに全力を傾けた。シュッツトガルトへ「退避」していた社会民主党政府閣僚もまた、労働者や勤労大衆の統一行動がブルジョア民主主義擁護の線が「プロレタリア革命」にまで高まる危険性が生じるやいなや、それを阻止するために3月17日にはいっさいのストライキの中止と職場への復帰を呼びかけた[*32]。首都ベルリンにおける社会民主党幹部と国防軍首脳の動向は、「反ボルシェヴィズム」のための和解が両者の間に成立しつつあることを示した。ベルリンに残留しカップ政府との交渉にあたっていた政府閣僚のオイゲン・シッファーは、大統領エーベルトからの委任に基づき、ゼークト将軍を最高司令官に任命し、軍部の力で爆発的な労働者の武装闘争を抑え、「秩序」を回復しようとした。ゼークトとシッファーは、即日、連立政府の名前で、カップ・クーデター政権が発した声明とほぼ同じ言葉を使用して、ボルシェヴィズムとの闘争を呼びかけた[*33]。政府は、かつて反革命クーデターの鎮圧を拒否した国防軍や義勇軍を労働者弾圧のために投入することもやむをえないと考えた。反革命クーデターの中心部隊であったエールハルト海兵旅団に対しても、動員命令が下った。その際、ゼークト将軍は、クーデターを指揮したリュトヴィッツ将軍が採用した1日あたり7マルクの「カップ手当」を政府が代わって支払うという措置までとった[*34]。

しかし、闘争に参加した労働者大衆は、カップ政府の退陣だけでは満足せず、反革命クーデター部隊の反抗を阻止するに必要な保証を要求した。その保証とは、3月18日、労働総同盟などによって提出された9項目要求が実現されることであった。9項目要求とは、①新政府形成にあたっての労働組合の影響力の強化、②すべてのクーデター参加部隊の武装解除および参加将兵の処罰、③ノスケおよびプロイセン州閣僚（内相）ハイネの辞任、④行政機関からの反動的人物の一掃と民主化、⑤社会立法の整備、⑥鉱業やエネルギー生産部門の社会化の遂行、⑦地主に対する土地収用の実施、⑧あらゆる反革命的軍事組織の解散、⑨組織労働者に対する保安警察の統制、であった。[*35] これらの要求は反カップ闘争に参加した労働者大衆の願望を反映しており、実行されたならばワイマール・デモクラシーの理念性を大きく実質化しうる内容を有していた。

労働者大衆はこれらの要求を実現しうる新しい政府の樹立を希望した。労働者の大多数はワイマール連立政府の単なる復帰を望むだけではなかったのである。さらにこのような状況に直面して、カップ政府打倒闘争に結集した政党および労働組合は、この新政府形成という問題に対応し、指導性を発揮する必要に迫られた。

労働総同盟議長のカール・レギーンは、カップ政府打倒の当日、早くも新しい政府の構想を明らかにし、その実現のために各政治組織との交渉を開始した。この新しい政府は、当時「労働組合政府」(Gewerkschaftsregierung)もしくは「純粋な社会主義政府」(rein sozialistischen Regierung)という名称で呼ばれ、社会民主党・独立社会民主党の両政党、労働総同盟、自由職員組合連合、キリスト教労働組合、ヒルシュ・ドゥンカー労働組合などの諸労働組合の代表から構成されるとされた(「労働組合政府」と「純粋な社会主義政府」との相違は、若干の労働組合を構成部分に入れるか入れないかの違いであって、本質的な相違はない)。[*36] この政府問題は、3月17日のカップ打倒後初の独立社会民主党、共産党、労働総同盟の中央代表者会議および3月21日の大ベルリン中央ストライキ指導部の会議において、正式な議題として取り上げられた。

社会民主党指導部は、従来のブルジョア諸政党との連立政策にまだ多くの未練を残し、中央党や民主党の出方を静観するために明確な意思表示を避け、時間をかせごうとした。

独立社会民主党は、社会民主党を離脱した急進化した労働者たちが同党内に流入したため、左右両極分化がさらに激しくなっていた。そのため、同党は新政府問題に対しても複雑な対応を示した。党内右派はこのレギーン提案に応じようとする姿勢が強かった。しかし、反カップ闘争の過程において党内での比重を急速に高めた左派は、内部の意見対立が激しく早急に結論を出せる状況ではなかった。独立社会民主党左派の態度決定を左右する判断材料の1つは、この要請を受諾した場合、ドイツ共産党がいかなる態度をとるか、すなわち、新政府に対して「暴力による転覆」を準備するのか否か、という問題であった。

ドイツ共産党中央委員会内部では、「労働組合政府」もしくは「純粋な社会主義政府」に対する態度に関して、深刻な意見対立が存在した。本質的には社会民主主義諸政党・組織の連立政府である「純粋な社会主義政府」を支持できるのか。この政府構想自体を社会民主主義者の欺瞞的行動として粉砕し、独自で新たな途を切り開くのか。はたしてそのような可能性は現在どれだけ存在しているのか。これらの問題をめぐって、議論が闘わされた。

3月21日の大ベルリン・ストライキ中央指導部の会議において、タールハイマー、ヴァルハー、ピークなどの共産党代表は、「純粋な社会主義政府」（「労働組合政府」）に、独立社会民主党が参加するように強く主張した。ピークは3月23日のベルリン革命的経営評議会総会で、彼らの立場を次のように説明した。

「この政府は、プロレタリアートの成熟度に適合している。確かに、ただ過渡的な政府（Übergangsregierung）でしかありえないけれども、現在の時点では、労働者階級にとって最も好都合な現状打開策であろう。独立社会民主党の義務は、社会民主党多数派の左派とともに、この政府を形成することである。[*37]」

同時にピークは、この政府が根本的解決をもたらすものでないことを明らかにし、反革命勢力の策動を阻止し現状を変革するためには、労働者大衆の武装と労働者評議会（レーテ）樹立が不可欠であることを再度強調した。ピークは、現時点において、労働者評議会権力の即時樹立は不可能であるので、「純粋な社会主義政府」（「労働組合政府」、「労働者政府」）は評議会権力樹立の条件が成熟するまでの次善の策であり、その政府が大衆的運動を背景にして成立するならば、社会民主主義的政府であっても、労働者評議会権力樹立への第一歩である労働者の政治的・軍事的武装にとって有利な条件を創り出しうると判断したのである。[*38]

この見解はドイツ共産党中央委員会内部に激論を巻き起こし、その多数意見は批判的であったため、大ベルリン・ストライキ中央指導部の共産党代表を更迭するという措置までとられた。しかし、ドイツ共産党中央委員会は、後に触れるような反カップ闘争の急速な退潮傾向を前に、党内における論争の一応の決着として、「社会主義的政府」（Sozialistischen Regierung）のスローガンのもとに、社会民主主義政府の結成を支持する方針を打ち出した。3月23日の中央委員会声明は、支持の理由と共産党の立場について、次のように説明した。[*39]

①カップ反革命クーデターは、ブルジョアジーと社会民主主義者との連立が崩壊したことをあらわす。

②プロレタリアート独裁は、労働者階級の多数派の独裁としてのみ可能である。

③現在、都市労働者の大多数が独立社会民主党を支持しているので、プロレタリアート独裁の〝客観的基礎〟は今のところ存在していない。

④「プロレタリアート独裁への発展の見地からみて、労働者大衆をさらに共産主義への側に獲得するうえで最大の重要性は、政治的自由を無制限に利用し、ブルジョア民主主義が資本の独裁としてあらわれることができない状態にすることとである。」

⑤「ブルジョア的、資本主義的諸政党を除外した社会主義的」政府に対しては、「忠実な反対派（loyale Opposition）」となることを公約する。[*40]

これまで、評議会（レーテ）権力かブルジョア議会かという二者択一的な形で問題を設定してきたドイツ共産党が、過渡的な処置にせよ社会主義の〝裏切り者〟であるはずの社会民主主義者のブルジョア議会制の政府を公然と支持したことは画期的なことであり、それだけ一層、国内はもとより国際的にも大きな波紋を投げかけた。[*41]

ドイツにおける革命運動の進展に大きな期待をかけていたレーニンは、1か月後の5月の段階で、この声明に表れたドイツ共産党の戦術が「基本的に正しいものだということは、疑いがない」[*42]という評価を与えた。それでは、レーニンとドイツ共産党の意見はまったく一致していたのかといえば、そうではないように思われる。両者の見解には、プロレタリア革命の戦略・戦術のなかでの、「社会主義的政府」の位置づけと役割に関して重大な差異が存在した。ドイツ共産党はこの「社会主義的政府」に、大衆を共産主義の側に獲得するための「政治的自由を無制限に利用し、ブルジョア民主主義が資本の独裁としてあらわれることができない状態」を期待した。ドイツ共産党が「社会主義的政府」を、プロレタリアート独裁に至る過渡的な政府としての位置づけまで与えていたか否かは必ずしも明確ではない。だが、この政府に「ブルジョア独裁でないブルジョア民主主義と、完全な政治的自由」を期待ないし想定している点からすれば、論理的にはこの政府が社会主義への移行形態ともなりうる過渡的な政府であると理解しなければならない。少なくとも、ドイツ共産党内部の非主流はそのように理解し批判を行ったのであった。

レーニンは、この「社会主義的政府」のもとでドイツ共産党が期待する状態が出現することを否定していた。社会主義の〝裏切り者〟である社会民主主義者の政府を「社会主義的」と呼ぶこと自体正しくないとして、次のように論じた。

「小ブルジョア的な指導者、すなわち、ドイツのヘンダーソン一派（シャイデマン一派）とスノーデン一派（クリスピーン一派）は、ブルジョア民主主義で資本の独裁とならざるをえないものである。共産党中央委員会が、実践的な成果をかちとろうとしたことは全く正しかったが、このような実践的な成果をかちとる立場からは、こういう原則的にまちがった、政治的に害のあることを決して書くべきではなかった。実践的な成果をかちとるためには、……こう言っておけば事足りたであろう。すなわち、都市労働者の大多数が独立派にしたがっている限りは、われわれ共産主義者は、これらの労働者が、『自分たち』の政府についての経験によって、彼らの最後の素町人的・民主主義的（すなわち同じくブルジョア的・資本主義的な）幻想を克服しようとするのを妨げるわけにはいかない、と。」[*43]

レーニンは、広範な大衆がまだ社会民主主義の影響下にある時期においても、「前衛党」さえ「決戦」に立ちあがれば、あとは「宣伝」や「煽動」で大衆を蜂起させ、容易に政治権力の奪取が可能であるという〝幻想〟を戒めながら、労働者大衆を共産主義の側に決定的に移行させる方法として、ドイツ共産党の戦術を評価したのであった。[*44]

すなわち、労働者たちがまだ「自分たちの」政府と信じている社会民主主義者の政府が、いかに「無力」「無定見」

で「頼りにならない」か、「ブルジョアジーにたいするまったくの追従的態度」をとるものかを、労働者の現実の体験のなかで知らせることによって、労働者を政治的に教育し、プロレタリアート独裁政権以外のどのような政府に対しても、いささかも「社会主義的」という幻想を抱いてはならないことを理解させようとした。レーニンの立場は、社会民主主義的大衆の流動化という条件のもとにおいて、政治教育のための「妥協的方策」として、「社会主義的政府」それ自体が階級闘争のより有利な条件を創り出し、さらにはプロレタリアート独裁への過渡的政府にもなりうるものであるといった位置づけを明確に否定するものであった。

このように、「社会主義的政府」の位置づけと役割をめぐって、ドイツ共産党中央委員会とレーニンとの間には大きな理論的不一致が存在した。それは、同時にドイツ共産党中央委員会とコミンテルン執行委員会との間にも存在した。コミンテルン執行委員会は6月に、「いわゆる『純粋な社会主義』政府をつくる可能性に関する有名な声明で、ドイツ共産党中央委員会が与えた理由とは、完全に見解を異にしている」（１９２０年６月２日付「ドイツ共産主義労働党への公開状」[*45]）と指摘した。その不一致点は、結局のところ、ブルジョア民主主義政治体制およびそれを基盤とする社会民主主義の評価の相違によるものであった。この対立は、やがて2年数か月後の１９２２年10月の『ドイツ共産党綱領草案』において戦略コースとしての対立にまで発展し、同年12月のコミンテルン第４回大会における『労働者政府』（Arbeiterregierung）をめぐる論争を引き起こした。私たちは早くもその萌芽をここにみることができるのである。

ドイツ共産党が党内の反対派を抑え積極的に支持活動を展開したにもかかわらず、現実には、新政府形成のカギを握っていた独立社会民主党の否定的態度が状況を左右した。独立社会民主党指導部は「社会主義的政府」形成の提案を否決した。左翼が党内で大きな影響力を有していたので、独立社会民主党がレギーン提案を受諾するか否かは、ドイミッヒを代表とする左派の態度いかんにかかっていた。

共産党のピークが「社会主義的政府」支持の演説を行った3月23日のベルリン革命的経営評議会総会において、

ドイミッヒは社会民主党左派指導者に対する徹底した不信を表明し、次のように発言した。

「レギーンは、最後の段階になって、バウアー、ノスケ政府を倒そうと試みたが、これは単なる人間の交替のみを意味することに注目しなければならない。彼らの民主主義と労働共同体（Arbeitsgemeinschaft）の原則については、何ひとつとして変化はないのである。自由職員組合連合およびドイツ公務員同盟と組んだレギーンが、独立社会民主党との連携にも歩み寄っているが、これは彼が定式化した点について交渉するためだけに過ぎない。[*46]」

確かにレギーン提案については評価が大きく分かれるところであるが、ドイミッヒは、レギーンがカップ打倒直後のゼネストを背景とした組合員からの突き上げによって、ともかくもブルジョアジーと社会民主主義者との連立に訣別をもたらすような要求を公然と掲げざるをえなくなったという状況について、何らの考慮も払わなかった。ドイミッヒは、離党のおどしをもって「社会主義的政府」への参加の合意が成立するのを妨げた。同じく独立社会民主党幹部クリスピーンは、「われわれは、決して労働者の殺害者たちと同じイスにすわることはないだろう[*47]」と、レギーン提案を党として拒否し、「社会主義的政府」への不参加を明らかにした。

独立社会民主党のレギーン提案拒否は、社会民主党がブルジョア諸政党との連立に復帰しやすい条件をつくることになった。社会民主党はワイマール連立政府に参加していた民主党・中央党の支持が得られなかったことを理由として、レギーン提案の「社会主義的政府」の構想に反対した。社会民主党は、「社会主義的政府」の代わりに、ヘルマン・ミュラーを首班とする社会民主党・民主党・中央党の連立政府を対置した。

こうして、「反革命の流れを阻むことができた[*48]」かもしれない「社会主義的政府」の構想は、現実のものとならなかった。この構想が崩れていった過程は、他方で広範な労働者の統一戦線が崩壊する過程とオーバー・ラップしていたのである。

2　反カップ統一戦線の崩壊

（1）ゼネストの中止と戦線の分裂

すでにみたように、ドイツ全土にわたる労働者3政党と労働組合諸組織を中心とする統一戦線の力は、1920年3月17日、カップ政府を打倒した。だが、各地においては依然として、武装労働者と親カップ義勇軍との間に公然たる闘争が展開されていた。労働者の多数は、バウアー政府と社会民主党指導部のゼネスト中止指令にもかかわらず、カップ政府の退陣だけに満足して職場に復帰しようとはしなかった。各地の統一戦線組織はアピールを出し、闘争の継続を訴えた。カップ反革命クーデターによって旧帝制復帰の可能性をまざまざとみせつけられた労働者は、ゼネスト中止の条件として、反革命クーデターの再発を不可能とする具体的保証、ならびに生活・経済条件の根本的改善を要求した。労働総同盟、自由職員組合連合、ドイツ公務員同盟は、いずれも社会民主主義的幹部の指導する組織であったが、組合員の要求と圧力によって、社会民主党閣僚の指令したゼネストの中止に応じようとはしなかった。3労働組合組織は、要求実現までゼネストを継続せよと訴えた[*49]。

ドイツ共産党は、カップ政府を打倒した自然発生的統一戦線を、新しい目標を設定することによって質的に一歩高めた革命的戦線へ転化させようと努力した。3月18日の中央委員会の声明は、①労働者の武装・労働者軍の創設、②反革命的将校の追放、③エーベルト＝ノスケ政府の復帰反対、④（統一的闘争指導部としての）労働者評議会の樹立、の方針を明らかにした[*50]。ドイツ共産党指導部は、ゼネストと結びついた全国規模での武装蜂起という形態を遠くない将来に想定して、現在のゼネストを続行すること、労働者の武装を拡大すること、全国でばらばらに行われている闘争を統一的に指導するプロレタリアートの権力機関である労働者評議会を樹立すること、の3点が、反カップ闘争を「プロレタリア革命」へと移行させるために決定的な意味をもつと位置づけ、その組織化に全力を傾注した。

独立社会民主党は、党内部で左右の対立が激しく、カップ打倒後の明確かつ統一的な方針を提示しえず、その影響力の大きさに比べて、有効な指導性を発揮しえずにいた。しかし、ゼネストの中止については、依然として反対の立場をとっていた。同党の下部党員は統一行動のなかで共産党員との連携を強めた。

社会民主党をはじめとする政府与党（中央党・民主党）は、このような状況を前に、「事態収拾」のために、3月18日、労働総同盟、自由職員組合連合、公務員同盟などの労働組合代表と協議に入った[*51]。社会民主党幹部と政府閣僚は、この異常なほど急速な勢いで発展しつつある労働者・勤労大衆の大衆運動を冷却させるためには、一刻も早くゼネストを終結させることが先決であると判断した。彼らは、労働者大衆をゼネストの中止へと向かわせるためには、9項目要求の大半をのむ以外にないと判断した。

社会民主党およびバウアー政府内には、労働者評議会樹立という共産党の主張する方向で大衆的合意が成立するのではないかという強い危機感が存在した。3月20日、政府は労働組合代表の要求を受け入れ、8か条からなる協定が成立した[*52]。いわゆるベルリン協定である。その内容は、9項目要求のうち国防相ノスケの更迭を除いて、他の要求のすべてを認めるというものであった。

各労働組合の代表は、労働総同盟が提起していた要求の大半が、形式的にせよ、政府閣僚および与党の保証のうえに認められたのを確認して、政府のゼネスト中止要請を受諾した。だが、各組織の労働者たちは、一定の満足を感じたものの、その決定におとなしく従ったわけではなかった。彼らは、反革命クーデターに温床を与えた国防相ノスケの辞任が拒否されたことに、政府の「本気ではない」姿勢を敏感に感じとり、ストライキ態勢を解こうとしなかった。そのうちに、ベルリンにおいては、ボルシェヴィズムとの闘争を宣言した国防軍と労働者の武力衝突が起こり、政府が「戒厳令」を施行するという事態さえ出現した。

政府は、社会民主党、独立社会民主党、労働総同盟をはじめとする各労働組合組織の代表と再度協議し、ノスケの更迭（3月22日）、ベルリンからの国防軍の撤退、「戒厳令」の廃棄を提案し、「8か条協定」について政府がその実現に努力する旨を確約して、ゼネスト中止を改めて要請した。

労働者大衆の間には、ようやく要求が実現したという気分が浸透し始めた。その気分は急速に伝播した。すでにみたレギーン提案による「社会主義的政府」の構想は、労働者のなかに現状打開へのかなり楽観的な見通しを生んでいた。大きな影響力をもっていた独立社会民主党は、3月22日、ストライキ中止に同意した。労働総同盟、自由職員組合連合、ベルリン労働組合会議、社会民主党、独立社会民主党の各幹部は、連名で、3月22日をもってゼネストを中止すると声明した。[*53] 翌23日、大ベルリン革命的経営評議会総会もまたゼネストの中止を決定した。このゼネストの中止は、労働者大衆の利益からみた場合、非常な危険性をもっていた。なぜならば、政府に認めさせた諸要求を実現させる現実的保証を手放すに等しかったからである。

ドイツ共産党は、3月20日および22日の声明において、ゼネスト中止のもつ危険性を警告しながら、反革命の武装解除と組織労働者の手中に武器を確保するまで、ゼネストの継続を主張し、独立社会民主党の左派の一部と協力して、ゼネスト中止を阻止しようとした。[*54] しかし、ドイツ共産党の当時7万足らずの組織力では、ブルジョア民主主義の危機という条件のもとで自然発生的に闘争に立ち上がった労働者大衆の目標達成意識と、それを背景とするストライキ中止への動向を転換させることは困難であった。自然発生的な大衆運動は、目標の一応の達成によって、急速に退潮していくという性質をもっていた。

ベルリン協定の成立およびゼネスト中止の決定は、反カップ統一戦線崩壊のきっかけとなった。各種の統一戦線組織から、社会民主党員や社会民主党系の労働者が急速に離脱し始めた。社会民主主義者がイニシャティヴを握っていた統一戦線組織は活動を停止した。3月23日、共産党や独立社会民主党左派の影響力が強い一部の地域を除いて、ストライキは解除された。共産主義者が強く要求した労働者の武装は、社会民主主義幹部によってベルリン協定を根拠として拒絶された。社会民主党と独立社会民主党右派指導者たちの行動は、結果として支配層が労働者の闘争を圧殺し、労働者を武装解除するのを援助した。ベルリン、メクレンブルク、フォークトラント、中部ドイツなどでは、ストライキ中止で再び勢いづいた反革命的軍事組織と労働者との間で、新たな武力衝突が発生した。白色テロが反カップ闘争に積極的に参加した労働者を対象として各地で発生し、労働者たちはそれに対抗した。例えばハレの労働者は、不当に逮捕された仲間たちを実力で奪い返した[*55]。しかし、全ドイツ的規模でみるならば、反カップ統一戦線に結集して闘ったときのエネルギーはすでに存在していなかった。大衆運動はストライキの終結とともに急速に退潮していった。ケムニッツにおいては、ゼネスト終結後も、1週間にわたって労働者評議会が存続したが、ついに国防軍の包囲を受けて終焉を迎えた。

(2) ルール労働者の闘争

ルール工業地帯では、事情が若干異なっていた。ルールでは、「赤軍」がいまだに組織力を拡大し、3月23日までにルール地方の主要な都市（ドルトムント、デュイスブルク、ミュールハイム、ケルゼンキルヘンなど）を抑え、国防軍の直接間接の援助を受けていた反革命軍事組織を追放した。ここでは、統一戦線組織は維持されていた。ルール労働者の武装闘争の中止が、連立政府と支配層にとっての最大の課題となった。政府は、このルール工業地帯における大衆運動の高揚に対して、ベルリンで成功したのと同じ手段を利用した。

3月24日、「ビーレフェルト協定」が成立した。この協定は労働総同盟の9項目要求を基礎としていた。労働者側には、ゼネストと武装闘争の中止、武器引き渡しが義務づけられ、政府と行政機関には、反革命クーデター部隊の武装解除と処罰、反革命軍事組織の解体、民主的市民、特に組織労働者によって構成される地区防衛隊（Orts-wehr）の建設、経済部門の社会化、などが要請された。同時に、「この協定が忠実に厳守された場合には、国防軍のライン＝ヴェストファーレン工業地帯への進軍は行わない」ことが確約された。この協定には協議に参加したほとんどすべての代表が署名したが、執行委員会の代表はこれを拒否した。また、共産党代表もゼネスト中止と武器引き渡しに賛成したが、後述のように、これを受け入れた背景には、地区防衛隊の中に労働者が加入することによって武器を保持できるとする判断があったと思われる。

3月24日、ルール労働者の大部分は、全国規模でのゼネストがすでに終結したという情勢を背景として、この協定を認め武装解除に応じる姿勢を示した。にもかかわらず、政府は赤軍の一部指導者による武装闘争の続行を口実に国防軍をもってルール工業地帯を包囲させ、あくまでも軍事力による労働者の抑圧を進めた。

エッセン中央評議会は武装闘争を一時停止することを決定した。しかし、赤軍の軍事指導者の一部は、これを拒否して戦闘を継続した。この戦闘継続は緊迫した状況におかれたルール労働者の憤激と焦りを示すものであったが、一方では、国防軍をルール工業地帯に投入し、一気に革命運動そのものを軍事的に鎮圧しようとする行動への口実を与えるものでもあった。

ベルリンでは、バウアー政府の退陣後、社会民主党のヘルマン・ミュラーを首班とする連立政府が成立した。ワイマール連立政府の復帰は、「社会主義的政府」（「労働者政府」）の構想を最終的に瓦解させ、多くの労働者を失望させた。新しく成立したミュラー政府は3月27日、エッセン中央評議会との休戦交渉で、これ以上の交渉の打ち切りおよび3月30日正午を期限とする赤軍の解体・武装解除を通告した。これに対してエッセン中央評議会は、強硬な通告の一方で政府が「ビーレフェルト協定」実現への努力を確約しており、また同協定第9条による労働者の地区防衛隊への参加を承認し、地区防衛隊内部での労働者の武器保持は容認されるとの見解を表明していることを根拠として、休戦に応じようとした。しかし、こうした政府の見解は、結果として実現可能性に大きく欠けるものであった。政府の態度とは異なり、赤軍の武装解除を担当したヴァッター将軍は、赤軍側にとうてい実行不可能と思える条件を提示し、あくまでも国防軍をルール全域に投入する機会をうかがう姿勢を依然として示していた。

ルール各地では、共産党と執行委員会（執行評議会）の指導によって、ストライキ（ゼネスト）が行われた。だがルール労働者の闘争は、全ドイツ規模からみれば孤立を余儀なくさせられていた。4月1日、ライン＝ヴェストファーレン執行評議会は、「ビーレフェルト協定」を新たに再確認した「ミュンスター協定」を全権委員カール・ゼヴェリンクとの間に締結し、ゼネストを中止した。これを受けて4月3日、政府はエッセン中央評議会の指導を拒否し始めたミュールハイムを拠点とする軍事指導部の一部分による武装闘争継続を口実として、国防軍をルール工業地帯に侵入させた。国防軍は、武装解除しつつあった労働者に対して文字どおりの血の弾圧を加えた。

(3) 反カップ闘争の意義

このように、反カップ闘争は結果的に労働者大衆の勝利ではなく、軍部の復権をもたらした。カップ政権打倒後、社会民主党や独立社会民主党右派の社会民主主義幹部は闘争の「プロレタリア革命」への転化を恐れ、早期に反カップ戦線から離脱した。とはいえ、反カップ闘争の意義は、そうした結果論的にのみ判断されるべきではない。

第1の意義は、ドイツ労働運動史上、最初の統一行動・統一戦線が結成され、反民主主義的な軍事行動に対抗するうえでも、その有効性が示されたことである。カップ＝リュトヴィッツによる帝制復帰の企図は、確かに支配層全体の支持を得たものではなかったが、国防軍による事実上の支援のもとに軍事独裁政権の樹立にまで進んだ。ワイマール連立政府はこの反革命クーデターに対して為す術を知らなかった。この状況のなかで支配層の内部矛盾を激化させ、カップ政権を孤立させ退陣を余儀なくさせたものは、自然発生的な労働者大衆による闘争であり、彼らが結集してつくりあげた無数の統一戦線組織の威力であった。１２００万人の勤労大衆を結集した統一行動・統一戦線はゼネスト突入後わずか5日目に反革命クーデター政府を打倒した。この経験は、統一戦線形式による労働者運動の影響力を如実に示すものであった。また同時に反カップ闘争は、カップ＝リュトヴィッツらの企図を粉砕したにとどまらず、これを機に、１９１８年11月革命において労働者大衆が獲得した成果を一掃することを志向して、クーデターに暗黙の了解の姿勢をとった支配勢力の企図をも挫折させた。

第２の意義は、ドイツ労働者階級を急速に成長させたことである。統一行動に結集した労働者の闘争経験は、諸政治勢力が大衆運動に対し、それぞれいかなる対応を示し、行動するかを、彼ら自身の体験を通じて理解させた。反カップ闘争の前後より、労働者の急激な左翼化が生じた。独立社会民主党左派が確実に労働者階級に対する影響力を拡大するとともに、一貫して闘争の継続を主張した共産党の影響力も拡大の第一歩を示した。このことは１９２０年６月６日の国会選挙においても確認され、社会民主党は19年１月選挙の半分の５６０万票にとどまったのに対し、独立社会民主党は前回得票数の倍に及ぶ４９０万票を得た。初めて選挙に参加したドイツ共産党は、半非合法下にもかかわらず44万票を獲得し、２名を当選させた。

さらに、共闘の経験は共産党と独立社会民主党左派の合同への道を開いた。１９２０年12月、両党（派）の合同が実現し、ドイツ共産党は党員数７万から30数万を数える政党（「ドイツ合同共産党」Vereinigte Kommunistische Partei Deutschlands, VKPD）へと成長した。

反カップ統一戦線は、国際共産主義運動が統一戦線についての明確な理論的・実践的位置づけを確立する以前の経験であった。この意味で、闘争の経過は、「前衛党」が統一戦線に関する積極的位置づけを与えていない場合においても、自然発生的に統一戦線の形成が可能であることを実証するものであった。もちろん、統一戦線の目的意識的追求が統一戦線の結成を促進するという側面を否定することはできない。しかし、コミンテルンおよびその支部である各国共産党が統一戦線を積極的に取り上げ、目的意識的に追求した１９２１年のコミンテルン12月プレナム以降においても、これほど大規模な統一戦線が組織されることは、１９３０年代におけるファシズム期の人民戦線運動まで存在することはなかった。この事実は、統一戦線の成立が「前衛党」による目的意識的追求という条件よりも客観的条件の変化に大きく影響されることを示しており、むしろ統一戦線の形成および維持・展開にあたって、それを左右する客観的条件の変化に前衛党的な目的意識の追求がいかなる影響を与えるのか、という点を問題化した。

反カップ闘争における統一戦線は、カップ＝リュトヴィッツらの反革命クーデターによるワイマール・デモクラシーの危機（政治危機）という条件のもとに成立した。旧帝制復帰への危険性をまざまざと見せつけたドラスティックな反動化は、敗戦の一切の負担と犠牲を転嫁され、欠乏と困窮のもとに呻吟させられていた勤労大衆のエネルギーを、むしろ反カップ闘争という形式のもとに収斂させるものであった。勤労大衆が自然発生的に闘争へと決起したことは、社会民主主義への大きな圧力となった。社会民主主義は、この大衆的圧力とともに、自己の存在基盤であるブルジョア民主主義体制が危機に陥った結果として闘争に合流せざるをえなかったのであり、労働組合の右翼的指導者や社会民主党が反カップ戦線に結集した根拠もそこにあった。社会民主党幹部、なかでも「権威ある」大統領と政府自身がストライキを呼びかけたことが、政治的意識の必ずしも「高くない」人々にも大きな影響を与えており、統一戦線に結集した人々の圧倒的な層の厚さも、そうした権威主義的大衆意識を1つの根拠としていたのである。

大衆運動がカップ政府打倒後においてブルジョア民主主義そのものを「逸脱」して進もうとしたとき、社会民主党幹部は統一戦線から離脱し、独占ブルジョアジーと結合して統一戦線の解体を志向した。これらの行動は社会民主主義の本質的性格に根ざすものであったともいえよう。民主主義的統一戦線（民主主義擁護の課題を掲げた統一戦線）が比較的長期にわたって存続し、それが革命的統一戦線に転化するという可能性は、この社会民主主義の変質が前提とされなければならない。このことは、いわゆるブルジョア民主主義的政治形態をとるブルジョア支配体制の安定にともない、社会民主主義勢力が民主主義的統一戦線に結集する可能性そのものが希薄化することを意味していたといえる。反カップ統一戦線の経験は、その成果とともに、ブルジョア民主主義体制下における統一戦線のもつ課題をも如実に示したのであった。

3　コミンテルンにおける統一戦線現象の認識とその戦術化

（1）コミンテルン12月プレナム

反カップ闘争はたぶんに自然発生的な性格をもつ大衆運動であった。しかし、1921年になると、ヨーロッパ各国の支配体制にとって避けがたい脅威を与えていた革命勢力の攻勢が退潮し、大衆運動の自然発生的な高揚条件が失われた。20年8月、ソヴェト赤軍の進撃がワルシャワで挫折させられたことは、その大きな転換点であった。[*56] 同年9月には、イタリア労働者の工場占拠闘争を起点として、イタリアにおいて反動化が始まった。イギリスでは約100万人が参加した鉱山労働者のストライキ運動が分裂し、労働組合運動の退潮が急速に広まった。チェコスロバキアとユーゴスラビアにおける大衆的ストライキ運動は、20年12月、政府の弾圧のなかで敗北を余儀なくされた。

コミンテルンは、1921年12月の執行委員会拡大総会（プレナム）において、ドイツ共産党に〝ワン・テンポ〟遅れて国際共産主義運動の指導方針としての統一戦線戦術を打ち出すこととなった。プレナムが採択した『指示』のなかで、統一戦線戦術提起の理由を世界の革命運動が「特殊な過渡期」を迎えたことに求め、その特徴を次のように整理した。[*57]

①　世界経済恐慌の尖鋭化とともに、「国際資本がすべての国で、労働者にたいする系統的な攻勢に移っている」。

②　それにともなって、労働者階級のなかに復活していた改良主義的幻想が、「現実の打撃のもとに、別の気分といれかわり始めている。労働者大衆の左翼化の激しい流れが始まった」。

③　自然発生的な統一への願望が呼び起こされ、解消主義の影響下にある労働者大衆までが、「第2およびアムス

テルダム・インタナショナル所属の党や労働組合と共産党との、資本の攻勢に反対する共同行動を実現したい」と考えるようになってきている。

④以上のような情勢が「第2・第2半およびアムステルダム・インタナショナルの外交家や指導者は、彼らの方でも、統一の問題を前面に押し出さなければならない」ようにしている。

コミンテルンは、資本の攻勢に対する労働者大衆の不満の増大と大衆運動の高揚が、労働者大衆を社会民主主義のイデオロギーから離脱させ、共産主義の側に移行する可能性を増大させるとの状況分析に基づいて、資本の反動攻勢に反対して闘おうとするあらゆる傾向（アナーキスト、サンジカリストをも含む）の労働者を結集した統一戦線の結成を呼びかけたのであった。

だがこの統一戦線戦術は、コミンテルン支部である各国共産党によって簡単に承認されたわけではなかった。むしろ長期にわたる深刻な論争が、コミンテルン内部に巻き起こされた。フランス共産党は、12月プレナムの1か月後、統一戦線戦術はフランスには適用できないと反対を表明し、この問題を再度コミンテルン第4回大会において議題とするように提議した。1922年2月21日から3月4日まで開催された第1回プレナムでは、統一戦線戦術に関する12月プレナムの決定を激論の末に46票対10票で承認した。しかし、フランス、イタリア、スペインなどの代表が強い反対意見を提出したため、再度コミンテルン第4回大会で討議することとなった。

(2) レーニンの統一戦線論と3つのインタナショナルの国際会議

コミンテルンは12月プレナムの方針を実践に移した。1922年1月19日、第2半インタナショナル（ウィーン同盟）は、労働者大衆の統一への展望を反映して、すべての労働者団体の国際会議を開催するために、その予備会談として、4月にベルリンにおいて3つのインタナショナルの合同会議（ベルリン協議会）を開催することを提案した。コミンテルン執行委員会は、すぐさまこの提案に同意した。3つのインタナショナルのベルリン協議会は4月

2日から5日まで開催された。

ベルリン協議会は、統一戦線戦術の最初の国際的実践であったと同時に、その準備・対応の過程において、レーニンの統一戦線論を知ることができるという意味で重要である。レーニンはこの協議会には出席しなかったが、その準備には病気をおして積極的に参加した。彼は次のコミンテルン第4回大会においても、統一戦線に関するまとまった見解を述べておらず、むしろこのベルリン協議会に出席したコミンテルン代表に対する彼のいくつかの「指示」のなかから、レーニンの統一戦線論の基本的論理を再構成することが可能である。

当時、労働者政党のインタナショナルとして、3つの組織が並存していた。社会民主主義右派（多数派）は、1919年2月に「第2インタナショナル」を再建し、ロンドンに中央指導部をおいた。彼らはブルジョア諸政党との連立政策をとり、ヴェルサイユ体制（条約）を承認し、労資協調と反共主義を思想的基盤としていた。そのなかでの有力な政党はドイツ社会民主党およびイギリス労働党（British Labour Party）であった。

この「第2インタナショナル」と決定的に対立しているのが、1919年3月に創設された「共産主義インタナショナル（コミンテルン）」である。コミンテルンは第2回大会（1920年7月）において、「21か条の加入条件」を設定し、「第2インタナショナル」の社会民主主義者およびそれに「寛容」な態度をとる「中央派」への反対の立場を鮮明にした。

若干の社会民主主義政党のいわゆる「中央派」の指導者は、1921年ウィーンで新しいインタナショナル組織を結成した。この組織の正式名称は「社会党国際行動同盟（the International Working Union of Socialist Parties）」だが、通常「ウィーン同盟」あるいは皮肉を込めて「第2半インタナショナル」と呼ばれた。通称が示すように、その指導方針は中間的性格であり、その構成員になっている労働者がコミンテルンとの統一を要求していたため、プロレタリアート独裁を留保つきで承認するなどの「左翼」的言動をみせていたが、革命運動の退潮傾向にともない「第2インタナショナル」への接近を強めつつあった。ドイツ独立社会民主党やオットー・バウアー、アドラーなどに率いられるオーストリア社会民主労働党などが指導政党であった。

国際労働組合運動の分野では、社会民主主義系の「アムステルダム・インタナショナル」（Amsterdam Gewerkschaft Internationale）と共産主義系の赤色労働組合インタナショナル（ＲＧＩ）が対立していた。

第2半インタナショナルは、自らが「統一」へのイニシャティヴをとることによって、第2インタナショナル内の急進的傾向をもつ労働者を吸収し、さらにコミンテルンへと接近しつつある自己組織内の「左派」を押しとどめようとしたのである。第2インタナショナル書記局は、この第2半インタナショナルの提案について消極的な対応を行うにとどまった。コミンテルンは、1922年2月の拡大執行委員会総会（第1回プレナム）において、積極的参加の方針を決定した。ドイツ共産党は、自国内での統一戦線運動の経験を背景に、この方針決定に「大きな指導性」を発揮した。

レーニンは、コミンテルンの正式態度決定に先だつ2月1日、ブハーリン、ジノヴィエフに手紙を送り、ベルリン協議会に参加する基本的態度についての意見を伝えた。

「第2インタナショナルと第2半インタナショナルを、われわれは、まさに反革命的な世界ブルジョアジーとのブロックの不徹底な動揺的な参加者とみなしているのだということ、われわれが統一戦線についての協議に応じるのは、大衆の当面の行動における可能な実践的統一を達成するためであり、また第2および第2半インタナショナルの立場全体の政治的な誤りを暴露するためであって、それは、第2および第2半インタナショナルがこの協議に応じるのが大衆の当面の行動の実践的統一をはかるためであり、またわれわれの立場の誤りを政治的に暴露するためであるのと全く同様だということ、このことを公式に声明する機会を、われわれは見つけなければならない。*58」

さらにレーニンは、2月23日、病床よりコミンテルン第1回プレナムへ手紙を送って統一戦線戦術を「日和見主義だ」とするフランス・イタリア・スペイン代表などの執行委員会批判に対して反論した。

「統一戦線戦術は、われわれが第2および第2半インタナショナルの指導者たちを打ち倒す助けになるのだということを理解しない人間が、今なお、拡大執行委員会の会議にいるのだとすれば、そういう連中のために、平易な講義や講演を追加してうんと聞かせてやらなければなるまい。」*59

レーニンにとっての統一戦線戦術とは、圧倒的多数の労働者が、最も猶予ならない身近な具体的問題についての行動の統一を望んでいるという現実に対して、その素朴な期待を裏切らず、それを圧力としながら統一行動を実現させ、その全過程を通じて、社会民主主義影響下の労働者大衆に、最も注意深く、系統的な社会民主主義批判の実物教育を行い、共産主義の側に引きつけようとする戦術であった。しかし、社会民主主義批判の実物教育といったところで、労働者大衆がまだ社会民主主義幹部に信頼を寄せている限り、社会民主主義指導部を媒介とする以外には、社会民主主義系の労働者に接触することはできない。

レーニンは、統一行動によって強固な組織的統一が可能だとは考えていなかったが、たとえそれが一時的なものに終わるにせよ、統一行動を実現させたほうが共産主義者にとって有利な状況をつくりだすという判断に立っていた。この点に関しては、後に触れるジノヴィエフに代表される、いわゆるコミンテルン「左派」の見解、すなわち、社会民主主義幹部暴露のために、相手が拒否することを前提として、「一応」呼びかけるという態度とは、決定的な相違があった。レーニンは第2半インタナショナルおよび第2インタナショナルとの統一行動の実現を真剣に望んでいた。

だが、コミンテルンがめざすような社会民主主義幹部へ徹底的な批判を加えながら、当の幹部に統一戦線を呼びかけることは、一見「二律背反」にみえ、統一行動でさえ現実には非常に困難なものにしてしまう。レーニンはその点に関して、統一戦線戦術の本質的な側面（社会民主主義への徹底的批判とその克服）と戦術レベルにおける統一の達成とを明確に区別した。戦術レベルの問題として、社会民主主義指導部への批判を最小限度にとどめる配慮を強く要請した。

「政治局からつぎの指令を出すことを提案する：政治局は、国外へ旅行するすべての同志に指示する。現在の情勢は、一方では、メンシェヴィキとエス・エルについての声明や談話に最大の自制を要求し、他方では、彼ら（もっとも危険な白衛派の事実上の協力者としての）に対する容赦ない闘争と最大の不信を要求している。[*60]」
「われわれが、別の場所で千度も罵倒しており、今後も罵倒するであろう卑劣漢たちを、いま一度余分に罵倒するという満足感を得るために、巨大な重要性をもつ実践的事業をぶちこわす危険をおかすというのは、まったく分別を欠いたやり方である。[*61]」

第2インタナショナルは、第2半インタナショナルが呼びかけたベルリン協議会の開催に拒否的態度をとり続けることはできなかった。第2インタナショナルは、労働者大衆の統一への熱望におされて、2月26日ついにその提案を受諾した。その代わり第2インタナショナルは、コミンテルンが承認不可能な事項をベルリン協議会の議題に盛り込むことによって会議を分裂させようとした。それは、①グルジア問題（ソヴェトからの分離）、②政治犯の釈放（反革命行動のために拘禁されているエス・エルやメンシェヴィキ）などであった。

コミンテルンは、第2インタナショナルがこれらの問題をもちだしそれに固執するならば、第2および第2半インタナショナルのバーゼル宣言に対する背信行為、ローザ・ルクセンブルクやリープクネヒト虐殺の罪、革命運動弾圧の責任などの問題を提起することが可能であった。しかしレーニンは、「われわれとしては、労働者大衆の部分的だが、共同の行動の達成につとめることが目的だと考えるので、もっとも論争の余地のない問題だけを提出するように提案する[*62]」と述べ、統一行動実現のために、当面の一致できる問題を取り上げる必要性を強調した。さらに、そのための注意点についても語った。

「予備会談では、目的、すなわち3つのインタナショナルのすべてを全体会議にさそいこむという目的を達する望みが失われないあいだは、……きわめて自制的にふるまわなければならない。[*63]」
「総じて、絶対にがまんのならない、極度の卑劣さがないかぎり、モスクワに問い合わせずに打ち切ってはならない。[*64]」

レーニンはこのような細心の注意を払って、ベルリン協議会成功のために行動するようコミンテルン代表団に要請した。

しかしベルリン協議会は、レーニンのこのような配慮とコミンテルン側の譲歩にもかかわらず、必ずしも大きな成果をもたらさなかった。会議では、コミンテルン代表と第2、第2半インタナショナルの代表との間に激しいやりとりが交わされた。コミンテルン代表団からはクララ・ツェトキンとカール・ラデックが主として発言した。同代表団の顔ぶれは、この他にブハーリン、L・O・フロッサール、片山潜など総勢12名であった

コミンテルン側は「最後の勝利にみちびく道や、この道を確保する手段についてどんな意見をもっているかにかかわりなく、労働者大衆に、現在の資本攻勢に反対する闘争のために団結し、この闘争を精力的にたたかいぬく[*65]」ことを呼びかけ、アムステルダム労働組合インタナショナル、プロフィンテルン、ならびにこの両団体に所属しないサンジカリストの諸組織、アメリカ労働総同盟（American Federation of Labour）、その他の単独諸組合を加えた世界大会の開催を提案した。ついでコミンテルンは、「国際会議の議事日程」として、①資本攻勢に対する闘争、②反動に対する闘争、③新帝国主義戦争に反対する闘争の準備、④ロシア・ソヴェト共和国の復興への援助、⑤ヴェルサイユ条約と戦争で破壊された地域の復興、などの問題を審議するよう提案した。[*66]

第2インタナショナルの代表は、第2半インタナショナルの事実上の支持を受けて、グルジアをソヴェト国家から分離すること、労働者の大衆組織に共産党細胞をつくるのを中止すること、ソヴェトで反革命活動のために拘禁されているメンシェヴィキやエス・エルなどの政治犯を釈放すること、などコミンテルン側が受け入れることのできない問題をもちだした。[*67]第2インタナショナルが以上の3つの条件を世界大会開催の条件として提起したため、ベルリン協議会は決裂寸前までに至った。第2インタナショナル指導部は、この会議を決裂させる方針であった。

しかし、コミンテルン代表は譲歩した。そのため、第2インタナショナルは決裂の機会を逸してしまい、3つの

インタナショナルの共同声明を出すことの承認を余儀なくされた。4月4日の共同声明は、具体的な課題ではそれぞれの労働者が共同行動をとる必要性と可能性を認めた。

「国際帝国主義的資本主義の攻勢にかんがみ、階級意識に目覚めた国際プロレタリアートの統一的意志を表明することが、緊急の任務であることを宣言する。各国の労働者諸君が、可能な限り統一して、次の要求をかかげた大規模な大衆デモンストレーションを組織するよう訴える。

•8時間労働制の確立

•ロシア革命を守れ、飢餓状態のロシアを救え、各国はロシアとの政治的・経済的関係を復活せよ

•各国ならびにインタナショナルレベルでのプロレタリア統一戦線の再建（re-establishment）」[*68]

ベルリン協議会は世界大会の早急な招集の必要性を認め、今後の議事の進め方と世界大会の準備のために各組織から3名ずつで組織された9人委員会（Committee of Nine）を設置した。共同声明のなかで唱えられている共同行動は、帝国主義陣営のジェノア会議（Genoa Conference）に反対する大衆的デモンストレーションとして、いくつかの国において実現した。[*69]

レーニンは3つのインタナショナルの間で合意が成立したことを高く評価し、統一戦線戦術の新しい段階の適用について、次のような注意を呼びかけた。

「いまや、第2および第2半インターナショナルの政策の批判に、いくらか違った性格をあたえなければならない。すなわち、この批判に（とくに第2インターナショナルや第2半インターナショナルを支持する労働者が参加する集会や、そういう労働者むけの特別のリーフレットや論文では）もっと説明的な性格をあたえ、はげしい言葉でこれらの労働者を辟易させずに、特別に忍耐づよく、懇切に批判し、彼らの代表がベルリンで採択したスローガン（たとえば、資本の攻勢との闘争、8時間労働日、ソヴェト・ロシアの擁護、飢えた人々の救援）と、改良主義的政策全体との相いれない矛盾を説明しなければならない。[*70]」

レーニンは、共産主義者が社会民主主義系の労働者大衆に働きかける糸口をつかんだ点に、共同声明の意義をみたのであった。だがレーニンは、コミンテルン代表団の行動を全面的に承認したわけではなかった。彼は、代表団の帰還にあたり、4月11日付『プラウダ』に「われわれは払いすぎた」と題する論文を発表し、批判点を明らかにした。そのなかで、代表団がエス・エル右派の事件に死刑を適用しないこと、第2、第2半インタナショナルの代表を裁判に列席させること、という2つの条件に同意したことについて、「国際ブルジョアジーに、政治的に譲歩し、しかもそれと引換えに、われわれが何一つ譲歩を得なかった」のは、「ブルジョア外交家が、今度はわれわれの外交家よりも巧妙であった」からであると結論づけ、その誤りを指摘した。*71

レーニンは、誤った「譲歩」をなしたにもかかわらず、調印されたからには協定を守るべきだと主張し、これらのことから統一戦線戦術は誤りであるという結論を導きだすことに強く反対した。

「もし共産主義者の代表が、これまで改良主義者に完全に『支配されてきた』労働者に、たとえ僅かでも呼びかけるいくらかの機会が得られるような会場にはいるために、高すぎる料金を払ったとすれば、この次の機会には、この誤りを訂正するように努力しなければならない。しかし、どんな条件も拒否するということ、かなりに要塞堅固で、閉鎖的なこの会場にはいりこむためにどんな入場料を払うことも拒否するということは、比較にならない程大きな誤りであろう。同志ラデック、ブハーリンその他の誤りは大きなものではない。*72」

レーニンは、多少の犠牲（高い入場料）を払っても、あくまで統一戦線戦術を推進し、労働者階級の多数派を獲得する必要性について強調した。では、彼は統一戦線戦術にどのような戦略的位置づけを与えていたのであろうか。

労働者階級の多数派を結集することの革命にとっての決定的意義について、次のように論じた。

「共産主義インタナショナルの戦術は、つぎのことを基礎としなければならない。労働者階級の多数派を、何よりも第一に、古い労働組合内で、うまずたゆまず、系統的に獲得してゆくこと、そうすれば、事態がどう転換しようと、われわれは必ず勝利するであろう。だが、事態がことのほか幸運な転換を示した場合に、短期間

『勝利する』ことは、ばかにでもできることだ。[*73]」

レーニンは、統一戦線戦術によって労働者階級の多数派を獲得することが革命の成功を保証する条件だと強調した。しかし、統一戦線戦術を革命の戦術、すなわち「革命的情勢」や「政治危機」の時期においても適用されるべき戦術とは考えていなかった。

「今日のわれわれのただ一つの戦略は、もっと強力になるということであり、したがって、もっと賢明に、もっと考え深く、『いっそう日和見主義的に』なることである。……だが、考え深くふるまったおかげで大衆を獲得した後で、われわれは、つぎに攻勢戦術を、しかも、もっとも厳密な意味での攻勢戦術を適用するであろう。[*74]」

レーニンは統一戦線戦術適用の限定性を明確にした。統一戦線戦術とは、彼によれば、権力奪取のための決定的闘争が当面の問題となっていない情勢においてのみ適用される戦術であった。レーニンは、ブルジョア民主主義政治体制下の通常の状態において、漸次的に労働者階級の多数派を結集できるとは考えていなかった。共産主義者が労働者階級の真の多数派を結集させることができるのは、権力奪取後、特にソヴェト権力樹立後であると考えた。

「大多数の労働者が『全国民的な』代議機関、すなわち、ブルジョアジーとの共同の代議機関ではなく、すでに自分達の階級的な代議機関すなわち、ソヴィエト代議機関をうちたて、すでに、ブルジョアジーの政治的支配を打倒したときは、もちろん、メンシェヴィキ（「ロシア社会民主労働党」）やエス・エル（「社会革命党」）のような党によびかけることを、統一戦線戦術が要求するようなことはありえなくなる。なぜなら、これらの党は、ソヴィエト権力の敵となったからである。ソヴィエト権力のもとでは、メンシェヴィキやエス・エルによびかけることによってではなく、前述の方法によって、労働者大衆への影響力を拡大していかなければならない。[*75]」

レーニンは、社会民主主義やその他の非共産主義的政治組織との連携を戦略レベルにまで押し上げようとする発想を完全に否定した。彼は、統一戦線戦術をプロレタリア革命を準備する多数派獲得の「戦術」として位置づけ、プロレタリア革命の成否が問われる「政治危機」ないしは「革命的情勢」においては、統一戦線戦術ではなく、質的に異なった「攻勢戦術」適用の必要性を強調した。

しかし、レーニンの統一戦線戦術の限定性についての指摘は、当時十分に理解されなかったといえる。ドイツやチェコの共産党は、統一戦線戦術によって労働者の多数を結集させていきさえすれば、漸次的・平和的にプロレタリア革命を遂行することが可能であるという理論を生み出した。その意味では、1923年のドイツ「革命」は、レーニンの指摘を現実に問う実験場でもあった。

さて、コミンテルンの要求したすべての労働者団体による世界大会の開催は、その後、第2および第2半インタナショナル指導部が「声明」と逆の行動をとり、5月に共産主義者を除外した世界大会をハーグにおいて開催することを決定したため、実現不可能となった。コミンテルン代表はこれに抗議して、5月23日の9人委員会の席上において同委員会からの脱退を表明した。このようにして労働者の国際的統一戦線は実現されなかったが、結果は別としても、社会民主主義の国際的指導者たちが労働者の統一戦線に賛意を示したことは、各国の共産党がそれぞれの国で社会民主主義政党との統一行動や統一戦線を呼びかける際の有利な条件を提供することとなったのである。

(3) コミンテルン第4回大会

コミンテルン第4回世界大会は、1922年11月5日から12月5日まで、モスクワにおいて開催された。同大会は、統一戦線戦術をさらに前進させ、具体化し、テーゼ化した大会として知られている。このように第4回大会が統一戦線のテーゼ化を必要としたのは、資本の攻勢が全世界的規模で強まり、それがイタリアにみられるようなファシズムという形態をとって進行しているという情勢認識を前提としていたからであった。第4回大会が採択したテーゼは、前年の21年12月にコミンテルン執行委員会が出した『指示』を発展・具体化したものであるが、すでにみたように、その『指示』自体について、フランス、イタリアなどの支部から強い反対が出されていた。したがって、第4回大会はその論争に決着をつけコミンテルン内部の意見を統一させることを大きな目標の1つとしていたのである。コミンテルン議長のジノヴィエフはその対立を次のように特徴づけた。

「イタリアおよびフランスの党の同志諸君からの執行委員会への回答は、多くの同志諸君が如何にも奇妙な話だが、統一戦線戦術を社会民主主義者と合流せんとする我々の側からの用意であると解釈していることを示している。これが事実とすれば、最も大なる犯罪であるだろう。我々は、今や公然たる敵となり、ブルジョアジーの最後の支柱となった労働者階級の最大の裏切者と合同するよりは、むしろ片手を失うことを欲するであろう。……統一戦線、それは日常的階級闘争における労働者大衆の運動である。統一戦線の意味するところは、我々がすべての労働者すなわちアナーキスト、サンジカリスト、社会民主主義者、キリスト教社会主義者たちと協力して、資本主義と資本家に対する闘争、パンのための闘争、8時間労働制廃止反対の日常闘争を行う用意をもっているということである。[*76]」

ジノヴィエフが念頭においていたのは、統一戦線戦術を社会民主主義者との合同と把握したうえでその戦術を「日和見主義」と批判した諸支部代表の意見である。これに対して彼が強調した統一戦線戦術とは、ブルジョアジーとの同盟によって客観的には、独占資本の「支配の支柱」となっている社会民主主義に対して批判を強めながら、同時にその改良主義的指導部を下からの大衆的圧力によって資本との「対決」に向かわせ、その「共同」の反独占闘争を通じて社会民主主義指導部の欺瞞性を暴露するなかで、その影響下にある労働者大衆を共産主義の側に獲得する戦術としての統一戦線戦術である。すなわち、統一戦線とは「多数派工作」の戦術であった。この意味で彼は、統一戦線を革命を準備する戦術という限定を超えて、革命のあらゆる段階・時期に適用される「戦略」にまで高めようとする傾向に厳しい掣肘《せいちゅう》を加えようとしていた。

レーニンは第4回大会の席上で統一戦線戦術について論じる機会をもたなかったが、彼がそれに先だつ数か月間に統一戦線に関する見解を精力的に展開したことはすでにみたとおりである。彼は統一戦線戦術を革命を準備する戦術として位置づけ、それによって労働者階級の多数派を獲得することが、革命を勝利させる必須条件だと論じた。しかし、レーニンは、統一戦線戦術を革命の戦術、すなわち「革命的情勢」、「政治危機の段階」においても適用されるべき戦術とは考えていなかった。彼は次のように論じた。

「真の革命家にとっての最大の危機は、革命性を誇張することであり、革命的やり方の適切な、うまい適用の限度と条件をわすれることである。……どういう時機に、どういう情勢のもとで、どういう行動分野で革命的に行動できなくてはならないか、またどういう時機に、そういう情勢のもとで、どういう行動分野で改良主義的な行動にうつることができなくてはならないか、ということを、きわめて冷静に、まじめに考慮し、点検する能力を、失いはじめたときが、それである。」[*77]

このような観点は、コミンテルン第4回大会が採択したテーゼの中に貫かれている。第4回大会でテーゼ化された統一戦線論には、次のような特徴点が見出せるのである。

① その構成者は、あくまでも労働者階級であり、後のコミンテルン第7回大会におけるように、労働者階級以外の人民諸階級をも含める戦線構想ではなかった。

② その主要な目的は、統一戦線それ自体を維持・強化して革命の主体とすることにあるのではなく、むしろ社会民主主義への断固たる批判のうえに、統一戦線内部で共産主義者が指導権と大衆的影響力を拡大し、ソヴェト権力樹立のための革命的主体の結集を別に企図するといった側面に力点があった。したがって、「独自行動の自由」の無条件的確保が前面に出されている。

③ 組織論としては、「下から」の統一戦線結成が基本とされる。「労働者大衆自身の間の組織上の支点」である工場委員会、行動委員会などが重視されている。しかし、社会民主主義のイデオロギー的影響およびその官僚統制を克服するためには、社会民主主義の幹部を媒介とすることなしに、その影響下にある労働者大衆に接近することが困難なため、「上から」と「下から」の組織形態の多様性を認めた。これは、コミンテルン第5回大会以降

の「下から」をのみ強調する方法とは異なっている。

こうしてコミンテルン第4回大会における統一戦線戦術は、「革命の準備」のための「戦術」として位置づけられた。したがって、さらに統一戦線と革命の具体的な過程（権力奪取および権力機関の構築）との関連が問われなければならなかった。

（4）「労働者政府」論

コミンテルン第4回大会における「労働者政府」をめぐる論争は、各人の理解の仕方にいかに大きな相違があるかを如実に示すものとなった。

基本的な対立は、「労働者政府」をプロレタリアート独裁以前の中間的政府と把握するか、あるいはプロレタリアート独裁権力そのものとみなすか、にあった。前者には、ドイツやチェコスロバキアの共産党のように、「労働者政府」を社会主義への「移行形態」とする見解[*78]から、レーニンのように、「労働者政府」の形成を誠実に追求するが政府それ自体が「革命の政府」に成長し「プロレタリアート独裁権力」へと転化する可能性についてはほとんど期待をもたず、むしろ「労働者政府」樹立運動を通じての大衆の「実物教育」という側面を重視する考え方まで、理解に多様性があった。

コミンテルン執行委員会にあってドイツ共産党中央に大きな影響力を与えてきたコミンテルン執行委員ラデックは、ジノヴィエフの「労働者政府」＝プロレタリアート独裁政権という理解を批判して次のように論じた。

「労働者政府は、プロレタリアート独裁ではなく、それに向かう過渡的段階であり、その過渡的段階が必要な理由は、ロシアとは異なりヨーロッパ諸国では労働者が政治的に組織されているからである。労働者政府は歴史的必然ではないが、歴史的可能性である。[*79]」

ラデックが「労働者政府」を社会主義への「移行形態」になりうるという明確な理論的把握をもっていたかどう

かは不明であるが、一定の期間存続する過渡的政府を想定し、内容的には低次のレベルからかなり高次のものまで幅をもった政府構想を抱いていたようである。ドイツ共産党のマイヤーは、ラデックと同様な理解に立脚し、その政府が「社会主義的共産主義的政策を実行する」[*80]ことを強調し、防衛的性格ではなく攻勢的性格をもつと論じた。

多くの論者が「労働者政府」について発言した。しかしその政府のイメージは、イタリアのボルディガが「労働者政府でないものの説明は何十種類も聞いたが、何が労働者政府であるかの説明はこれまでひとつもなかった」[*81]と述べたように、不統一であったことも事実である。コミンテルン執行委員会は、「労働者政府」を「統一戦線戦術全体の必然的帰結」と強調し、統一戦線戦術と同じ多数派獲得の「戦術」としての位置づけを明確にした。しかし、ドイツやチェコスロバキアの共産党は、コミンテルン執行委員会の方向とは別に、統一戦線と「労働者政府」を結びつけ、それを戦略的に固定化させる傾向を生み出した。第2章で検討を加える「ブランドラー路線」が、それであった。

統一戦線を「戦略」として位置づけるのか、「戦術」として位置づけるのかという2つの路線の対立は、第4回大会においては理論的解決が与えられず、2年後のコミンテルン第5回大会にもちこされることとなった。

＊1　「近代西欧に発する民主主義は、周知のように、明示的には自由、平等、友愛の普遍主義――パーソンズのUniversalism――を本質とするものであり、その点で、奴隷制を前提としてのみ成り立っていた古代ギリシャの民主主義とははっきりと区別されるものであるはずであった。……それはじつは、近代西洋の民主主義もまた植民地主義あるいは新植民地主義という、いわば世界的規模の奴隷制を前提として初めて成り立っていたし、いるのであり、その意味で世界大に拡大された民主主義的奴隷制にほかならなかったし、ほかならないことを示しているのではないであろうか。」〔庄司　1985：39-40〕

＊2　"Regierungsprogramm" der Putschisten, 13. März 1920. in〔Könnemann et al. 1971: 114-117〕

＊3　*Dokumente und Materialien zur Geschichte der deutschen Arbeiterbewegung*, Hrsg. Institut für Marxismus-Leninismus beim ZK der SED（*DMGDA*と略）Bd. IV-1 Halbband, Berlin 1966, S.209.

＊4　Ebenda, S.220.

＊5　Ebenda, S.220.

＊6　[Könnemann et al. 1971: 82-83]

＊7　Erich Ludendorffs 18 Brumaire. Militärdiktatur oder Proletarierdiktatur?, in [*DMGDA* IV-1 Halbband 1966: 212]

＊8　Ebenda, S.212.

＊9　Ebenda, S.220.

＊10　Ebenda, S.213.

＊11　Ebenda, S.130.

＊12　Ebenda, S.130.

＊13　各地方の運動の実態については、[*Geschichte der deutschen Arbeiterbewegung* III 1966: 270-273] および［上杉　１９６９：１７７］参照。

＊14　カップ・クーデター発生時におけるドイツの地域的な勢力関係について、ローゼンベルクは５つの地域に分けて分析している [Rosenberg 1955: 367]。

＊15　[*DMGDA* IV-1 Halbband 1966: 269]

＊16　［ボルケナウ／佐野・鈴木訳　１９６８：１０３］

＊17　例えば、ドイツ共産党第８回大会における彼の発言をみよ [*Bericht über die Verhandlungen des III. (8)* 1923: 325]。

＊18　Angress, W. T. (1957) Weimar Coalition and Ruhr insurrection, March-April 1920. A Study of Government Policy, in *The Journal of Modern History*, Vol. XXIX. No. 1, p.3.

＊19　Ibid, p.2. および［篠原　１９５６：２０６-２２１］

＊20　[Könnemann et al. 1971: 737]

＊21　Ebenda, S.740.

＊22　Ebenda, S.740-741.

＊23　[*Geschichte der deutschen Arbeiterbewegung* III 1966: 272]

＊24　[Angress 1963: 4]

＊25　Finker, K., Neue Wege und Erkenntnisse bei der Erforschung des Kampfes der deutschen Arbeiter gegen den Kapp-Putsch, in *Beiträge zur Geschichte der deutschen Arbeiterbewegung* (*BzG* と略), 1961, Heft 4, S.917-918. ハインリッヒ・ストレーベル／齋藤茂訳『独逸革命とその後』先進社、１９３０年、２５４頁。

＊26　Finker, Ebenda

＊27　[ボルケナウ／佐野・鈴木訳１９６８：１０３]

＊28　[Könnemann et al. 1971: 140-141]

＊29　木村靖二「ドイツ国家国民党１９１８—20年」『史学雑誌』第77編2号、１９６８年2月、36-41頁。

＊30　[*Geschichte der deutschen Arbeiterbewegung* 1971: 274]

＊31　レーニン「ロシア共産党（ボ）第9回大会」（１９２０年3月29日）『レーニン全集』第30巻、大月書店、４５７頁。

＊32　[Könnemann et al. 1971: 159]

＊33　Aufruf Seekts und Schiffers zum Kampf gegen die revolutionäre Arbeiterbewegung. Berlin 17/18 März 19. [Könnemänn et al. 1971: 172]

＊34　[*Geschichte der deutschen Arbeiterbewegung* III 1966: 275]

＊35　[Könnemann 1971: 175-176]

＊36　Horst Naumann, Fred Volgtländer, Zum Problem einer Arbeiterregierung nach dem Kapp-Putsch, in *BzG*, 1963, Heft 3, S.465.

＊37　[Pieck 1959: 30]

＊38　その事情を、スパルタクス（Spartakus）と称する論者は次のように説明した。「この問題がストライキの共同の指導にあたっていた我々の代表に非公式に知らされたとき、従来のブルジョア＝社会主義者の連立（bürgerlic—sozialistischen Koalition）の復帰となれば、人は変わっても、ノスケ支配と同じものになるに違いない。したがって、我々はブルジョアジーを除く労働者政府のほうがよりましである、という意見を表明したのである。」（*Die Kommunistische Internationale*, Nr. 10. 1920）[Rosenberg 1955: 491]

＊39　この声明は3月21日付であるので、しばしば3月21日声明と呼ばれているが、前述の党内における激論という事情のために、23日になって発表されたものである。なお、ボルケナウによれば、この声明はヴァルハーによって起草されたものだという［ボルケナウ　１９６８：１０４-１０５］。

＊40　[*DMGDA* IV-1 1966: 230]

＊41　1か月後の論争において、3月23日の声明の立場に反対する論者は次のような批判を展開している。マイヤーは「純粋な社会主義政府という形態で、プロレタリアート独裁とブルジョア独裁との中間段階（ein Mittelding）が組織され、存続できるだろうということは、ほとんどありえないことである」と論じた。フレーリッヒは「連立政府から評議会共和国（Räterepublik）への途が社会主義的政府を通るという見解は、……完全に非弁証法的である」と批判している（ともに Die Kommunistische Internationale 所収論文より。[Naumann, Voigtländer 1963: 474]。

＊42　『レーニン全集』第31巻、大月書店、１９５９年、98-99頁。

＊43　同右。

＊44　なお、レーニンは3月23日の声明への「左翼」的批判に対して、「具体的情勢の具体的分析」の必要性を強調し、「都市労働者の大多数が、シャイデマン派を去って、カウツキー派にうつっており、またカウツキー派（正しい革命的戦術からの「独立派」）の党内では、彼らの党の右翼を去って左翼に、すなわち、事実上共産主義に移動し続けているのであるが、もし事情がそうであるとするならば、そういう労働者に対する過渡的方策、妥協方策を考慮にいれるという任務をしりぞけることが、ゆるされるであろうか?」とその立場を明確にした（レーニン「共産主義」前掲注42、１５７頁）。

＊45　[Degras 1956: 95]

＊46　[Rosenberg 1955: 490]

＊47　[Könnemann et al. 1971: 810-811]

＊48　[Rosenberg 1955: 368]

＊49　Aufruf des ADGB, der AfA und des Deutschen Beamtenbundes zur Fortsetzung des Generalstreiks bis zur Erfullüng der gewerkschaftlichen Forderungen. [Konnemann, et al. 1971: 176-177]

＊50　3月18日 KPD の声明 [*DMGDA* VI-1 1966: 220-221]

＊51　交渉の経過については [Könnemann 1971: 179-200] を参照されたい。

＊52　ベルリン8か条協定の全文は [Könnemann 1971: 210-212] にある。[中村 １９６３：１２３-１２６] 参照。

＊53　Beschluß des ADGB, der Afa der Berliner Gewerkschafts Kommission, der USPD und der SPD über die Beendigung des Generalstreiks. [Könnemann et al. 1971: 221-223]

＊54　ドイツ共産党はあくまでもゼネストの続行を主張したが、ゼネスト終結後に予想される情勢をも考慮して、先に述べたような「社会主義的政府」支持の方針を打ち出すなど、かなり柔軟に対応しようとしていた。Vgl. Die Zentrale der KPD über das Ziel der Partei im gegenwärtigen Zeitpunkt.（Berlin, 20. März）, Rundschreiben Nr. 42 der Zentrale der KPD an die Bezirksleitungen über den Kampf gegen den Kapp-Putsch und die weiteren Aufgaben der Partie nach Abbruch des Generalstreiks.（Berlin. 22. März）[Könnemann et al. 1971: 215-220]

＊55　*Die Rote Fahne*, vom 27 März 1920.

＊56　ヨーロッパ列強国の指導者たちは、赤軍の進撃について、ワルシャワで阻止しえたことを「現代文明史上最重要事件」（駐独英

国大使ダバノン卿Lord D'Abernon）と評価した［岡　１９５５：２４３］。レーニンは１９２０年10月の演説で、赤軍のワルシャワ進撃の意義について、「赤軍の勝利の攻勢が、もう数日続いたなら、……ヴェルサイユ講和もこわれるであろうというふうに問題になっていた。」（前掲注42、３０４頁）と論じた。

*57　［Degras 1956: 309-311］

*58　レーニン「エヌ・イ・ブハーリンおよびゲ・イェ・ジノヴィエフへの手紙」（『レーニン全集』第42巻、大月書店、１９６７年、５４３頁）

*59　レーニン「3つのインターナショナルの会議への参加についてのコミンテルン執行委員会第一回拡大総会の決議案に対する意見を含むロシア共産党（ボ）中央委員会政治局員への手紙」（同右、５５４頁）

*60　レーニン「国外へ旅行する同士たちへの指令草案を含むロシア共産党（ボ）中央委員会政治局員への手紙」（同右、５６５頁）

*61　レーニン「3つのインターナショナルの会議への参加についてのコミンテルン執行委員会第一回拡大総会の決議案に対する意見を含むロシア共産党（ボ）中央委員会政治局員への手紙」（同右、５５４頁）

*62　レーニン「3つのインターナショナルの会議のコミンテルン代表団に対する共産主義インターナショナル執行委員会の指令草案への提案を含むロシア共産党（ボ）中央委員会政治局員への手紙」（同右、５６４頁）

*63　同右。

*64　同右。

*65　Speech of Comrade Radek at the April 2nd session of the Berlin Conference ［*Inprecorr* Vol. 2 No. 26: 195-195］

*66　［Degras 1956: 337］

*67　Passages from the Speech Comrade Radek in Reply to Ramsay McDonald at the Session of April 5. 1922. ［*Inprecorr* Vol. 2 No. 26: 198-199］

*68　Statement issued by the Conference of Representatives of the Executives of the Second and Third Internationals and the Vienna Union ［Degras 1956: 339］. なお『インプレコール』（英語版）掲載の決議文では「再建」のところが「創造」（creation）となっている ［*Inprecorr* Vol. 2 No. 26: 199］

*69　［Reisberg 1964: 251］

*70　レーニン「3つのインターナショナルの会議の終了に際してのコミンテルン執行委員会の決定草案に対する意見と提案（4月11日）」（前掲注58、５８０-５８１頁）

*71　レーニン「われわれは払いすぎた」（『レーニン全集』第33巻、大月書店、１９５９年、３４２頁）

＊72 同右、343頁。

＊73 レーニン「共産主義インターナショナル第3回大会のための戦術に関するテーゼ草案に対する意見」（前掲注58、430頁）

＊74 レーニン「ドイツ、ポーランド、チェコスロヴァキア、ハンガリーおよびイタリア代表団員の会議における演説」（前掲注58、437頁）

＊75 レーニン「ロシア共産党（ボ）のコミンテルン派遣代表団の活動報告についての決議案」（前掲注58、571-572頁）

＊76 Zinoviev, Bericht des Exekutivkomitecs [*Protokoll* 1923: 65]

＊77 レーニン「現在と社会主義の完全な勝利ののちの金の意義について」（前掲注71、101頁）

＊78 チェコスロバキア共産党は、プーラグ大会において次のようなテーゼを採択した。「労働者政府は、プロレタリアート独裁への平和的移行形態（ein friedlicher übergang）たることもありうる。労働者政府は、……ブルジョワ民主主義の枠内で、まずはそれを手段として、労働者政策を行わんとする労働者階級の企てである。」[*Protokoll* 1923: 85]

＊79 [*Protokoll* 1923: 101]

＊80 [*Inprecorr* Vol.2 No.107: 867]

＊81 [Degras 1956: 416]

第2章　反クーノー統一戦線の勝利と挫折
――「ドイツ革命」敗北（1923年）の戦略問題

1　ブランドラー路線

（1）ドイツ共産党綱領草案

ドイツ共産党中央指導部は、コミンテルン第4回大会を目前にした1922年10月7日、『ドイツ共産党（コミンテルン支部）綱領草案』（Programm der Kommunistischen Partei Deutschlands〈Sektion der Kommunistischen Internationale〉Entwurf）を発表した。[*1] 同党はこの草案において、統一戦線を単に「戦術」とするのではなくプロレタリア革命の「戦略」として位置づけ、「労働者政府」（統一戦線政府）が社会主義への移行形態ともなりうる可能性をもつ理論を打ち出した。

この綱領草案は、ドイツ共産党中央委員会から委任を受けた綱領委員会（Programm Kommission）の手によって作成された。委員会には、ブランドラー、タールハイマー、クララ・ツェトキン、ケーネンなど、当時の中央委員会の多数派の面々が名を連ねている。いわゆる党内「左派」のメンバーはこれに参加していない。委員の構成からみて、この草案には、当時の中央指導部にいたブランドラーやタールハイマーらの理論的立場が表明されていると考えることができる。

綱領草案は4つの主要部分から成り立っている。特に注目されるのは、その第2の部分（第2章）であるが、「政治権力の獲得（Die Eroberung der politischen Gewalt）」という標題のもとに、次のような構成がとられている。

① 社会主義的変革の原動力および指導階級としてのプロレタリアート
② 共産党の役割、党と労働組合・協同組合およびその他のプロレタリア組織との関係
③ 暴力の役割（Die Rolle der Gewalt）
④ ブルジョア民主主義
⑤ プロレタリアート独裁
⑥ 政治権力獲得への過渡的措置（Übergangsmassregeln）

このなかでも興味深いのは、④以下である。④はドイツ共産党中央指導部のブルジョア民主主義に対する評価と態度を特徴的に示している。まず草案は、「労働者階級の多数派を獲得するために、共産党は、ブルジョア民主主義のあらゆる可能性を利用しつくさねばならない」*2という観点から、議会、自治体（Gemeinde）、行政組織（Verwaltungen）を重視し、共産主義者の活動舞台として積極的に位置づける必要性を強調している。それとともに、労働組合をはじめとする労働者の諸組織内における活動の強化によって、同党の大衆的影響力を拡大させるならば、改良主義的性格の強い組織を戦闘的組織へ転化させることが可能だとし、そのためにも「ブルジョア民主主義的な要求」、つまり勤労大衆の最も切実な日常的要求に基づく闘争の重視を呼びかけている。

ブルジョア民主主義的条件を利用するにあたっての問題は、レーニンやコミンテルンもしばしば強調したことであるが、ブルジョア民主主義の本質をいかに理解し、その意義と限界をどのように把握したうえで利用するかということであった。綱領草案の立場は、「ブルジョア民主主義は、ブルジョアジーの階級支配の形態ではあるが、他方においては、ブルジョアジーの『専制的支配』（absolutistischen Herrschaft）を打ち立てようとする企てに対しては防衛的機能を果たす。したがって、ブルジョア民主主義は労働者階級により有利な闘争基盤を提供する」*3とい

うものである。ブルジョア民主主義を階級支配の形態であると認識しつつも、この認識におけるブルジョアジーの専制的支配ではないブルジョア民主主義という評価は、レーニンやコミンテルンの場合と評価の力点の置き方が異なっているといわねばならない。すなわち、ここに示されたブルジョア民主主義の理解は、「革命の立場からみても反革命の立場からみても、民主主義的共和国は決してその上に階級支配が打つ立てられる土台ではない」[*4]（ブランドラー）という理解にまで容易につながり、さらにこの理論的立場を発展させれば、ブルジョア民主主義を漸次発展させることによって、それを社会主義（プロレタリア民主主義）に到達させることが可能であるということとなる。

綱領草案は、ブルジョア民主主義に対して、現在使用されている、いわゆる「一般民主主義」的な評価を下しているとみることができる。しかし、草案は同時にプロレタリアート独裁の必要性まで否定したわけではない。同案は、⑤においてドイツ共産党の最終目標として、「統一的な社会主義レーテ（ソヴェト）共和国」（die einheitliche sozialistische Räterepublik）を設定し、プロレタリアート独裁の不可避性を明確に承認している。その場合注目されるのは、ブルジョア民主主義からプロレタリアート独裁への転化がいかにして可能となるか、という問題であり、さらに、その際「労働者政府」はいかなる位置づけを与えられるのか、という問題である。草案は以下のようにいう。

「プロレタリアートの自立的大衆運動は一定の高さと広がりをもっているけれども、まだプロレタリアートの多数がブルジョア民主主義の枠を突破しようとしていない時期においては、労働者政府が、ブルジョアジーからプロレタリア大衆を解放する過程における1つの新しい段階（Etappe）とプロレタリアート独裁樹立の運動にとってのより高次の新しい出発点をつくりだすうえで、適当な手段である。」[*5]

綱領草案によれば、「労働者政府」はプロレタリアート独裁の政府以前に成立する政府であり、しかもブルジョアジーの支配を排除した政府であるから、ブルジョア独裁からプロレタリアート独裁への中間的「段階」に他ならない。「段階」としての「労働者政府」の位置づけは、単なる宣伝スローガンや社会民主主義（およびその政府）の反動性を大衆に暴露するための戦術ではなく、明らかに社会主義への「移行形態」として戦略的に位置づけられていた。そのことは、「労働者政府の段階（Etappe der Arbeiterregierung）には、一定の革命的な経済的・金融的な過渡的措置が対応する」と規定されている点からもうかがわれる。「労働者政府」のとる「経済的・金融的政策」としては、次のような事柄が想定されている。[*6]

①すべての資本主義的大経営に対する国家の介入（有価物の差押え等）。租税における勤労大衆の負担の削減と資本家への転嫁。

②労働者と従業員の経済的機関（経営評議会、労働組合等）の厳格な統制下における生産管理。

③以上の目的を達成するため、信用・生産・営業の秘密の撤廃。

④生産手段の国家的管理およびその配給統制（これらは、労働者・従業員・農民の機関の決定的協力が前提となる）。

⑤労働者や従業員の厳格なコントロールのもとにおける外国貿易と銀行の国家的独占。

さらに綱領草案は、こうした政策構想にとっての最大の問題である、いかなる運動論・組織論によって、予想される支配階級からの抵抗に対処し、その実現の道を切り開いていくかという点について次のように論じている――「労働者政府」のスローガンと結合した民主主義的改良を「上から」は「労働者政府」を通じて行政措置でもって着手し、「下から」は労働者評議会（レーテ）、プロレタリア百人組、労働組合、管理委員会などを拠点に、強力な大衆闘争の圧力によって、独占資本の権力を制限しながら実現することが可能である。

草案は、その過程で「内乱」やそれにともなう「二重権力状態」が出現する可能性を否定してはいないが、後にみるように平和的移行の可能性がより大きいと考えていたようである。そこでは、「労働者政府」成立の前提となる客観的条件、社会民主主義の評価、政府と政治権力との相違、革命における飛躍の問題などが、明確に理論化されているとは言い難かった。それらの弱点は、次節で検討される「論争」において、次第に浮き彫りにされることとなる。

旧東ドイツの歴史学者クルシュは、「労働者政府」とそれに対応する政策の性格について、「反帝国主義的・反独占的・革命的民主主義」と特徴づけ、綱領草案の路線を「帝国主義・軍国主義権力を一歩一歩制限し、革命的方法によって民主主義を拡大する」路線と評価した。[*7] この路線が戦後のいわゆる先進国革命論における「民主主義を通じて社会主義へ」という戦略コースといかなる相違を有していたのかについては詳しい分析を必要とするが、ブルジョア民主主義の「一般民主主義」的な評価、「労働者政府」の戦略的位置づけ、資本主義体制内における改良の積極的評価などの諸特徴は、それが明確に意識されていないにせよ、コミンテルンの主張する「ソヴェト型革命コース」とは異なった新しい戦略路線を設定しようとする萌芽的試みであったと理解してよいだろう。ドイツ共産党が現実の政治状況に自己を適応させ、そのなかからプロレタリア革命への接近方法を模索した結果は、コミンテルンの戦略コースと異なる新しい戦略コースを生み出そうとしていた。

このことは、ドイツの党内はもとより、国際共産主義運動内部に大きな衝撃を与え、草案をめぐる激しい論争を喚起した。ドイツ共産党中央委員会総会は、１９２２年10月15日、16日の会議でこの草案の取扱いを討議し激論の結果、24対23の僅差で党の綱領草案としてコミンテルン第４回大会に提出し、国際的討論を踏まえたうえで修正を施すことに決定した。[*8] しかし実際には、第４回大会においては十分な討議の機会がないまま、23年「革命」の敗北により、この草案は廃棄された。したがって、この草案に示されている理論が、正式の綱領として定式化されたうえで、実践に移されたことはなかった。しかし後述のように、23年のワイマール共和制初期最大の「政治危機」において、共産党指導部はこの草案を理論的背景としながら個々の具体的方針を提起したのであった。

（2）ドイツ共産党第8回大会――戦略路線をめぐる対立

(1) ルール占領と諸政党

1922年11月、クーノーが人民党、中央党、民主党による連立政府を組織した。クーノー政府は、ワイマール期最初の独占資本を代表する政府であり、特に独占資本のなかでもインフレーション激化政策と賠償義務「不履行」の方針を掲げるシュティンネスを中心とする石炭・鉄鋼独占体の政治的代弁者であった。この政府のもとで、経済悪化の重圧を勤労大衆の負担に転嫁する政策が一段と強化された。[*9]

社会民主党は、すでに1921年9月に新しい党綱領（Goerlitz Programm）を採択し、階級協調主義の方向を一層鮮明にした。[*10] ついで22年9月には、独立社会民主党（左派が共産党と合流した際、党にとどまった右派）が社会民主党に再合流して統一社会民主党（VSPD）の誕生をみたが、ブルジョア諸政党との連合という基本方針は依然として不変であった。

1923年1月11日、フランスはパリ賠償会談決裂を機に、ベルギーをともなってドイツの石炭、鉄、鉄鋼生産の中心地ルール工業地帯を軍事的に占領した。ルール占領は、バイエルンを中心とするファシズム運動（初期ナチズム）や民族主義運動の台頭と、ドイツ共産党の影響力の拡大・強化による革命運動の進展という政治的両極分解の傾向をさらに強めた。クーノー政府は、ルール占領に対して、いわゆる「消極的抵抗」（passiver Widerstand）で応えた。この「抵抗」とは、ルールにおける占領軍当局の指示を一切実行しないことによって、競争者としてのフランス帝国主義を弱体化させながら、排外主義的民族主義を高揚させ、ルール重工業独占体の利益を防衛することを目的とするものであった。統一社会民主党は、クーノー政府の「消極的抵抗」政策を支持し、あくまでも「城内平和」に固執し、階級闘争を否定した。[*11]

ドイツ共産党は、統一社会民主党の方針に反対し、「プロレタリア統一戦線」結成の方針を対置した。すでにフランスによるルール占領の危険性を察知していた共産党は、1月7日にはフランス共産党との合同会議（エッセン会議）で、両国労働者の共同闘争についての具体的方針を確認し、ルール占領前日の1月10日には、統一社会民主党、労働総同盟、自由職員組合連合、公務員同盟およびドイツの全労働者に向けて「ルール占領の防止、勤労人民の負担の軽減、クーノー政府の退陣、労働者政府の樹立、これらの目標を掲げ、全国的規模のゼネラルストライキに突入せよ」[*12]との共同行動の呼びかけを発した。この声明は、ドイツの労働者の一定の部分の共感を呼んだが、社会民主主義的諸組織の幹部は動こうとはしなかった。

ドイツ共産党は、ルール占領が現実のものとなり、民族主義的傾向が広まり始めた1月22日、「クーノーとポアンカレーをルール河とシュプレ河のほとりにて打て！」との檄を発した。[*13]これは、「祖国防衛」の名目のもとに階級闘争を停止する統一社会民主党の方針を批判し、フランス帝国主義とドイツ独占資本に対する闘争を呼びかけるものであった。ドイツ共産党は、このための方針を具体化し、党の闘争路線を確定するために、１９２３年1月28日から2月1日までライプツィヒにおいて第8回党大会を開催した。

(2)　党大会における理論的対立

党大会での討論の焦点は、統一戦線と「労働者政府」の問題であった。すでに触れたように、戦略路線との関連において、大きな意見の対立が存在した。ルール占領とインフレーションによる民族的・社会的危機と階級対立の激化は、ドイツ共産党に戦略路線に関する見解の一致と具体的行動方針の統一を要請していた。党中央委員会は大会に「統一戦線と労働者政府の戦術に関する方針」と題する決議草案を提出し、ブランドラーを報告者として準備したが、これに対して、ベルリン、ハンブルグ、ヘッセン、フランクフルト・アム・マインなどの地区委員会選出の代議員から党中央の方針に反対する別の決議草案が提出され、ベルリン地区のマスロウがその報告者として登壇するという事態が生じた。党中央が提起した方針に批判的な意見を表明しただけでなく、独自の決議草案が対置されたこと自体異常なことであった。対立はそれほど深刻であった。

ブランドラーの党中央委員会報告の立場は、『ドイツ共産党綱領草案』において展開された理論をその背景としていたことはいうまでもない。彼はここ数年にわたる統一戦線戦術の推進者であり、党勢拡大の立役者としての経験と自信に満ちた口調で、党内左派の見解を鋭く批判しながら自己の論理を明確にした。彼はまず、統一戦線と労働者政府の問題を「理論的にのみ考察することは無意味」であり、「現実の力関係から出発してものごとを考えなければならない」と切りだした。[*14] ブランドラーは述べる――イタリアやバイエルンにみられるようなファシズム勝利の危険性が、全ドイツ的規模において存在している。「ルール占領によって我々が直面している窮状から脱出する唯一の途は、ファシズムに対する闘争である。[*15]」そのためには、統一戦線戦術のより一層の強化拡大が必要である。統一戦線戦術は「階級敵の暴露、あるいは社民暴露のためのスローガンではなく、大衆を共産主義の側に獲得し、プロレタリアートを資本の攻勢からの防衛より、資本に対する攻撃へと導き、さらにブルジョアジーの打倒へと導く手段である[*16]」。この統一戦線戦術の目的に関して、「左派」と我々の間には意見の相違は存在しない。

ブランドラーは続ける――党中央が日常的要求とそれに基づく闘争を重視し、「全労働者のイデオロギーと結びつかねばならない」と強調するとき、「左派」の諸君から日和見主義だとの批判があびせられている。しかし、「食糧や賃金の問題は、本来、社会民主主義的幻想と固く結びついている。我々は、民主主義的幻想に結びつけて大衆を闘争に引き出し、彼らの民主主義的幻想を動揺させるとき、賃金問題や労働時間の問題が大衆把握のための出発点となりうるのである[*17]」。ブランドラーは、高度に発達した資本主義国におけるブルジョア民主主義の政治制度とそれに基づくブルジョア民主主義的幻想の強固さを認識できず、改良主義の危険性を強調するばかりで、当面それを出発点として闘争を始めるといったことまで拒否する「左派」こそ、度し難い「最大の日和見主義者」だと批判した。

さらに論争は、統一戦線論の基礎にある2つの基本的な問題をめぐって展開された。すなわち、第1に、ブルジョア民主主義的条件をいかに評価し、共産党の戦術をどのようにそれに適応させるか。第2に、それとの関連において、ブルジョア民主主義を存在基盤とする社会民主主義の評価およびその克服に関する問題であった。

ブランドラーは、ドイツにおけるブルジョア民主主義的政治体制とそれに基づく幻想の強固さを重視し、労働者大衆の民主主義的幻想と結びつく必要性を強調した。

「我々がドイツ統一社会民主党の破壊と労働者大衆の獲得に成功しうるのは、我々が彼らの民主主義的幻想に結びつき、高められた生活状態にある労働者の考え方に結びつくことを理解し、かつ議会的方法によって獲得した〔政府〕とその権力をプロレタリアートの階級闘争のために利用できる場合だけである。[*18]」

このブランドラーの論理からすれば、労働者大衆の多数を獲得する場合、ブルジョア民主主義的幻想をそのイデオロギー的基盤とする社会民主党の幹部のそれとまずもって「統一」することが、何よりの前提であるということになり、いわゆる社共連合の「上から」の「労働者政府」構想に通ずるものである。さらに、その政府樹立の前後の過程において、共産主義者が暴力的手段に訴えることは、民主主義的幻想をもった大衆を離反させることになるため、あくまでも平和的手段でもって行わねばならないことになる。

では、社会民主主義との統一戦線の現実的可能性はどうか。報告のなかでは、かなり楽観的な展望が示されている。

「社会民主主義指導部が、大衆の圧力によって、我々とともに、共同の統一戦線を組織するという状況が、ドイツには出現しえないとみるのは、完全に誤りである。[*19]」

「左派」の報告者マスロウは、社会民主主義に対するブランドラーのこの評価を徹底的に批判した。彼は、「社会民主主義政党は、社会民主主義思想とその指導部によって存在しているかぎり、下部の党員によって闘いを強制されるときですら、闘いをさぼり、ブルジョアジーとの結託を策そうとする[*20]」と断言し、統一戦線に結集する可能性を否定した。

この社会民主主義に対する評価の歴然たる対立は、１９２０年の反カップ闘争の際における社会民主主義諸組織の動向をいかに評価するかという点に大きく由来していたが、両者の議論とも、社会民主主義の二面的性格ならびに、社会民主主義が闘争に立ちあがる条件、あるいはそれが変質する条件についての明確な理論的把握を欠いたかなり独断的な議論であった。ブルジョア民主主義および社会民主主義に対する評価の違いは、統一戦線ないし「労働者政府」の組織論にも大きな相違を生まざるをえなかった。

マスロウは、党中央のいわゆる「上から」の統一に反対し、労働者のなかに民主主義的な幻想があるにせよ、階級闘争を激烈に推し進めれば、一定の条件のもとではそれは容易に崩れるのであるから、あくまで階級闘争の激化と労働者自身の「下から」の統一こそが重視されるべきだと主張した。彼は「重要なことは、闘争を組織することであって、いかにして労働者政府が成立しうるかを考えることではない」[*21]と強調した。もちろん、「左派」もコミンテルン第4回大会において定式化された「労働者政府」を否定したわけではなかったが、両者の想定する「労働者政府」の意味内容は大きく相違していた。

ブランドラーは、「労働者政府」の性格および成立の条件について、次のように述べている。

「労働者政府は、我々がつくった綱領から生ずるものではない。それは一定の状況と力関係から生ずるものである。」[*22]

「労働者政府は権力の問題を解決しない。それは、プロレタリアート独裁によってのみ解決される。……労働者政府は民主主義的幻想と結びついている。」[*23]

ブランドラーは、「労働者政府」にブルジョア民主主義の枠内の政府という位置づけを与えたが、その成立条件にしても、固定的なものではなく、強いてあげれば、社会民主主義系の大衆および幹部の意思が「労働者政府」の樹立へと変化することであった。その発想の特徴は、「労働者政府」が成立しさえすれば、後は何とか切り抜けられ変革的事業を遂行できるのではないかという考えである。

このような党中央の理論には、民主主義的任務をもつ統一戦線がブルジョア民主主義を乗り越えて進もうとする革命的統一戦線へと発展転化する場合の断絶性や困難性についての認識はなかった。党中央が民主主義的統一戦線から革命的統一戦線への転化を連続的に把握した背景には、すでに『綱領草案』でみたように、ブルジョアジーの支配を漸次的に排除できるといった独自のブルジョア民主主義に対する評価があり、さらに社会民主主義者が統一戦線に参加（あるいは離脱）する条件についての明確な認識を欠いていたことによるものであった。

党中央の立場は、組織論において「左派」との決定的な相違を生んだ。特に注目に値するのは、「労働者政府」と評議会組織（レーテ）との関係についての位置づけである。ブランドラーは、経営評議会、管理委員会、プロレタリア百人組などの評議会ないし統一戦線的諸組織の拡大と強化の必要性を承認しているが、それがなぜ必要なのかについて、「それらはシンパ層の組織活動である。これらのシンパ層の信頼を得るならば、我々は社会民主主義指導部への圧力を強め、彼らを労働者政府に参加させることができるに違いない」[*24]からであると論じている。彼によれば、評議会組織や統一戦線組織は、「労働者政府」において社会民主主義者と共同する条件をつくりだすものと位置づけられている。すなわち、評議会組織は「労働者政府」に従属させられている。この位置づけは、まさに「左派」の場合と正反対であった。

「左派」は、「労働者政府」が当初、ブルジョア民主主義の枠内の、改良的で防衛的性格の強い政府として成立したとしても（あまり現実性はないと考えていたが）、その政府自体がそのままの型で維持・発展できるわけではないので、すぐさま「防衛」から「攻撃」への転化が不可欠であると考えた。「攻撃」への転化は、「労働者政府」がプロレタリアートの武装および階級的諸組織によって支えられている場合にのみ可能となると捉えた。マスロウはその点を「労働者政府の成立は、固定的な条件にかかっているのではない。しかし、いかなる時も、絶対に、権力問題を掲げた大衆闘争およびプロレタリアの闘争組織（レーテ・管理委員会）の拡大可能性、闘争能力と闘争意思の現存、労働者による武装の実施、労働者の防衛から攻撃への移行にかかっていることは、明白である[*25]」と主張した。

ハンブルク地区委員長のテールマンは「プロレタリアートが闘わなくても、おそらく合法的方法で、労働者政府が維持されうると考えるものは、最初の絶好期に、ブルジョアジーが、これらの大臣椅子に座っている労働者を追放するのを体験するだろう[*26]」と党中央の立場を批判した。

マスロウやテールマンなどの「左派」は、「労働者政府」は武装した労働者の支持を直接基盤とし、プロレタリアート独裁へと導く議会外の大衆闘争によって樹立できるものと考えていた。その意味からすれば、「左派」のいう「労働者政府」は「プロレタリアート独裁権力」そのものではないにせよ、それに非常に接近したところのソヴェト権力の萌芽的形態とでもいえるものであった。また、彼らは、社会民主党を単にブルジョアジーの「左」としかみずに、党中央のいうような反革命党ではない社会民主主義政党はありえないから、それらの幹部と協力することは階級的裏切りであり、「解党主義的偏向」であるとみた。「左派」は、社会民主党影響下の労働者大衆を社会民主党から離脱させるためには、党としての社会民主党との統一行動や統一戦線ではなく、労働者大衆自身の「下から」の統一があるのみだと考えた。彼らは、経営や地域内での闘争を発展させ、経営評議会やプロレタリア百人組の拡大・強化を通じて、全国的規模での武装蜂起により、一挙に労働者評議会権力(プロ独権力)樹立の道を党の基本コースとして設定すべきと主張したのであった。

(3) 党大会の方針

合法的闘争手段で、社会民主党との「上から」の統一によって「労働者政府」を成立させようとする党中央の路線と非合法的手段をも駆使して「下から」レーテをつくろうとする「左派」の路線との対立は、数日間の討論によって決着がつくといった性質のものではなかった。しかし、真剣に闘争の方針をもとめ、今や立ち上がりつつある労働者大衆に、党は一刻も早く明確な方針を提示する必要に迫られていた。両決議案に対して賛否が問われた。その結果、「左派」が提出した議案は118対59で否決された[*27]。だが、採決後、党の路線を統一しなければならない現実的要請から、党中央は「左派」と一定の妥協を行ったといわれている。[*28]

党中央提出の決議案に「左派」の見解を一定程度取り入れることになり、党大会決議「統一戦線と労働者政府の戦術に関する方針」(Leitsäze zur Taktik Einheitsfront und der Arbeiterregierung) が作成された。『方針』は「労働者政府」について次のように規定した。

「労働者政府は、プロレタリアート独裁でもなければ、またそれへの平和的議会主義的な道でもない。この政府は、まず、ブルジョア民主主義の枠内において、まず、ブルジョア民主主義的手段でもって、プロレタリアートの組織と大衆闘争に依拠しながら、労働者政策を遂行しようとする労働者階級の1つの企てである。[*29]」

『方針』は「労働者政府」を「ブルジョア民主主義の枠内において、まず、ブルジョア民主主義的手段でもって」労働者政策を行う政府と位置づけ、合法的に「上から」社会民主主義組織やその影響下にある労働者大衆との統一でもって「労働者政府」を樹立するという基本路線を明確にした。ここには、党中央の主張が貫徹している。しかし、「労働者政府」成立後の展望については、その「ブルジョア民主主義的手段」の強調とは明らかに矛盾する党内「左派」の見解が反映されている。

「労働者政府が労働者的な政策を推進し、プロレタリア統一戦線の綱領を実現できるのは、労働者政府が広範な労働者大衆と統一戦線運動のなかから成立した組織（経営評議会・管理委員会・労働者評議会など）に依拠し、武装した労働者大衆に依拠したときだけである。[*30]」

「ブルジョアジーに対する不可避的な遠慮容赦ない政策と市民の完全な武装を実施するに際しての労働者政府の動揺は、この時期において、共産党が運動に参加した大衆をプロレタリアート独裁のための闘争へと一歩高めることができないならば、政府の挫折をもたらし、究極的にはその崩壊とブルジョアジーの強化をもたらさざるをえない。[*31]」

ドイツ共産党第8回大会が決定した路線は、比喩的にいえば、「労働者政府」樹立までは党中央の路線でいこうとするものであった。党中央が政府成立後の展望について「左派」の見解を採用するという譲歩を許したのは、「労働者政府」が成立しさえすれば、後は容易に変革の事業を遂行しうるという理解があったからであろうと思われる。それにしても当面は、「労働者政府」の樹立をめざして闘われるのであるから、ドイツ共産党の闘争指導は党中央の路線に沿って行われることになる。*32

ドイツ共産党中央指導部の路線は、1923年の夏から秋にかけての「政治危機」における現実の過程において、党内「左派」および「ソヴェト革命」方式に固執するコミンテルン執行委員会との接触・対抗によって一定の屈折をみせるが、ついに24年に至るまで基本的には変更されなかった。したがって、これから検討する23年の「政治危機」とそれに対応する統一戦線運動は、統一戦線を戦略的に固定化した変革コースである「ブランドラー路線」の1つの「実験場」でもありえたのである。

(3) ドイツ共産党のプロレタリア統一戦線運動

ドイツ共産党は第8回大会終了後、新しい方針をもって統一戦線結成のために動き始めた。その実践は、1921年より展開されてきたプロレタリア統一戦線運動からの断絶を意味するのではなく、それを継承・発展させようとしたものであった。特に前年の22年から23年にかけて展開された統一戦線運動の3つのケースのなかには、23年の統一戦線運動の原型になるものが含まれていた。その3つのケースとは、ラーテナウ暗殺抗議の統一行動、鉄道員ストライキ、革命的経営評議会運動である。

(1) ラーテナウ暗殺抗議の統一行動

ラーテナウ暗殺抗議の統一行動は、いわゆる「上から」の統一戦線（中央レベルでの）運動の経験であった。1922年6月24日、民主党所属の外務大臣ラーテナウが暗殺された。ラーテナウは22年4月にはソヴェト・ロシアとのラッパロ条約（Rapallo Treaty）を締結するなど、いわゆる「履行政策」を推進する「柔軟な議会主義的路線」をめざす指導的政治家であった。彼の暗殺は、議会制民主主義に対する古い型の国家主義者による公然たる攻撃であるとみなされた。労働者大衆は、ラーテナウの暗殺を君主制主義者の勤労人民の権利に対する攻撃であり、民主主義への闘争宣言であると捉えた。ライン工業地帯のクルップ工場の労働者たちは即日抗議ストに突入した。多数の経営において、ストライキやデモンストレーションが行われた。こうした傾向は労働者だけに見られるものではなく、知識人、小ブルジョア層、自由主義的ブルジョアジーもこの反革命的行為に対する厳しい処置を要求した。

ドイツ共産党は、ラーテナウ暗殺のニュースが伝わった2時間後、社会民主党、独立社会民主党に対して共同闘争に関する3党合同会議の開催を提唱した。同時に、反革命に対する厳重な処置を要求する11項目提案を発表し、要求貫徹のためのゼネストを呼びかけた。[*33] これまで数度にわたって共産党の「統一行動」の呼びかけを拒否してきた社会民主党であったが、今回の共産党提案は退けることができなかった。なぜならば、労働者大衆が抗議行動に立ち上がりつつあったからである。社会民主党指導部はその状況からみて、共産党と独立社会民主党の労働者レベルにおける下からの統一が成立し、社会民主党系の労働者もそれを支持するのではないかとの危惧を抱いた。[*34] こうした情勢を背景に、社会民主党、独立社会民主党は、共産党が提案した共同闘争に関する3党合同会議の開催を受け入れたのである。

第1回会合は6月24日午後遅く開かれた。社会民主党、独立社会民主党の代表は、ゼネストの実施と11項目提案を3党合同要求として掲げようとする共産党の提案を拒絶したが、統一デモの実施については合意が成立した。3党共同の呼びかけが発せられた。統一デモンストレーションのアピールは「共和制を守れ！」に限定されたが、この統一デモを今後の行動の出発点にすることが3党間で合意された。こうして、統一行動の第一歩は実現した。

社会民主党は、あくまでもラーテナウ暗殺抗議の大衆運動を議会主義の枠内に押しとどめようと志向した。同党は、国会において「共和国防衛法」（Gesetz zum Schutz der Republik）を通過させることで事態を収拾しようと考えていた。しかし、社会民主党や独立社会民主党の幹部が統一行動を正式に認めたことは、その影響下にある多くの労働者に歓迎され、闘争を活発化させた。現実のものとなった労働者の統一行動の圧力によって、最大の労働組合組織であるドイツ労働総同盟が、共産党の提唱する労働者の統一行動への支持を表明した。ラーテナウ暗殺時、ライプチッヒで第1回全国大会（I. Bundestag des ADGB）を開催していた総同盟内では、大会全代議員の8分の1すなわち691名の代議員中90名が共産党員によって占められていた。こうした共産党の影響力の拡大も、総同盟が労働者の統一行動への要求を組織的方針に反映させるうえでの積極的要因となっていたのである。

自由職員組合連合も、統一行動のための会談を開くことに同意した。6月25日には労働組合幹部もまじえた第2回会議がもたれ、労働組合と労働者諸政党との協力体制に関する合意が成立した。社会民主党は共産党の影響力が拡大することを警戒し、翌26日の第3回会議において共産党に「演説においても、印刷物によっても、行動においても、民主共和国への攻撃はやらない」ことの明言を要求した。[*35] もちろん、共産党代表はこの要求を承認したわけではなかったが、社会民主党との統一行動を維持するためにいくつかの譲歩を行った。例えば、『ローテ・ファーネ』が社会民主党への批判を一定期間手控えたことも、その1つであった。こうした共産党中央の譲歩もあって分裂は回避され、再度デモンストレーションについての合意が成立した。6月27日、ドイツ全土にわたって統一デモが行われ、その数は100万人を超えたといわれる。さらに同日、3つの労働者政党と2つの労働組合は、反革命に対する措置を政府に要求する共同提案を発表した。[*36]

ラーテナウ暗殺抗議行動は、大衆の憤激を背景として、社会民主党、独立社会民主党、共産党の3つの政党と2つの労働組合の統一行動を生み出した。しかし、この統一行動は、反カップ闘争期にみられたような統一戦線の現実的結成にまでは進まず、急速に衰退していった。それは、反カップ闘争の場合と条件が異なっていたからであった。すなわち、反カップ闘争は、社会民主主義の成立基盤であるブルジョア民主主義の崩壊への現実的危機を背景として、社会民主主義者と共産主義者との統一戦線が可能となった。これに比して、ラーテナウ暗殺は、確かに一定のブルジョア民主主義に対する脅威ではあったが、カップ反革命クーデターのように即座に帝制復帰の危険性が存在していたわけではなかった。さらに、ドイツの政治体制のなかで、社会民主主義の占める地位に与える現実的衝撃の深刻さは、両者ではかなり大きな相違があった。政治体制への打撃の深刻さでは、ラーテナウ暗殺はカップ反革命クーデターに比べると浅かったのである。

一般に、統一戦線（特に「上から」の中央レベルにおける）の成立は、微妙な客観的条件に大きく左右される。もちろん、統一行動の積み重ねといった統一戦線の目的意識的追求が、統一戦線の結成を促進するという側面を否定することはできない。しかし、現実の運動において、「前衛党」が統一戦線成立の条件性を無視して、中央レベルでの統一戦線のみを追求する場合には、それが無原則的な妥協に終わってしまうという危険が存在する。ドイツ共産党中央は、現実運動のなかで陥りやすい統一戦線運動の構造的弱点を明確に把握していなかった。党中央が1923年を通じて一貫して重視してきたのは、ラーテナウ暗殺抗議行動に示されたような「上から」の統一戦線運動のパターンであった。

(2)　鉄道員ストライキ

鉄道員ストライキは、前者の場合と異なり、「下から」の生産点における統一戦線運動の経験であった。従来、このストライキはあまり注目されなかったが、ドイツにおける統一戦線戦術の適用例としては重要なケースである。『インプレコール』紙には10本ほどの関連報告が載せられている。以下、主に『インプレコール』紙（英語版）を中心に再構成をしてみよう。

1922年2月2日に始まったこのストライキは、鉄道労働者の賃金が他の工場労働者と比較しても大幅に低く抑えられていたことと、大量解雇が予定されているという状況に抵抗するための「生きんがための闘い」であった。

ストライキは、ドイツ鉄道労働組合全国同盟（Reichsgewerkschaft Deutscher Eisenbahner）に組織された機関士や機関助手などの労働者から自然発生的に起こり、やがて全鉄道労働者に波及していった。まず、北ドイツの鉄道が止まった。鉄道労働者のストライキは1919年以来のことであった。鉄道は資本主義経済のいわば「動脈」であるという認識から、政府と独占資本はこのストライキを強く危険視した。ヴィルト政府はストライキを中止させようとした。ストを宣言したドイツ鉄道労働組合全国同盟は公務員同盟に加盟していたが、上部団体であるこの公務員同盟や労働総同盟の幹部は、政府と同一歩調をとった。彼らは、上部組織の幹部たちの承認なしにストライキに決起した鉄道労働者の行動に危惧を抱いていたのである。労働総同盟幹部は鉄道労働者のストライキを「山猫スト」（Wild Cat Strike）とみなし「違法」なものとし、その即時中止を指示した。[*37] しかし、生きるためのぎりぎりの要求を掲げ、やむにやまれぬ闘いに立ち上がった鉄道労働者は、労働組合幹部や社会民主党の勧告に従うはずもなかった。鉄道労働者は、社会民主主義幹部がいかに頼りにならないかを、ここ数か月の中央交渉を通じて体験していた。鉄道の場合に限らず労働組合に組織された労働者が上部団体の幹部の決定を拒否するという事態は、かつてなかったことであった。

このストライキは自然発生的性格の強いものであり、参加した労働者たちも闘争の方針や展望について必ずしも明確な認識をもっていたわけではなかった。ドイツ共産党は、鉄道労働者の要求と闘争を支持し、全国規模で支援活動を行った。共産党は、鉄道労働者の具体的要求を政治的解決の方法、さらに政治的変革と関連づけて宣伝した。その結果として、ストライキ闘争そのものは敗北に終わるが、鉄道労働者の共産党への支持が飛躍的に拡大し、彼らの大量の部分が社会民主主義系から共産党系の組織の影響下に移った。

ジノヴィエフはコミンテルンにおいて、この鉄道員ストライキを、労働組合内において共産党員が社会民主主義指導部の意思に反して闘争を組織しえた最初のケースとして高く評価したが、それは同時に、コミンテルンがこのストライキを「下から」の統一戦線のひとつの典型的パターンとして評価したことを意味した。このパターンは、共産党「左派」が1923年の諸闘争のなかで適用しようとしたものであったが、反幹部闘争を通じて階級的強化を一面的に貫徹させようとするあまり、社会民主主義者や非プロレタリア層の反発を招き、統一戦線そのものの組織的存立を不可能に導く可能性を内包していた。

(3) 革命的経営評議会運動

革命的経営評議会運動（Revolutionäre Betriebsrätebewegung）は、「下から」の大衆レベルの統一戦線運動であったが、前二者と異なるところは、運動が強固な統一戦線組織を生み出したことである。この運動は、11月革命のなかで変革のための自主的組織として誕生しながら、その後の経過のなかで、改良主義者によって形骸化されてしまった経営評議会を再生させようとする自然発生的な大衆運動であった。この評議会は、通常、ドイツ労働組合総同盟および自由労働組合の指導下にある換骨奪胎化させられた経営評議会と区別する意味で、「革命的」の名称を冠して呼ばれていた。運動再生の契機となったのは、ベルリンの経営評議会総会が1922年8月30日に発した「公開状」であった。*38 ベルリンの一連の経営評議会は、全国的に改良主義的傾向が強まるなかで、革命的伝統を保持しえた数少ない組織であった。それはベルリンの戦闘的労働者の間に、ドイツ共産党「左派」の影響力が強いこととも関係があった。「公開状」は、昂進するインフレーションのもとで、労働者の窮乏化を救うための具体策を提示し、労働者自らの手でそれを解決するための「管理委員会」（Kontrollausschuss）の設置を呼びかけ、経営評議会の全国大会を開催せよと要求した。

「公開状」の呼びかけた経営評議会の全国大会は、労働総同盟右派幹部の反対にもかかわらず、1922年11月23日から25日までベルリンにおいて開催された。大会代議員数は846名にのぼったが、そのなかには657名の共産党員、38名の社会民主党員、22名の独立社会民主党員、52名の無党派労働者、17名の共産主義青年同盟員、3名の社会主義青年同盟員、3名の共産主義労働者党員、8名の自由労働組合員、3名のサンジカリスト等が含まれていた。[39]ここには、以前の経営評議会全国大会と異なり、共産党によるヘゲモニーの掌握が示されていた。[40]全国大会は『行動綱領』（Aktionsprogramm）を採択したが、その内容は運動の課題と性格を如実にあらわしている。『綱領』は4つの部分から構成されていた。

① 労働者大衆の生存を保証するための諸措置：(a)労働者組織の管理下における生活必需品の調達と分配、(b)耕作サボタージュの阻止、放棄された大土地所有地の労働者管理

② 金融的・経済的崩壊による負担の軽減に関する諸措置：1. 実質価値（Sachwerte）把握のために、(c)外国為替、外国預金、君主財産の差押え、(d)金融機関の統合と国家機関と従業員レーテによる統制、(e)借入金、(f)税制の改革　2. 生産管理

③ ヴェルサイユ条約の廃棄とヨーロッパ再建のための諸措置、条約を廃棄する方法についての具体的提案（略）

④ 反革命と経済的サボタージュとの闘争のための諸措置：(t)この綱領実現のための活動を妨害するすべての公務員の罷免、(u)あらゆる反革命団体の解散と武装解除

そして、「これらの要求を実現させるためには、労働者軍、経営評議会、管理委員会に支えられた『労働者政府』を樹立しなければならない」[41]と『綱領』はいう。

以上のように、革命的経営評議会は要求を体系化し、その解決策を具体的に提示した『綱領』をもったことにより、運動が大きく飛躍する基礎を獲得した。その後、この運動は生活危機が深化するなかで、労働者大衆の切実な日常的要求を組織しながら、政治的党派の異なる人々を結集して急速に発展した。なかでも管理委員会は、暴利や闇取引などの摘発、価格の引き下げ、差押え品の無料ないし低価格での売却や、空きビルの地下室を住宅用に転用するなど、労働者の生活に密着した具体的成果をあげ、生産点の労働者のみではなく、失業者や中間層、地域の婦人層などを含む「最も広範な統一戦線組織」へと成長した。[42]１９２３年の春から夏にかけての大衆運動や反クーノー闘争において指導的役割を果たしたのも、この経営評議会であり、管理委員会であった。また、革命的経営評

議会運動は、プロレタリア百人組や失業者委員会などの組織をも生み出すことになる。これは、ドイツ共産党中央も「左派」も同じく重視した統一戦線運動のパターンであったといえる。しかし、両者の指導する運動には基本的な点で相違があった。それが後に運動の進め方をめぐって現出する。

以上のように、統一戦線運動からは主として3つのパターンが析出されるが、1923年の大衆運動の高揚のなかで追求された統一戦線運動は、この3つのパターンが状況の変化とともに相互に重層的な関連をもちながら展開したのである。

2 政治危機の到来と反クーノー統一戦線の形成

(1) 1923年春から夏にかけての社会状況と大衆運動

(1) 経済の混乱と労働者の深まる貧困と空腹

1923年初頭のドイツの状況は、フランスとベルギーによるルール占領、マルク価の急激な下落、左右の大衆運動の高揚などによって特徴づけられていた。

フランスとベルギーによるルール占領[*43]は、短期間のうちにドイツ経済に破壊的結果をもたらした。石炭、鉄、鉄鋼生産の中心地が構成部分から切り離されたことにより、ドイツ経済は混乱と急激な生産減退を生み出した。工業生産指数は、戦前の1913年を100とすると、19年の42から22年には78へと急上昇したが、23年にはまた47にまで落ち込んだ。石炭の産出高は半分以下の6230万トンに減少、銑鉄は910万トンから490万トンに減り、鋼鉄生産は1120万トンから620万トンへと縮小した。[*44]

表1　一金マルクの換算表
（単位：マルク）

1923年5月	11,355
6月	26,202
7月	84,186
8月	1,100,632
9月	2,350万
10月	60億
11月	5,220億
12月	1兆

表2　1923年のベルリンの物価（単位：マルク）

	4月	6月
黒パン（1kg）	474	1,253
ジャガイモ（1kg）	74	333
豚肉（1kg）	8,700	21,200
バター（1kg）	17,800	30,300
マーガリン	5,800	20,200
砂糖	2,130	2,815
タマゴ（1コ）	338	793
牛乳（1ℓ）	920	1,380

出所：表1・2とも *Geschichte der deutschen Arbeiterbewegung*, Band III, Berlin（Ost）, 1966, S. 386-387.

インフレーションは急速に昂進し、いわゆる悪性インフレへと転化した。1923年1月にはこれまでの戦後恐慌期におけるインフレによって1金マルクが4300マルクになっていたが、5月には1万1400マルク、8月には110万632マルクと、紙幣の価値はつるべ落としに減っていった（表1）。平価切り下げは物価の高騰をもたらした。例えばパンの価格は、23年1月は306マルク、6月1253マルク、9月1037万マルクに達した（表2）。当時のドイツの労働者のうちでは高給取りの部類に属する熟練建設労働者は、4月に週給8万303マルクを受けとっていた。しかし、これは生活必需品をも満足に買うことのできない金額であった。労働者の実質賃金は、戦前の3分の2ないし3分の1に落ちていた（表3）。それは高度に発達した資本主義国のなかでは他に類をみない低賃金であった（表4）。また、支払われた賃金は数日あるいは数時間のうちに、本来の購買力の数分の1になってしまうといったことがしばしば起こった。男性が家庭にもちかえった賃金を、主婦がもってマーケットに出かけたときには、すでに物価は再び上昇していて、ほとんど何も買えないといった状態さえ発生した。このような光景は、ドイツ各地でみかけられた。貧困と空腹が労働者の家庭を支配した。

それでも賃金をもらっている労働者はまだよいほうであった。失業者の場合は悲惨の一語に尽きた。1923年8月初旬において、失業者補助の最高額は1日に3万3千マルクであったが、それはたった2ポンドのジャガイモさえも買えない程度のものであった。

急速に悪化するインフレーションは、小売業者、職人、恩給生活者などの生活を破壊した。彼らが苦労して蓄えた預金通帳は単なる一片の紙切れに変わった。中間層の存在そのものがこれほどまでに否定された時期は、以前のドイツにおいてはなかった。

ブルジョアジーの一部も、やはりインフレーションの被害者であった。1922年中頃までのインフレは、生産活動にむしろ一定の促進的作用を及ぼしていたが、[*45] 23年に入ると急激に逆転し抑圧的作用を与え始めた。中小の企業家は経営に行き詰まり、中小企業の倒産が相ついで起こった。他方、独占資本家にとっては、この新たな段階にさしかかったインフレは必ずしも不利ではなかった。なぜなら、彼らはルール占領にともなう損失の補償金という名目で、巨額の国庫財政を自己の手中に収めることができたからである。さらに独占資本は、23年には生産を縮小

表3　ドイツにおける実質賃金指数
（週賃金）

年・月	熟練工	未熟練工
1913-14年	100.0	100.0
1923年1月	63.2	83.7
2月	67.1	88.1
3月	77.5	102.0
4月	76.2	100.0
5月	74.9	98.1
6月	65.1	84.0
7月	84.0	62.0
8月	67.2	86.4
9月	61.2	78.2
10月	52.0	64.8

表4　世界における重要都市の賃金指数（1923年）

都市名	建築工	金属工
ロンドン	100	100
アムステルダム	107	108
ベルリン	61	57
ブルッセル	70	73
ニューヨーク	274	162

出所：表3・4とも［吉村 1953：61］

せざるをえなかったが、それでもごく僅かなコストで生産できたため、外国へのダンピングなども可能となり、かなりの利益をあげることができたからである。これらをテコとして、破産した中小資本を吸収しながら資本の集中・集積を推進し、ますます巨大独占体として肥っていった。[*46] インフレーションを契機に一大コンツェルンを形成したシュティンネスは、その典型であった。

(2) 大衆運動の噴出

1923年のドイツの春は、労働者階級をはじめとする人民諸階層の大衆運動の息吹のなかから徐々に明けていった。賃金引き上げ、物価騰貴による特別手当の支給、生活のための物質的援助などを要求する地方的ストライキや大衆闘争が各地で発展していった。

統一社会民主党（以下、社会民主党と略）は、すでに触れたように「城内平和」政策をとり続け階級協調主義の立場を一層鮮明にし、クーノー政府を支持した。同党は、1923年1月には勤労人民の負担によってルール独占資本を救援する「ルール救援基金」（Ruhrhilfefond）にも同意を表明した。さらに、クーノー政府の対労働者政策は、その強力な後援者であったシュティンネスらの11月革命において労働者の獲得した社会的成果に正面攻撃をかける時が到来したという現状認識[*47]に支えられたものだっただけに、抑圧一本槍に近いものであった。社会民主党がクーノー政府との対決を回避したことは、当然、同党影響下にあった組織労働者のなかから不満の声があがり、社会的経済的条件の悪化とともに、その声は強まらざるをえなかった。したがって、ドイツ共産党が「下から」の統一戦線運動を展開していくなかで、同党の影響力が社会民主党や労働組合右派幹部の壁を突破して浸透していくのは可能であった。ドイツ金属労働組合をはじめとする労働組合諸組織が「ルール救援基金」反対を決議した。3月には、オーバー・シュレージェンの鉱山労働者4万人が、革命的経営評議会運動の法的規制とファシスト集団の策動に抗議するストライキに立ち上がった。ドイツの多くの都市や農村で、様々なスローガンを掲げた集会やデモンストレーションが始められた。

矛盾の集中点であったルール工業地帯では、ドイツ共産党「左派」の影響のもとに戦闘的闘争が展開された。ルールはベルリン、ハンブルクと並ぶ「左派」の拠点地区であった。闘争の過程で、労働者とフランス占領軍との対立が先鋭化した。3月31日には、フランス占領軍が占領軍当局の処置に抗議するエッセンのクルップ工場の労働者集会に直接介入し、11名の労働者が射殺されるという事件が起こった。4月18日、ルールのミュールハイムにおいては、物価騰貴のための特別補償を要求する労働者のデモンストレーションに対し、ファシスト的武装集団とドイツ官憲が襲いかかり、8名の労働者が殺害された[*48]。

5月の後半期、強力なストライキ運動が被占領下のルール工業地帯において発生した。大衆闘争は鉱山労働者の賃金引き上げと物価騰貴の特別補償などの要求を中心として盛り上がった。5月29日には、ルール全域の鉱山、金属労働者約38万人が参加する大ストライキに広がった。その過程で、社会民主党・労働組合の右派幹部を乗り越えて、社会民主党系労働者と共産党系労働者との統一戦線が生まれた。ルール地方には、共産党系、社会民主党系、キリスト教系のそれぞれ傾向の異なる経営評議会が存在していたが、それらすべての経営評議会代表は、5月22日ドルトムントに結集し、ストライキ実施の決定と同時に、統一ストライキ指導部を組織した。改良主義的労働組合の右派幹部に代わって闘争を指導したのは、この経営評議会であった。ドイツ共産党は、統一戦線を強化し、ストライキ闘争の指導にあたりながら独自の活動を展開した。同党は、ファシストの武装襲撃や官憲の弾圧から大衆運動を防衛する目的のためにプロレタリア百人組を中核とする「プロレタリア自衛軍」の創設をめざした。一部の地域では、労働者が市の庁舎を一時的に占拠するまでに闘争は激化した。しかし、ストライキ運動そのものは、クーノー政府とルール独占資本の要請を受けて出動したフランス占領軍の流血の弾圧の前に、5月30日、中止のやむなきに至った。それにもかかわらず、ルール地方の労働者の2週間におよぶストライキ闘争は、他の地方における大衆運動の大規模な爆発を導き出す導火線の役割を果たした。

（2） クーノー政府打倒闘争における統一戦線運動の発展

クーノー政府は、1923年5月1日、戦勝連合諸国に新たな賠償の支払いを申し出た。それはクーノーの外交政策の破綻を意味するものであったが、そのようなリスクを冒してでも帝国主義的「協調」を達成し、全力を労働者と農民の運動への対応に集中しようとする意図の現れであった。政府は、共産党の影響下にある統一戦線組織（革命的経営評議会、管理委員会、プロレタリア百人組など）が拡大・強化されることを恐れた。なかでも、労働者の武装組織であるプロレタリア百人組には神経をとがらせていた。クーノー政府は、5月12日、プロイセン州の内務大臣・社会民主党のカール・ゼヴェリンクを通じて一連の大都市におけるプロレタリア百人組を禁止した。

社会民主党指導部がとっている階級協調政策は、強い不満を社会民主党系の労働者の間に生み出した。そのような大衆の気分におされて、社会民主党内部にも、ルール占領、クーノー政府、ファシスト的テロなどに反対し、共産党との統一行動を望む声が高まってきた。社会民主党やその影響下にある組織のなかで、新しい左翼的な潮流が形成され、中央組織の右派幹部と対立するといった状況が生まれてきた。このような傾向は、特に中部ドイツのザクセン州においては典型的であった。

(1) ザクセン州の経験

ザクセンにおいては、右派社会民主主義指導者の権威と信頼を失墜させるような特別な経験があった。1922年11月の州議会選挙において、全議席98のうち社会民主党が40議席、共産党が10議席を獲得し、両党が州議席の多数派を占めるという事態が出現した。*49 ドイツ共産党は、すでに21年12月のコミンテルン執行委員会の『指示』が明らかにしたように「労働者州政府」の成立をめざす方針を採用していた。しかもザクセン州は、ブランドラーらの影響の強い地方的拠点であったために、若干のためらいを残しながらも社会民主主義政府の形成を支持するという立場に立った。その結果、23年1月31日、右派社会民主主義者が主要ポストを占める州政府の誕生をみた。ブックが首相に、リピンスキーが内務大臣に就任した。しかし、この政府は、労働者大衆の期待を完全に裏切ることになった。ブック政府は、ザクセンの労働者大衆が希望する生活防衛の緊急政策をとるかわりに、それらを要求する労働者の運動に対して警察力による弾圧を繰り返した。州政府はザクセン州警察を通じてファシストに集会開催の許可を与え、ファシストの集会に反対してデモンストレーションを行った労働者たちには警官隊の泥靴で蹴散らすことを行った。労働者は、「自分たちの政府」と考えていた右派社会民主主義者の政府の本質を体験を通じて知ったのである。

ドイツ共産党が明らかにしたブック＝リピンスキー政府を打倒して共同の「労働者州政府」を打ち立てようという社会民主党への提案は、社会民主党系の労働者や無党派の勤労大衆に大きな共感と波紋を呼び起こした。[*50] 共産党は「プロレタリア統一戦線」と「労働者政府」の思想を大衆のなかに積極的に広めるため、2月から3月にかけて大々的キャンペーンを展開した。例えばケムニッツでは、同期間中に約450回にも及ぶ大小の集会やそれのための準備会がもたれたと報告されている。[*51] 小都市フライタールにおける集会の様子は、社会民主党右派幹部の指導力の低下と共産党の影響力の拡大を特徴的に伝えている。フライタールの共産党組織はたったの180人の党員しかいなかったが、その組織が主催した1923年2月5日の集会には約千名もの人々が参加した。参加者の80％は社会民主党系および無党派の労働者であった。集会参加者は、右派社会民主主義者の政府がこれまでの労働者敵視政策によって労働者の生活がますます悪化しているにもかかわらず、改善のための努力を行うこともなく、結局のところザクセンにおける反動やファシズムに道を開いてやっただけに終わったことを確認し、大きな憤りと不信を表明した。同集会はザクセンの革命的経営評議会の掲げた要求を支持し、それを実現するための「労働者政府」の樹立を要求する決議を行った。[*52]

前年11月の成立期には多くの労働者の期待を集めたブック州政府は、いまや不満と退陣要求の声が高まるなかで崩壊しようとしていた。1月30日、ザクセン州議会は共産党提出の同政府不信任案を可決した。ザクセン州は深刻な地方的政府危機に直面することになった。社会民主党の中央指導部およびザクセン州の同党右派幹部は、ブルジョア諸政党との連立政策によって政府危機解決の途をみつけだそうとした。だが、連立政策への固執は、社会民主党系の労働者を共産党系の労働者との共同闘争の方向へさらに追いやる結果となった。2月12日に社会民主党が主催した公開集会においては、演壇に上がった前首相ブックと集会参加者の多数との間に深刻な対立が生まれた。約千名の大会参加者（そのうち共産党員は45名しかいなかったといわれる）は、社会民主党ザクセン州指導部の提出した「決議案」を多数で否決した。数多くの社会民主党の地域支部（オルト・グルッペ）は、共産党員との接触を深め共同闘争に立ち上がった。なかには、社会民主党の地域支部がそのまま共産党に入党するといった事例もみられたという。[*53] したがって、社会民主党の下級組織の多くから、政府問題を決定する臨時地方党大会開催の要求が提出されたとき、党指導部はいったんは拒否したもののついに認めざるをえなくなった。社会民主党ザクセン州指導部は、23年3月4日、臨時地方党大会を召集した。大会は激烈な討論を経て、社会民主党州指導部の提起したブルジョア諸政党、なかでもドイツ民主党との連立政策を否定し、共産党との共同行動を決定した。[*54] その決議には、次のように謳われていた。

「① 民主党との連立は行わない。
② 共産党との交渉は、彼らを政府に参加させることを前提として行う。
③ 地方党大会は、共産党の新しい提案を共産党との共同の政府樹立のための適当な基盤として認める。
④ 共産党との交渉は、7人委員会が担当する。[*55]」

ザクセン州社会民主党はこの大会決定に基づき、グラウプを責任者とする「7人委員会」を選出し、新しい州政府の形成について共産党との交渉を開始した。その際注目されることは、ドイツ共産党ザクセン州委員会が3月1日に発表した「共産党の新しい提案」が事実上の「共同政府綱領」とされた点である。社会民主党の新しい多数派が同提案を承認したのは、それが統一戦線運動としての革命的経営評議会運動のなかで練り上げられた大衆的諸要求に他ならなかったからであった。7人委員会と共産党ザクセン州委員会は、3月15日、社会民主党中央指導部の反対を押し切って「統一協定」を成立させた。この「統一協定」は政策の柱として、①ファシズムに対する防衛処置とプロレタリア百人組の建設、②管理委員会の拡大、③労働者軍の建設、④大赦（Amnestie）の実施、の4つを挙げている。[*56]

ドイツ共産党代表はこの「協定」にのっとって、州議会において左派社会民主主義者の政府形成を支持することを約束した。3月19日の共産党ザクセン州拡大執行委員会は、多数でこの交渉の結果を承認した。しかし、この会議においてライプツィヒ地区委員会から提起された意見は重要であった。同地区委員会は、「統一協定」に革命的経営評議会大会の召集という項目が欠落していることを重視し、「経営評議会大会の召集が、他の諸要求項目の実現を保証するものであるから、その点はどうしても落としてはならない」と批判した。この意見は、共産党ザクセン州委員会指導部が「上から」の統一のみに視点を奪われ、「下から」の大衆的統一戦線運動の発展を必ずしも重視していないという基本的姿勢を批判したものであった。この問題提起は、ザクセンの今後の政治的動向を考えあわせると大きな意味をもっていたが、この時点においては全体の認識とはならなかった。

3月21日、ザクセン州議会において、共産党の支持投票により、ツァイクナーを首班とする新しい州政府が成立した。この政府の性格は、共産党の閣外支持による「左翼社会民主主義者の政府」であった。ツァイクナー政府は地場資本の執拗な妨害や社会民主党中央指導部の介入などによって動揺し、ときには労働者や農民の運動の発展にブレーキをかけようと試みたりもした。それにもかかわらず、ザクセン州においては、これまでドイツのどの地方にもなかったような、統一戦線運動と戦闘的労働者にとっての有利な闘争条件が生まれたことは確かであった。

(2) 統一戦線運動の2つの展開方向

1923年3月22日のドイツ共産党中央委員会政治局会議は、ザクセン州の経験を全ドイツに拡大適用することを決定した。「現在、すでに労働者政府樹立の可能性が存在しているすべての地方においては、労働者政府のための系統的キャンペーンが行われなければならない」*57。ドイツ共産党中央は、ブラウンシュヴァイク、ブレーメン、ハンブルク、リューベック、チューリンゲンなどにおいて「労働者州政府」の樹立の可能性があると判断した。「労働者州政府」をいくつかの地方で樹立していき、それをテコとしながら、全国規模での「労働者政府」を樹立しようとするのが党中央の描く路線である。ブランドラー、タールハイマーは、ザクセンでできたものが、その他の地方で、あるいは全国規模で実現できないはずはないと確信して疑わなかった。

しかし、彼らはザクセン州の社会的政治的特殊性を十分認識していなかった。すなわち、ザクセン州においては、反カップ闘争（1920年）の際にも明らかになったように、共産党の政治的影響力がかなりの程度存在しており、それとともに完全には階級協調主義に転化していない左派社会民主主義の潮流が伝統的に形成されていた。さらに決定的であったのは、右翼社会民主主義者の政府あるいはそれとブルジョア諸政党との連立政府のもとにおいて、何ら進歩的な政策がとられなかったという大衆自身の経験を通じて、労働者大衆の社会民主主義の幻想からの「離脱現象」が起こったことである（もちろん、この「離脱現象」は不完全であり一時的なものであったが）。ブルジョア民主主義的政治体制の存続という条件下では、このような特殊な経験がなくては、大量の労働者が社会民主主義のイデオロギーと組織から離脱するという事態はほとんど発生しえない。ザクセン州における統一戦線運動の経験は、その意味できわめて特殊であって、全国レベルにまで押し広げて一般化することはできない。

また、地方政府の経験が中央政府の場合にもそのままあてはまると考えることはできない。統一戦線の成立条件的困難性は一応おくとしても、政府存続に関していえば、地方政府の場合はまだかなりの可能性があるとはいえ、中央政府の場合は大きな困難が予想される。すなわち、地方政府の場合は、日常的要求が選挙の争点であり、仮に革新的な政府が成立したとしても、独占資本の活動を一定程度制限こそすれ、独占資本の支配体制の崩壊そのものには直接繋がらない。しかし、中央政府としての「労働者政府」の場合は、政治権力の問題と直接に関連をもってくるので、支配階級の抵抗も比較にならないほど大きく死にものぐるいの妨害をするであろうからである。したがって、ザクセン州の経験を拡大適用する場合にはいくつかの媒介項を究明する必要があったが、党中央においては、そのような認識は稀薄であった。

ドイツ共産党内の「左派」は、「上から」の社会民主主義者との統一による多数派結集、「労働者政府」樹立という党中央の路線に対し、生産点や街頭での大衆闘争を徹底して推進しながら、「下から」の労働者大衆自身による統一の方式を対置し、組織的には革命的経営評議会、管理委員会、プロレタリア百人組を拡大することに全力を注いだ。党中央もこれらの組織（統一戦線の具体的な形態）を軽視したわけではなかったが、「左派」はそれらを究極的な目的としての武装蜂起の準備と結びつけていた。その点が、党中央と決定的に異なるところであった。党「左派」がなかでも経営評議会を重視したのは、それが本質上、革命的情勢においては、生産管理の機関、工場占拠の機関となり、工場を革命の砦に変え、プロレタリアートの権力のための闘争の拠点（基礎組織）となり、経営ソヴィエトに転化すると考えたからである。[*58] 革命的経営評議会運動は、1922年に復活して以来、すべての政治的・職業的相違を超えて、ますます多くの労働者を結集させつつあった。特にベルリン、ラインラント＝ヴェストファーレン、ザクセン、チューリンゲンなどにおいては、その発展が著しかった。[*59] すでにドイツ共産党第8回大会において、評議会の位置づけが中央と「左派」とでは異なっていたことを指摘しておいたが、同じ経営評議会という名称であっても、地域によって内容や活動の力点のおき方が違っていた。

ドイツ共産党「左派」の指導する革命的経営評議会は、戦闘的労働者の「武装」のための有力な拠点となった。例えばベルリンの経営評議会総会は、1923年1月、プロレタリアートの武装とプロレタリア百人組の創設を自らの要求として掲げた。それは何よりも、クーノー政府がファシスト武装集団を容認しており、これらのファシスト組織が経営評議会や管理委員会、あるいはそれらが行うデモンストレーションやストライキに対して、武装襲撃をかけるといった事態がたびたび起こっていた。大衆運動を防衛し、拡大させるためには、労働者の武装が必要であった。労働者の武装行動隊であるプロレタリア百人組は、共産党「左派」の影響の強いところで発展し、5月1日のメーデーには、ベルリンをはじめとする大都市で、デモ隊の先頭に立ちその威容を誇った。23年の5月までに、ベルリン、ルール、ザクセン、チューリンゲンでは約300のプロレタリア百人組がつくられていた。[*60] 共産党「左派」は、社会民主主義指導部の動向などおかまいなしに労働組合右翼幹部を徹底的に批判し、独自の闘争を展開した。特にルール地方では、「工場占拠」などがしばしば試みられた。

(3) コミンテルンの指導

ドイツ共産党内の路線をめぐる対立は、運動形態における地域的対立を生み出した。ルール占領の継続にともなう民族的社会的危機の深化とともに、党中央と「左派」との対立はますます深刻になっていった。党中央のクララ・ツェトキンは、「左派」の強いドイツ共産党ルール地区大会（エッセンで開催）に出席し、ルールでとられるいかなる「冒険主義的な行動」も党中央委員会は容認しないと断言し、ルールの共産党地方指導部を公然と批判した。[*61] 当時の「左派」のリーダーの1人であったテールマンの証言によれば、ブランドラーは「左派」が指導部を占めていたハンブルクの党組織に対し、「もし君達が、独裁についてのおしゃべりを止めないならば、党から除名する」と脅迫したという。[*62]「左派」は党中央に対し、「解党主義」「マルクス主義国家論の歪曲者」との非難を投げつけた。事態を重視したコミンテルン執行委員会は、5月、両派の代表をモスクワに召喚し協議を行わしめた。この会議には、ドイツ共産党中央からブランドラー、ベトヒャー、党「左派」からルート・フィッシャー、マスロウ、テールマン、コミンテルン執行委員会からジノヴィエフ、トロツキー、ブハーリン、ラデックが出席した。[*63] 協議は3日間にわたって続けられた。

コミンテルン執行委員会はその席上で、ドイツ共産党第8回大会（ライプツィヒ）決議における「右翼的偏向」について指摘し、かつ党内「左派」が行っている「解党主義」という党中央批判も正しくないと強調した。[*64] ザクセン州の問題については、「社会民主党系大衆と我々の接触を保証し、同時に、社会民主党政府に対する完全な責任を我々に負わせない唯一の手段」であったと高く評価しながらも、「労働者政府の問題は、個々の州の枠内では満足に解決されない。そればかりか、個々の州内での解決は、この理念をまったくどっちつかずにする危険性があることを想起してもらいたい[*65]」と要請した。さらに執行委員会は党内「左派」に対して、「2つの党中央」が同時に存在するならば統一的指導が不可能になるので、他の地区における反中央的活動を中止するよう要請した。党内「左派」はこれを承認した。[*66]

このように、コミンテルン執行委員会はドイツ共産党内における中央と「左派」の対立を妥協させることに一応表面的には成功するのであるが、コミンテルン指導部内には、ドイツの現状に対する認識と今後の方針をめぐって2つの意見が対立していた。当時コミンテルン執行委員会の代表としてドイツ問題を担当していたラデックは、ドイツの党が「希望的観測」に基づいて、妄進しないようにブレーキをかける方向で指導すべきだと主張した。ジノヴィエフとブハーリンは、ラデックのこの提案に否定的であり、むしろドイツの党はさらに大衆運動を激烈に展開しなければならないと考えた。しかし彼らは、この5月から6月の時期で、数か月後における政治危機の急速な到来を予測しえたわけではなく[*67]、より明確な具体的方針を示しえたわけでもなかったし、まだ一般論に過ぎなかった。トロツキーは、ドイツの情勢について十分な知識をもっていないから、意見を述べる資格がないと積極的な見解の表明を避けた。スターリンは、結論においてラデックの判断を支持したという。この執行委員会内の意見の対立は、その後のドイツ問題に関するコミンテルンの指導のあり方に複雑な影を落とすことになる。

ドイツ共産党中央と党内「左派」は、コミンテルン執行委員会の指導のもとに、現実の方針では一定の歩み寄りをみせた。その結果として、党中央の戦略路線を基本としながら、党内「左派」の主張する戦術（例えば、労働者の武装）をも部分的に取り入れた戦術指導が党中央委員会の名によって行われることになった。

(4)　大衆運動の新段階

民族的社会的危機の深化のなかで、ドイツは「暑い夏」を迎えつつあった。6月初旬に、シュレージェンの労働者10万人がストライキに突入し、農業労働者12万人もそれに参加した。首都ベルリンで20万人近くの労働者がストライキを行ったのをはじめ、ドイツ全土にわたって物価騰貴と生活破壊に抗議するストライキ、集会、デモンストレーションが闘われた。[*68] クーノー政府の労働者抑圧政策も大衆運動の波を押しとどめることはできなかった。労働者の急激な政治的急進化は、インフレーションの影響から身を守るという経済的闘争からクーノー政府を打倒する政治闘争への転化を促進した。

ドイツ共産党の前には、日常的要求闘争と、政府打倒闘争さらには権力奪取のための闘争との関連性を明らかにすることが実践的緊急課題として提起された。党中央は日常的要求闘争と権力奪取闘争とを区別して考えようとはしなかった。日常的要求闘争を徹底して展開していけば、漸次的に労働者階級の多数派を結集でき、全国規模の「労働者政府」樹立に直結するに違いないと考えた。１９２３年7月11日のドイツ共産党中央委員会声明は、それを裏づけている。声明は「いまや我々は、決定的闘争に突入せんとしている。我々は、我々自身と大衆を、神経質になることなく冷静かつ明晰な頭脳で準備させなければならない」[*69]と訴え、その準備として、次のような課題を設定した。すなわち、社会民主党系労働者や労働組合および無党派の労働者との統一戦線の結成・拡大、クーノー政府打倒と「労働者政府」樹立のために必要な力をつけることを目的とした、勤労大衆の日常的要求の一貫した擁護、党内組織の居住細胞から経営細胞への早急な編成替えなどであった。[*70]「決定的闘争」が言葉のうえでは語られているが、それに対応する特別な課題は設定されていない。日常的要求の一貫した擁護が、「労働者政府」樹立のための前提となる力関係を変化させるというのである。党中央がめざしたのは、文字どおり労働者階級の多数派を結集させることであった。

ドイツ共産党は、これまでのねばり強い統一戦線戦術の適用によって、1923年の夏には、労働組合に組織されている労働者にも大きな影響力を獲得していた。組織労働者の最大の結集体であり、これまで社会民主主義幹部の思うままに牛耳られてきた労働総同盟においても両党の勢力は伯仲し始め、地区によっては共産党が多数派を占めるところも現れた。[*71] 政治学者フレヒトハイムは、当時の全組織労働者のうち40%が共産党の影響下にあり、未組織労働者になるともっと多くなり、おそらくその多数が共産党を支持していたと推定している。[*72] 農民層に対する影響力の拡大は、労働者に対するそれに比べればかなり緩やかであった。それでも、23年6月のメクレンブルク＝シュトレリッツの地方選挙のように、社会民主党の8議席に対して共産党が35議席を占める農村地域も現れ始めていた。[*73]

ドイツ共産党は、主要な工業地帯や労働組合内で大きな影響力を獲得し始めていたが、その他の地方ではまだ社会民主主義者との力関係を逆転させるところまでに至っていなかった。しかしながら、労働者大衆の日常的大勢順応意識の崩壊という社会的政治的状況からみたならば、1923年の夏には、ドイツの労働者階級のなかで社会民主党よりも共産党が大きな影響力をもちうる状態にまで至ったと考えられる。[*74]

危機の深化、大衆運動の飛躍的高揚、そのなかでの共産党の影響力の拡大という状況のもとで、党の指導性が現状変革の成否を決定する時期が迫りつつあった。だが、ドイツ共産党中央はまだ多数派結集の任務は完了していないと判断し、その達成に全力をあげた。多数派結集はあくまでも飛躍や質的転換なしに直線的に進行すると考えられていた。当時ドイツ共産党「左派」として政治活動に従事した歴史家ローゼンベルクは、ブランドラーらが事態の進行を次のように展望していたと述べている。すなわち、クーノー政府は遅かれ早かれ破綻するに違いない、そのときは社会民主党が政権に復帰するであろう。社会民主党が復帰するについては、現在の状況からして、共産党あるいはカトリック系労働組合との連携は必至である。したがって、「労働者政府」が社共連合という形で議会を通じて樹立される可能性がある。「労働者政府」が樹立されれば、その内外で徐々に共産党の影響力が拡大され、勤労大衆の圧倒的多数が共産党の指導下に結集することになるに違いない。「だからかような状況に備えて、党はその力を一揆主義的冒険に浪費してはならない」[*75]。ブランドラーを中心とする党中央は、クーノー政府の打倒が現実的日程にのぼってきた新しい段階において、統一戦線運動の「上から」のパターンを主として推進することによって展望が開けるとした。はたして現実は、この想定のように進んだであろうか。

ドイツ共産党は、フランスのルール占領継続に反発する大衆の民族排外主義的感情にのって勢力を拡大するファシズムに対決するため、7月29日を「反ファッショ統一行動日（Antifaschistentag）」に設定した[*76]。クーノー政府は、その直後にこの日の戸外の集会とデモンストレーションを禁止するよう各州政府に要請した。ザクセン、チューリンゲン、バーデンの3州を除いて、禁止令が出された。この禁止令をめぐって、共産党内では、強行突破を主張するベルリン地区委員会と党中央との対立が再び表面化してきた。同時にそれはコミンテルン執行委員会内部の対立でもあった。ジノヴィエフとブハーリンは休暇中でモスクワを離れていたが、デモの強行を主張した。ラデックは、スターリンの支持を得て「7月の敗北」に繋がるような行動を慎むようにと打電してきた[*77]。ドイツ共産党は、コミンテルンの指示に沿いながら、全土での集会開催を指示し成功させた。戦闘的労働者は街頭に流れ出した。その数は、ケムニッツで6万人、ライプツィヒで3万人、ゴータで2万5千人，ドレスデンで2万人、ウィッテンベルクで10万人と報告されている[*78]。その数字をそのまま信ずることはできないが、当日の統一行動の盛り上がった状況を推測することができる。

ドイツ共産党中央委員会が「反ファッショ統一行動日」直後の7月31日に出した声明は、「労働者政府樹立のための、政治権力奪取のための全勤労人民の共同闘争[*79]」を強調し、階級闘争が新しい段階に入ったことを明らかにした。大衆運動の発展にともなってドイツ共産党は量的に強化されていた。数万の労働者が入党し、その党員数は約30万人に膨れ上がった[*80]。

共産党がイニシャティヴを握った革命的経営評議会、管理委員会、プロレタリア百人組などの統一戦線組織は、社会民主党系や無党派の労働者を結集して各地で定着し、反クーノー闘争の中心的役割を担った。[*81] なかでも管理委員会は、価格監視、貯蔵物資や不正の摘発などのインフレ対策と生活防衛の闘いのなかで、労働者のみならず中間層をも含む広範な人々を結集し始めた。中間層独自の闘争も活発化した。7月末から8月にかけてのドイツの状況は、労働者・農民・中間層などの勤労人民にとってもはや堪えられないものとなっていた。様々な大衆運動がかつてない規模で展開されたが、その共同闘争の過程で社会民主党員と共産党員との関係が親密になっていった。それにともなって、社会民主党員のなかで同党指導部への批判が強まり、その圧力のもとで社会民主党指導部の間にも分裂の兆しがみえ始めた。社会民主党国会議員団のなかに、指導部のクーノー政府支持の方針に反対する潮流が出現した。7月29日、パウル・レヴィ他30名の国会議員はワイマールに会し、公然と党の方針を批判し、クーノー政府の退陣を要求する声明を発した。[*82]

クーノー政府の倒壊する日は近づいた。問題は、誰がどのようにして倒すか、誰がどのようにして次の政府をつくるかであった。クーノー政府倒壊の日は、統一戦線運動の政治的力量の真価が問われる日でもあった。

（3）反クーノー・ゼネストの成功

8月になると、新しいストライキの波がルール工業地帯に起こった。8月3日には、ルールの労働者20万人がストライキに突入した。その火は瞬く間にドイツ全土に伝播した。各地で、ストライキ、ハンガー・ストライキ、大衆集会、サボタージュなどが行われた。勤労大衆の不満は絶頂に達し、その怒りは「クーノー政府打倒！」の声に凝集した。事態は、ブランドラーらドイツ共産党中央の予想を乗り越えて急速に進展した。

ドイツ共産党はこの事態に対処するため、8月5日・6日の両日、中央委員会総会を開催した。同総会は、ベトヒャーの「コミンテルン拡大執行委員会の報告」、ブランドラーの「政治情勢と我が党の任務」、マイヤーの「フランスの情勢について」の各報告を受けた後、9票の保留をもって、「政治情勢に関する決議」と「ファシズムに関する決議」を採択した。共産党中央委員会はファシズムの危険性に注意を払いつつも、「労働者政府」樹立の現実的可能性をもつ最も決定的な時期が到来したと判断した。同党はただちに、クーノー政府打倒と「労働者・農民の政府」（6月のコミンテルン拡大執行委員会により「労働者政府」が拡大されたもの）樹立のための労働者大衆の決起を呼びかけた[*83]。

8月8日、国会が召集された。国家人民党をはじめとするブルジョア諸政党および社会民主党は、大衆運動の爆発的高揚とそのエネルギーを議会内の討論の水路へと引き込むことにより冷却させようとした。

それに対し、共産党議員団（13名）はクーノー政府打倒、国会解散、「労働者・農民の政府」樹立のために全力をあげた。社会民主党はクーノー政府支持の方針を変えず[*84]、共産党議員団の提案をすべて拒否した。共産党提出のクーノー政府不信任動議は否決された。だが、この国会内での社会民主党の行動は社会民主党系の労働者からの強い批判にさらされた。大衆運動を議会主義の枠内に押し込もうとした社会民主党指導部の抑圧政策は、たちまちのうちに打ち破られた。クーノー政府の崩壊は、もはや避けられないものになった。都市と農村で、工場と地域で、党の下部組織で共産党員と社会民主党員は接近し、共産党系の労働者と社会民主党系の労働者、さらに無党派の労働者大衆を広範に結集したプロレタリア統一戦線が確立されつつあったのである。8月9日・10日の両日、その統一戦線の力は全ドイツ的規模で闘争を高揚させた。労働者大衆の圧力によって、8月10日、ベルリン労働組合委員会、ドイツ労働総同盟、社会民主党、共産党の4者間に当面の闘争についての討論会が実現し、クーノー政府打倒をはじめとする政策協定が成立した。だが、社会民主党や労働組合の代表は、ドイツ共産党の提起したゼネストについては、それを拒否した。社会民主党はゼネスト反対のキャンペーンを張った。しかし、社会民主党の抵抗も大衆運動の力によって突き破られた。

8月11日、大ベルリン経営評議会は総会を召集した。社会民主党および同党系の労働組合幹部のボイコット戦術にもかかわらず、社会民主党系労働者を含む参加者2万人の総意により、ゼネスト決行が決定された。その檄「ドイツ労働者階級へ！」は、以下の要求を掲げた。①クーノーの即時退陣、②生活資糧確保のための生活手段の差し押さえ、③プロレタリア管理委員会（Kontrollausschuß）の即時公認、④プロレタリア百人組禁止の即時撤廃、⑤最低賃金制の確立、⑥失業者の復職、⑦デモ禁止令と戒厳令（Ausnahmeverordnung）の廃止、⑧政治犯の即時釈放。[*85]これらの要求は、かねてよりドイツ共産党が主張してきた項目でもあった。その要求がいまや労働者大衆自身のものになったのである。

ドイツ共産党中央委員会は、経営評議会全国委員会と共同で、このベルリン経営評議会の呼びかけに呼応して、ドイツ全土にわたるストライキの実施を指示した。8月12日には中部ドイツの労働者が、それぞれの経営評議会総会のゼネスト決行決議とその指導のもとにゼネストに突入した。ザクセン、チューリンゲンなどの州の各都市をはじめハンブルク、ブレーメンなどで、労働者がゼネストに立ち上がった。ゼネスト2日目の8月13日にはゼネストは全ドイツに広がり、さらにその規模を広め内容を深め、[*86]約300万人の勤労大衆が参加した。そのストライキ運動の中心には、経営評議会、プロレタリア百人組、管理委員会などの形態で組織された統一戦線が位置していた。[*87]

ゼネストの巨大な圧力に押されて、社会民主党中央指導部はクーノー政府支持の方針を放棄せざるをえなかった。ゼネスト初日の8月12日、国会はクーノー政府不信任案を可決した。クーノー政府は倒壊した。ゼネスト規模の急激な拡大に恐怖した独占資本は、カップ反革命クーデターの際の経験に学び、大衆運動がプロレタリア革命に転化発展しないうちに、その勢いをそぐためクーノーを「いけにえ」にしたのであった。[*88]

3　シュトレーゼマン大連合政府の出現と「革命」の挫折

（1）シュトレーゼマン大連合政府の成立

ブルジョア諸政党は、社会民主党を次期の政府に参加させることで、社会民主党系労働者を共産党のイニシャティヴから切り離そうとした。社会民主党指導部は、プロレタリア革命を阻止するという点において、ブルジョア諸政党と立場の一致があったため、連立政府の提案に喜んで飛びついた。

8月13日、すなわちゼネスト第2日目、シュトレーゼマンを首班とした新しい政府が大急ぎで組織された。その政府は人民党、中央党、民主党および社会民主党からなる、いわゆる「大連合政府」（Große Koalition）であった。社会民主党は内務大臣ゾルマン、大蔵大臣ヒルファーディング、法務大臣ラートブルフ、副首相シュミットなどの主要ポストを占めた。いままでの攻勢一本槍のきわめて反動的色彩の濃いクーノー政府に代わって、社会民主党を含めた「大連合政府」が誕生したことは、ゼネストまでに高揚した大衆運動の側に大きな影響を与えずにはおかなかった。

しかしもちろん、この政権交代は深刻な危機と階級闘争の激化をもたらした原因そのものを取り除くことはできなかった。共産党「左派」のテールマンの表現によれば、「クーノー政府打倒の瞬間から、ドイツ全土に内乱の火花が散った」[*89]のであるが、その火花をクーノー政府倒壊に引き続いて「内乱」に燃え上がらせることができなかった。その主要な原因は、シュトレーゼマン大連合政府の成立が社会民主党系労働者に一定の幻想と満足感を与えたからであり、彼らの一定部分がシュトレーゼマン政府の公約（インフレ抑制策、賃金値上げ）に幻惑され戦線から離脱した、つまり、反クーノー・ゼネストに結集した統一戦線の一部が分裂したからであった。だが、そのことを逆にいえば、ドイツ共産党が反クーノー統一戦線の分裂を回避し、あるいはそれを最小限度に抑えつつ、統一戦線を維持・強化しながらそれを革命の戦線へと転化させる組織的準備と力量をもっていなかったことを意味した。この反クーノー・ゼネストの時期は、客観的情勢からみて、1923年を通じて「労働者政府」樹立のために最も有利であったが、ドイツ共産党中央指導部は急速に高まった大衆運動の創造的指導に乗り遅れ、支配の側が先手をとった「大連合政府」の成立を許したのであった。ドイツ共産党はこの最も有利な情勢において、クーノー政府打倒ゼネストに結集した労働者大衆のエネルギーを変革のためのエネルギーへと転化することに失敗したのである。

8月14日、ドイツ共産党と経営評議会全国委員会はゼネストの中止を指令した。[*90] このゼネスト中止の決定は、成立したばかりの「大連合政府」に打撃を与え、「政治危機」のなかでの「労働者政府」樹立のための条件創出を自ら放棄したことを意味していた。このことは、その後の闘争の発展にとって、致命的打撃となるものであった。このようにドイツ共産党は、1923年を通じて最初の、しかも最大のチャンスをものにすることができなかったのである。しかしこれによって「危機」は終息したのではなかった。ドイツ全土には、1918年を想起させるような「11月の雰囲気」[*91]が充満していた。

シュトレーゼマン「大連合政府」成立後も、勤労人民の生活は少しも改善されなかった。反クーノー・ストライキの際に賃金値上げや数多くの社会的措置を約束した企業家たちは、ストライキを終了させることに成功した瞬間から、ストライキ参加労働者に対する攻勢に転じ、その多くを解雇し失業者が増大した。インフレーションは悪化の一途をたどり、秋から冬にかけて最高点に達した。1金マルクは天文学的に上昇していった。労働者が数十億紙幣マルクの賃金をもらったとしても、さし迫った欠乏を満たすためにさえ足らぬものであった。数百万の人々にとって、混じりもののパンやジャガイモでさえ、もはや手に入らぬものとなっていた。いくつかの地方では、食料品店が襲われたり、労働者が集団をなして周辺農村地域に殺到し、ジャガイモなどを自力で掘り盗ってきたりする光景がみられた。[*92] ドイツの労働者や勤労人民はもはや、このような条件のもとで生活することを欲しなかった。明白な「下層の危機」が生まれた。

シュトレーゼマン政府は、いままでどおりの支配方法――抑圧とわずかな譲歩――では、全ドイツの大衆運動の高揚を阻止することは不可能であると判断した。9月26日、政府はいわゆる「消極的抵抗」の中止を決定した。フランス帝国主義に対する妥協は、支配階級のすべての力を内部に向けての闘争、すなわち労働者の大衆運動の抑圧に集中するためであった。社会民主党の大統領エーベルトは、同日、ワイマール憲法第48条に基づき、非常事態（Ausnahmezustand）を宣言し、執行権を国防大臣ゲスラーに委ねた。それによって、全執行権力は、国防軍最高司令官ゼークト将軍の手に実質的に握られることになった。議会的粉飾をした準軍事体制への第一歩が始まった。軍事独裁体制への移行が開始されたことは、従来の緩やかなブルジョア民主主義的形態では政治権力を維持できないことを表していた。それ自体が支配階級の危機を証明するものであった。ドイツ経済界は「大連合政府」を容認するものと否認するものの2派に分裂した。石炭・鉄鋼資本は、社会民主党との連立に反対し、ワイマール共和制に大打撃を与える時が到来したと主張した。[*93]

バイエルンにおいては、バイエルン州を独立させ、オーストリアと合併させようとする運動が強化された。また、ヒトラーのナチズム運動が勢力を拡大した。これらの様々な企ては強い反撃を受け、民族運動の内部矛盾を深めながらも、反動化を促進する役割を果たした。しかしこれらの情勢は、反クーノー・ストライキ中止後の大衆運動の一定の後退を長続きさせることはなかった。9月中旬、新たなストライキの波が起こった。ザクセン、ラインラント、ルールなどで、紡績労働者、鉱山労働者、金属労働者が「賃金支払い」を要求するストライキに突入した。バーデン州における労働者のゼネストは、州警察の露骨な介入と逮捕にもめげず、武装闘争を展開しその要求を実現した。9月23日に開かれた社会民主党ベルリン地区大会が右派指導部を不信任し、「大連合政府」からの閣僚引き上げを要求した。社会民主党系の労働者は、社会民主党中央指導部の意思に反して、共産党員とともに闘った。様々な規模の賃金闘争、ストライキが起こり、ハンガーストライキ、商店襲撃、都市労働者の農村における食料徴発などが至る所で行われた。大衆の行動力は信じられないくらいに高まっていた。

これらの現象は、第1に、支配階級が従来と同じ方法で自己の支配を維持できなくなってきたこと、第2に、被支配階級の欠乏と困窮が、社会的・民族的危機における独占資本の攻勢のなかで、その頂点に達したこと、第3に、そのために勤労大衆の行動力が著しく高まったこと、を示していた。それらは、ドイツにおいて、1923年の夏から初秋にかけて、「政治危機」すなわち革命の客観的条件が成熟していたことを表すものであった。

(2) 革命と反革命

ドイツ共産党は、この明白な「政治危機」に直面して、どのようにして大衆運動をプロレタリア革命にまで導こうとしたか。すでに明らかにしたように、ドイツ共産党中央の戦略路線からは権力奪取のための決定的闘争(例えば武装蜂起)という戦術は出てこない。

しかし、コミンテルン執行委員会は、ブランドラー等のドイツ共産党幹部の情勢報告を聴取し、ドイツにおける「政治危機」は急速なテンポで発展しており、近い将来に武装蜂起が決定的意義をもつと判断した。ドイツ革命の成否が世界革命の命運を決すると考えられていただけに、コミンテルンは真剣に取り組んだ。コミンテルン執行委員会は、8月23日、ラデック、ピャタコーフ、ウンシュリクト、シュミットの4名からなる「ドイツ委員会」を設置し[*94]、ドイツ共産党に対する援助と指導を行った。同委員会には、後の駐独ソ連大使クレスティンスキーが非公式に参加したといわれている[*95]。

コミンテルン執行委員会は、9月21日、ドイツ共産党指導部とフランス、チェコスロバキアの各共産党およびロシア共産党の代表を含めた拡大執行委員会議を開き、ドイツ革命の問題を主要な議題として取り上げた。レーニンは病気が重なったのでこの会議に出席することはなかった[*96]。拡大執行委員会議は、クーノー政府倒壊の前後からドイツにおける「革命的危機」は急速なテンポで高まり、権力奪取の決定的闘争の瞬間が近づきつつあり、武装蜂起に向けての準備が必要だと決定した（ブランドラーの証言）[*97]。それにともなって、コミンテルンの「ドイツ委員会」は、ブランドラー等と武装蜂起の行動計画を練り上げる作業を開始した。この行動計画作成には3週間程度を要し、ブランドラーがドイツに帰ってきたのは10月9日（ドレスデン着）のことであったという[*98]。

その間にもドイツ共産党への大衆の期待は強まった。それは、1923年後半に行われた労働組合や経営評議会の選挙、州・市町村議員選挙にも現れていた。7月から10月の間に、労働組合における党のフラクションは4千から6千に、党が指導権を握った組合数も1100から2100に増大した。また地域レベルでは、各労働者党、労働組合の統一戦線への志向が強まった。だが、それが上部の話し合いの域を脱していなかったところに問題があった。ドイツ共産党は、反クーノー・ストライキの中止以降、いまだ労働者大衆の闘争に追いつけず、そのエネルギーの組織化に成功していなかった。

そのようなときにモスクワからの指令電報が届いた。電報は次のような内容であった。

「我々は、遅くとも4、5、6週間のうちに決定的瞬間が到来するに違いないとの情勢判断を下しているので、ただちに利用できるあらゆる部署を占拠することがぜひとも必要である。このような情勢のもとで、ザクセンへの我々の入閣の問題が実践的に提起されねばならない。ツァイクナーたちが、本当にザクセンをバイエルンやファシストから防衛する覚悟をしているという条件のもとでは、我々は入閣せねばならない。ただちに5万～6万の労働者の武装に取りかかるべきである。ミュラー将軍は無視してよい。チューリンゲンについても以上のことは、同様である。」[*99]

この指令電報を受けとったドイツ共産党は、当初大いに困惑したが、拒否から受諾へと態度を一変させた。ドイツ共産党に示された「蜂起のための行動計画」は、次のような概要であった。

「主戦場…中部ドイツ（ザクセン、チューリンゲン）

自力蜂起…ハンブルク、ブレーメン、リューベック

パルチザン闘争…農村地域
輸送阻止闘争（中部ドイツへの反革命部隊の輸送を阻止する）…ヴュルテンベルク、バーデン、バイエルン
静観…ルール
任務なし…ベルリン、オーベルシュレージェン[*100]」

ドイツ共産党中央が、コミンテルンの指導を受け入れて重大な戦術転換を行い、武装蜂起の必要性を一応承認したといっても、第8回大会で中央指導部が主張した路線をまったく放棄したわけではなかった。党中央は、この時点ではすでに国会解散・選挙という方策は現実性がなくなったと判断、中部ドイツにおいて州政府のポストを手に入れ、それをテコに中央レベルでの「労働者政府」樹立のための条件と時間を獲得しようと考えたのであった。ザクセン、チューリンゲンが主戦場に設定されているのは、「州労働者政府」樹立の可能性を見出したのであった。その意味で、ルート・フィッシャーの「ザクセン、チューリンゲンを革命運動の出発点としたのは、……これらの地方においては、社会民主党との連合と提携が可能であったから[*101]」との指摘はあたっている。

その場合に、ドイツ共産党中央が予想した事態の進行は、次のごとくである。すなわち、共産党が州政府に参加すれば、必ず支配階級は公然たる攻撃をこの州政府に加えてくるであろう。そうすれば社会民主党左派は、右派指導部と決裂してザクセン、チューリンゲンの2つの州政府防衛に立ち上がることを余儀なくされるだろう[*102]。なぜならザクセン州における社会民主党系の労働者は、これまでの共産党との統一行動のなかで変質し、最後まで共産党と行動をともにするようになっていると考えられていたからである。このような状況の出現は、全国的に大きな影響を与え、社会民主党系、無党派の労働者を含む広範な大衆を決起させることになるだろう。この大衆運動のなかで、左翼社会民主主義者は「共産党員と統一して、ブルジョアジーに対する闘争を始めるか、あるいは仮面を投げ捨てることによって、社会民主党系労働者大衆の最後の期待をまったく断ち切るかの選択を迫られる[*103]」ことになるはずである。

ドイツ共産党中央はこのような情勢展開の見通しのもとに、「労働者政府」樹立を追求するうえでの必要な回り道と考えて、コミンテルンの武装蜂起方針を一応採用したのであった。したがって、ザクセン州やチューリンゲン州の社会民主主義左派の指導グループや社会民主党系労働者が立ち上がらなければ、この計画は初めから実行しえない運命にあった。

党中央がコミンテルンの指導を受け入れて武装蜂起の方針を採用した背景には、もう1つの理由があった。党内「左派」に対する配慮からである。反クーノー・ゼネストの中止後、党中央とベルリンやハンブルクなどを中心とする党内「左派」との間には再び対立が激化していた。[*104] 党中央は、いかなる時にも武装蜂起を主張する「左派」を抑えなければならなかった。武装蜂起の方針を採用することは、党内「左派」の党中央に対する批判と攻撃をかわし、その行動をコントロールしうる最も功妙な手段でもあった。

ドイツ共産党は、ともかく、エネルギーのすべてを軍事的準備に投入することに決した。党中央指導部に軍事評議会（Militärischer Rat）が設置され、その責任者にはザクセン州のプロレタリア百人組の指導者シュネーラーが任命された。[*105] 9月26日の軍事的戒厳状態がしかれて以降、ドイツ共産党は半非合法的条件のもとでの活動を強いられた。半地下活動のなかで、武器の収集と軍事訓練が始められた。しかし、このことが広範な労働者大衆から党を遠ざける結果となった。

ドイツ共産党中央は、一方で武装蜂起の準備に専念すると同時に、ザクセン、チューリンゲンにおける「労働者州政府」樹立のために全力を傾倒した。ザクセン、チューリンゲンの両州においては、すでにザクセン州の場合でみたように比較的有利な政治的力関係が存在していた。すなわち、他のところでは禁止されてしまっている革命的経営評議会運動がまだ合法性を獲得していたこと、プロレタリア百人組がかなり広範に組織されていたこと、などがそれである。両州には先に触れた左翼社会民主主義者の政府が成立していた。だが、ザクセン州のツァイクナー政府は中央権力と反動層の強迫に屈して、警察による共産党機関紙の発行禁止やプロレタリア百人組の禁止を黙認しようとしたり、国防軍ザクセン州地方司令官ミュラー将軍の管理委員会禁止の要請を受諾しそうになったり、著しく動揺を強めていた。チューリンゲン州のフレーリッヒ政府の場合も、ほぼ同様であった。

ドイツ共産党中央委員会は、コミンテルン執行委員会の指令に基づいて、10月初旬ザクセン、チューリンゲン両州政府への共産党員の入閣を決定した。[*106] ザクセンでは10月10日、チューリンゲンでは7日遅れて、左翼社会民主主義者と共産主義者の連立による「労働者州政府」が誕生した。[*107]

コミンテルン執行委員会は、「労働者州政府」に主として合法的な武器の調達を期待した。ブランドラー自身はこの時点での州政府加入に必ずしも賛成でなかった、と後に語っている。[*108] その言葉を信ずるならば、入閣を「軍事的・戦略的マヌーバー」として把握し、州政府を蜂起のテコにするといったコミンテルンの発想に対して批判があったからであろう。ともかく、ザクセン州政府にはブランドラー、ヘッケルト、ベトヒャーが、チューリンゲン州政府にはコルシュ、ノイバウアー、テナーが、それぞれ閣僚として参加し、「武器とパンの供給」を実現しようとした。

「労働者州政府」の成立と前後して、ドイツ共産党は武装蜂起の最後の準備に取りかかった。党中央委員会は、9月27日、ドイツ全土にわたるゼネスト決行を準備する防衛委員会（Abwehrausschüsse）を組織せよ、との呼びかけを発した。[*109] 10月3日には、ケムニッツにおいて、共産党、社会民主党および労働組合の地方指導部の間で、合同の行動委員会を組織する協定が成立した。[*110] ザクセン州の労働者防衛隊は、10月13日、第1回会議を開き、臨時中央指導部（共産党4名、社会民主党4名）を組織し、軍事闘争に備えた。

以上のような革命を推進しようとする勢力の動向に対して、権力と支配層はいかに対応したか。

シュトレーゼマンは、彼の卓越したイニシャティヴを発揮して内部矛盾（大連合内外の）を緩和しつつ、ゼネストを遂行しようとする共産党に対する強力な対抗手段をとるため、当面の一致をつくりだすのに成功しつつあった。シュトレーゼマン政府は、大衆運動を鎮静化させるために、「大連合」内の社会民主党幹部を最大限に利用した。

社会民主党も、プロレタリア革命を阻止するという点ではシュトレーゼマンと一致していた。社会民主党はシュトレーゼマンの要請に対して、積極的な協力をおしまなかった。社会民主党の内務大臣ゾルマンは、プロイセン州の内務大臣（社会民主党）カール・ゼヴェリンクを通じて、反クーノー・ゼネストにおいて中枢的役割を果たした経営評議会全国委員会の即時解散を断行し、これを非合法化した（8月28日）。

先に述べた9月26日の外に向けての「消極的抵抗」と、内に向けての「戒厳令」の公布は、徐々にその効果を発揮してきた。その効力がきき始めると、「大連合」は必要ないという声が支配層内部から起こってきた。9月28日、シュトレーゼマンの出身母体である人民党の国会議員総会は、早くも「大連合」打破、すなわち社会民主党を閣外に追放し、強力な独占資本の支配する政権形成をめざす意見が多数を占めた。*111 しかし、シュトレーゼマンは、その多数意見をただちに実行に移すことを抑えた。彼は、社会民主党との完全な決裂は社会民主党系労働者を共産党の側に追いやる結果になると判断したからであった。シュトレーゼマンは、「大連合」内部のバランスを失わないように慎重な配慮を払いながら、「大連合」政府への大衆の幻想をうまく利用しつつ、国防軍による軍事的抑圧体制の組織化を準備した。その過程で、彼の体制的政治家としての手腕がいかんなく発揮されたのである。

しかし、そのシュトレーゼマンの手腕をもってしても、「大連合」内部に本来ある矛盾を解消することはできなかった。独占資本の強い要望のもとに8時間労働制の廃止が問題になったとき、政府内部では、社会民主党と他のブルジョア政党との間に鋭い対立が生じた。社会民主党国会議員団のなかでも、シュトレーゼマンへの追従的態度に批判的見解が多数（61対54）を占めた。その結果、「大連合」政府から社会民主党閣僚は退くことになった。10月3日、シュトレーゼマン政府（第1次）は崩壊を余儀なくされた。ドイツ共産党は、ここでも十分に対応できなかった。

10月6日、第2次シュトレーゼマン内閣が発足した。社会民主党指導部はプロレタリア革命阻止を第1課題としていたため、結局、ヒルファーディングを除いて、すべての旧閣僚は復帰することになった。シュトレーゼマンは大衆運動に対する軍事的抑圧体制の完成へと急いだ。「戒厳令」公布を第1段とするならば、第2段階の新しい措置が必要であった。10月13日、国会は議会の承認なしに緊急令によって統治ができる「全権委任法」(Ermächtigungs gesetz)を通過させた。社会民主党はこれに同意した。「全権委任法」の成立は、軍事独裁への体制がさらに強化され、支配側が労働者大衆への戦闘開始の準備を組織的に進めていることを示すものであった。

「全権委任法」の成立は、社会民主党系労働者を含めて、大衆に大きな危機感を与えた。ドイツ共産党は、前述の「労働者州政府」における「上から」の統一と武装準備に追われ、大衆のなかに生まれたこの危機感を大衆運動に組織化することに手がまわらなかった。シュトレーゼマン政府は、国防軍の軍事力を背景として、社共連立州政府の排除の準備を急いだ。口実はすぐさま発見できた。バイエルンにおけるファシスト運動鎮圧のための出動が、それであった。かくして、ミュラー将軍指揮下の国防軍をザクセンに派遣する準備が完了した。

(3) ドイツの「10月」の敗北

ドイツ共産党中央委員会は、10月18日、シュトレーゼマン政府のザクセン「労働者州政府」に対する軍事力を背景とした威嚇に直面して、即時にゼネストで抵抗し、それをシュトレーゼマン政府打倒の武装蜂起に転化すべきであると決定した。*112 ゼネスト宣言と「労働者・農民の政府」(「労働者政府」)樹立のための闘争の呼びかけはザクセン州政府が主催し、各地域の経営評議会、管理委員会、労働組合などが後援する「全国労働者大会」において宣言されるはずであった。

10月21日、「全国労働者大会」はケムニッツにおいて開催された。ザクセン州の各労働者組織の代表とともに、ドイツの各地より経営評議会、行動委員会、管理委員会、労働組合の代表が参加した。大会では、ザクセン州政府閣僚の長時間にわたる経済情勢と通貨安定のための政府計画に関する演説の後で、ハインリッヒ・ブランドラーが登壇し、この大会でゼネストの実施を決定し宣言するよう提案した。だが、左派社会民主主義者の閣僚グループは、大会がゼネストの問題を取り扱わないことを要求し、もしそうしないならば我々社会民主主義者は退場すると言明した。彼は国防軍を侵入させないというシュトレーゼマン政府の口約束を信じていた。激烈な討論が展開されたが、ブランドラーらが妥協したため、その場ではゼネスト宣言はついに行われなかった。大会は、ゼネスト問題を討議する社会民主党と共産党の両党代表からなる「平等委員会」の設置を決定しただけで終わった。

ブランドラーは、後にゼネストを中止し妥協した理由を、主として「軍事的理由でなく政治的理由[*113]」にあったとして、次のように述べた。

「〔ケムニッツ会議〕に集った90％は、生粋のプロレタリアートであった。我々は彼らのなかに闘争心とは反対のものを見たのであった[*114]。」

「我々は時間をかせぎたいと考えた。しかし、すでに主導力（die Initiative）が我々の手から去っていたことに気づかなかった。それが致命的な失敗だった。反クーノー・ストライキのときには、1918年の場合と同じように、主導力は街頭にあった。だが、ザクセン政府の時期にはそうではなかった[*115]。」

すでにみたように、ブランドラーら党中央の方針は、ザクセン州の社会民主主義系の幹部と労働者が闘争に決起することを、すべての行動計画の前提とするものであった。しかし、いまその前提がない以上、すべては可能ではなかった。ケムニッツの「労働者大会」の結果は、共産主義者と社会民主主義者の統一戦線が弱体化し、ゼネストと武装闘争の準備には、ただ少数の社会民主党系労働者しか参加していないことを示していた[*116]。

なぜ、そのような事態が出現したのであろうか。客観的条件は、基本的に変化していない。労働者大衆は、依然としてインフレーションの圧迫のもとに呻吟させられている。にもかかわらず、反クーノー・ストライキの際のような大衆運動の高揚は起こらなかった。その主要原因が共産党の大衆政策にあったという点に関しては、多くのものが一致している。政治学者フレヒトハイムは、反クーノー・ストライキの中止後において、共産党が「自らの影響力にものをいわせて、直接的な労働争議を避け、経済的・政治的な部分闘争にブレーキをかけた[*117]」事実を指摘し、共産党中央が武装闘争の準備にのみ専念し、労働者大衆への影響力を維持し強化する努力と大衆運動を引き続き発展させる配慮をほとんどしなかったことを重視した。例えば、最高指導者ブランドラーがモスクワから帰国後2週間も大衆の前に姿を現さず、10月21日のケムニッツ大会において初めて顔をみせる（前述のように9月中旬モスクワへ出発しているので、通算2か月にもなる）といった事態に、最もよく象徴されていた。

また、武装闘争の準備そのものにしても、軍事評議会幹部であったウルブリヒトの指摘によれば、「党の政治的指導と軍事的準備とが切り離されていた」[*118]という欠陥をもっていた。決定的時期における大衆運動軽視という欠陥は、労働者階級の多数派結集に全力をあげてきた党中央のそれまでの態度からするならば、理解に苦しむところであるが、それは、党中央が労働者大衆のブルジョア・イデオロギーから解放されている程度を過大に評価しすぎた結果であると推測されている。

「労働者州政府」にも問題があった。ザクセンの場合には、「労働者州政府」が労働者と勤労大衆から失望をかったことも大きく影響していた。ディミトロフは後の1935年のコミンテルン第7回大会において、ザクセンの「労働者州政府」の弱点について、次のように指摘した。

「共産党員が左翼社会民主党員（ツァイクナー・グループ）とともに、ザクセン政府に入閣したことは、それ自体としては誤りではなかった。それどころか、ドイツの革命的情勢はこの措置を完全に正当化するものであった。しかし、政府に参加した共産党員は、何よりもプロレタリアートを武装するために彼らの地位を利用すべきであった。彼らはそれをしなかった。彼らは、労働者の住宅不足がはなはだしく、多くのものが妻子をかかえて雨露をしのぐことができない状態にあったにもかかわらず、金持ちのアパートの1戸を徴発することさえしなかった。彼らはまた、労働者の革命的大衆運動を組織するために何もしようとしなかった。彼らは一般的に『ブルジョア民主主義の枠内で』ありきたりの議会出身の大臣さながらに振る舞った。[*119]」

（4）コミンテルンにおける初期統一戦線運動の総括

ここまで、ワイマール共和制初期の統一戦線運動の展開過程について検討してきた。

ドイツでは、第一次世界大戦に敗北した直後、各地で自然発生的性格の強い革命運動が勃発し、1918年末から19年には、一部でレーテ権力が樹立されるという状況が生まれた。しかしながら、その運動は革命を推進する側の主体的要素の未成熟もあって挫折した。だがワイマール共和制下において、反革命的傾向が強化された後も、プロレタリア革命を志向した労働者の運動が窒息させられたわけではなかった。20年春、反革命クーデター（カップ一揆）が発生したが、労働者大衆は自然発生的に統一行動に進み、統一戦線を結成し、それを打倒した。その過程において、後の「労働者政府」の構想に繋がる発想も生まれた。反カップ闘争の経験は、ドイツ共産党と独立社会民主党左派との合体へと道を開いた。そして21年に3月行動（Märzaktion）と呼ばれている事件が発生する。これは、「革命的状況」にないにもかかわらず、ドイツ共産党が政治権力奪取の指令を発し、行動に出たため、鎮圧されてしまうという事件（中部ドイツ）である。ドイツ共産党は、この経験を経て以後、直接的に権力奪取を目標に掲げるという戦術ではなく、きたるべき「革命的状況」に備えて労働者階級の多数派を結集するという戦術、すなわち統一戦線政策を採用した。

党指導部はブランドラー、タールハイマー、さらにはコミンテルン派遣のラデックなどによって担われた。彼らは、ロシア革命の経験をそのまま引き移そうとするのではなく、高度に発達した資本主義国家の政治条件に党の方針を適用させようとした。その作業がどこまで自覚的になされたかはともかくとして、試行錯誤を繰り返すなかで、1922年末には現代の「民主主義を通じて社会主義へ」と呼ばれている戦略コースにかなり接近した戦略・戦術理論を自ら生み出した。それは、まさしく「社会主義へのドイツの道」といってよいものであった。ドイツ共産党は、統一戦線を単に「戦術」とするのではなく、プロレタリア革命の「戦略」にまで高め、統一戦線政府が社会主義への移行形態となりうる可能性を明らかにした。これは当時において画期的なことであった。

その先駆的試みが実際に試される機会は意外と早く到来した。翌1923年に、ヴェルサイユ体制の矛盾が爆発した結果として、ドイツに発生した「政治危機」がそれである。すなわち、フランスによるルール占領、インフレーションによるマルク価の急激な下落、左右の大衆運動の高揚などに象徴されるように、23年の夏から秋にかけて、「政府危機」から「政治危機」へと危機の深化にともない、一種の「革命的状況」が訪れたのである。戦争直後の「革命的状況」が静まった後、第2の革命の波がドイツに訪れたのであった。その波は、ドイツ革命期(1918~23年)における最後のピークであったといわねばならない。

実はこの第2の「革命的状況」のなかで、1921年の3月行動とは逆の形で問題が生じた。端的にいえば、ここで問われたのは、革命的状況における統一戦線戦略・戦術の有効性であった。ドイツの戦闘的労働者は、地域的、地方的レベルのみならず、全国的レベルにおいて大衆的統一戦線を結成した。この大衆的統一戦線は、革命的経営評議会、管理委員会、プロレタリア百人組などの組織形態を生み出した。それは、ワイマール期において共産党と社会民主党との統一戦線が成立した数少ないケースのうちの1つであった。その統一した労働者の力は、8月にはゼネストでクーノー反動政権を崩壊させることに成功する。まさに、ドイツにプロレタリア革命の瞬間が近づいたかのようであった。コミンテルンはドイツ革命の成功に多大の期待をかけ、全力をあげて援助し始める。ドイツ共産党は、この革命的状況に際して、統一戦線政策を駆使しながら、どのように体制変革へと高揚した運動を接続するのかという課題に直面させられたのであった。

ところがドイツ共産党指導部は、労働者階級および中間層の多数派を結集することに主眼をおくあまり、「革命的状況」においても、政治権力奪取のための決定的闘争を提起せず、むしろ「上から」の統一戦線の維持・拡大と議会を通じての「労働者政府」樹立に傾斜した。その姿勢は、秋にはザクセン、チューリンゲンの2州で地方統一戦線政府を成立させることに成功した。しかしながら、政治危機の決定的に重要であった1~2か月が過ぎ去り秋になると、クーノー政府打倒に結集した当時の労働者大衆のエネルギーと運動は衰退に向かい始めた。大連合政権として成立したシュトレーゼマン政府は、社会民主党を政権に取り込むために一定の政治的譲歩と強権発動とを使い分けながら、政治危機を乗り切ろうとした。こうした状況のもとで、統一戦線はドイツ共産党中央指導部が予想し描いていた軌跡から大きく離脱し、自己分解を遂げるなかで崩壊してしまった。10月には、コミンテルン指導部の指示によるゼネストと武装蜂起の計画もあったが、ドイツ共産党中央の戦略コースと異質な方針が実践されるはずはなく、状況の変化とも相まって簡単に中止されてしまう。10月29日、大統領エーベルトは憲法第48条によりザクセン州政府首相を更迭した。11月12日、チューリンゲン州政府からドイツ共産党閣僚が退いた。社共連合の州政府自体も10月末国防軍の侵入という圧力の前に崩れ去り、その後は共産党そのものが非合法化されるという事態を招いた。１９２３年のドイツ「革命」の敗北は、18年から23年までの革命期を最終的に終焉させ、世界的規模における「相対的安定期」への転換点をなすものとなった。

　これら一連の経過の事実は、ドイツ「革命」への期待が大きかっただけに、ドイツ共産党とコミンテルンにきわめて深刻な衝撃を与えた[*120]。コミンテルン第5回大会は、このきわめて深刻な経験のなかから、ドイツ「革命」の敗因を明らかにし、統一戦線運動をどのようにして有効性の高いものにしていくかという課題と取り組んだ。第５回大会は、統一戦線論に運動論的側面および組織論的側面から重要な補強を加えた。それは統一戦線論の発展であった。しかし、状況が変化し、統一戦線運動の課題が、１９２０年代のように、プロレタリア革命を推進しうる革命的多数派の結集ということから、ファシズムからの民主主義の防衛という課題へと変化したとき、新たな問題が生じた。そして、30年代の初頭におけるドイツでの統一戦線運動の不成功は、ヒトラーの勝利を許すこととなる。私たちはワイマール共和制崩壊期の統一戦線問題の検討へと進まねばならない。

＊1　この『綱領草案』は、従来あまり注目されていなかったが、１９６４年2月にブランデンブルクで開催された労働運動史学会に

おいて、クルシュが紹介と再評価を与えて以来、その存在が広く知られるようになった［Krusch 1966］。なお、『ドイツ共産党綱領草案』は１９２２年10月７日付『インプレコール』のドイツ語版および『ローテ・ファーネ』に掲載されたもので『インプレコール』英語版には収録されていない。

＊２　［*Inprekorr* Nr. 195: 1306］（ドイツ語版）

＊３　Ebenda（要旨）

＊４　［*Protokoll* 1924: 194］

＊５　［*Inprekorr* Nr. 195: 1307］

＊６　Ebenda.

＊７　［Krusch 1966: 47］

＊８　Ebenda, S.48.

＊９　［Ersil 1963: 24-30］

＊10　［アーベントロート／広田・山田訳　１９６９：１１２］、ゲールリッツ綱領については、［Berlau 1970: 319-329］参照。

＊11　社会民主党幹部で大統領のエーベルトは、１９２３年２月12日に、「外国勢力が我々の国土を侵略している今日においては、世界観や政治見解の相違はいっさい無視されねばならない」と強調した［Vietzke, Wohlgemuth 1966: 87-88］。

＊12　*Die Rote Fahne*, vom 11 Jau. 1923

＊13　［*DMGDA* VI-1 1966: 210］

＊14　［*Bericht über die Verhaudlungen* 1923: 314］

＊15　Ebenda, S.317.

＊16　Ebenda, S.317.

＊17　Ebenda, S.320.

＊18　［*Protokoll* 1924: 194］

＊19　［*Bericht über die Verhandlungen* 1923: 325］

＊20　Ebenda, S.335.

＊21　［*Bericht über die Verhandlungen* 1923: 343］

＊22　Ebenda, S.331.

＊23　Ebenda, S.320.

＊24　Ebenda, S.332.
＊25　Ebenda, S.345.
＊26　[Thälmann 1956: 256]
＊27　[*Geschichte der deutschen Arbeiterbewegung* 1966: 384]
＊28　[Ulbricht 1963: 112]
＊29　[*DMGDA* VI-1 1966: 251]
＊30　Ebenda, S.252.
＊31　Ebenda, S.258.
＊32　ドイツ共産党第８回大会は、全国的規模での「労働者州政府」樹立のみでなく、それ以前に条件のある地方では「労働者政府」をつくり、その「州政府」が互いに緊密に結合し合って「資本家的国政府に対する赤いブロックを形成して」闘争を前進させるという構想を明らかにした［*Bericht über die Verhandlungen* 1923: 423］。
＊33　Forderungen der Zentrale der KPD vom 24. Jun. 1922 [*DMGDA* IV-1 1966: 100-101]
＊34　[Reisberg 1964: 997]
＊35　Ebenda, S.1000.
＊36　Zur Verteidigung der Republik und der Grundrechte der Arbeitnehmerschaft, in [*DMGDA* IV-1 1966: 103-105]
＊37　なお、鉄道労働者のストライキ権を国際労働運動の問題として扱ったものとして、[Lada 1922] がある。
＊38　[Krusch 1966: 362]［吉村　１９５３：２３１］
＊39　[Reisberg 1971: 590-591]
＊40　１９２０年10月の経営評議会全国大会は社会民主党系の労働総同盟や自由職員組合連合の主催によるものである。また21年のそれは独立社会民主党系の金属労働組合（ＤＭＶ）の大会であり、この22年の大会は、共産党および労働組合内の革命的反対派が指導権を把握していた。この経過は、ここ３年間の指導権の推移がよくわかる［吉村　１９５８：２２４］。
＊41　Aktionsprogramm des Reichsbetriebsrätekongresses, in [*DMGDA* VI-1 1966: 194-196]
＊42　[*Geschichte der deutschen Arbeiterbewegung* 1966: 391]
＊43　ルール占領の国際政治的背景については、[Carr 1954: 153-173] [Angress 1963: 281-283]。
＊44　[Vietzke, Wohlgemuth 1966: 87]
＊45　［上杉　１９６９：２２５-２２７］

＊46　この時期に形成されたコンツェルンのなかには、戦後恐慌期終了後に消滅ないし改組されたものもあるが、しかしなお「相対的安定期における独占資本の核は、この時期に形成された」ことに注目する必要がある［加藤栄一　１９７３：２７２］。

＊47　［上杉　１９６９：２５０］

＊48　［*Geschichte der deutschen Arbeiterbewegung* 1966: 387］

＊49　ザクセン州議会選挙前後の事情については、［Krusch 1966: 65-67］に詳しい。

＊50　ドイツ共産党第８回大会は「ザクセン勤労者への呼びかけ」の特別決議を採択した［*Bericht über die Verhandlungen* 1923: 406-408］。

＊51　［Wagner 1963: 651］

＊52　Ebenda, S.651.

＊53　ＫＰＤ地区委員会から中央委員会への報告によれば、ドレスデン地区の社会民主党組織のうち党指導部を支持する組織は１支部のみであり、社会民主党内部で解体現象がみられるという（例えば、ある地区組織では10の地域支部が解散）。もちろん誇張も含まれているであろうが、当時の社会民主党の状況を特徴的に伝えている［Wagner 1963: 653］参照。

＊54　社会民主党指導部の提案は95対30で否決された。同提案は［*DMGDA* IV-1 1966: 271］を参照。

＊55　［*DMGDA* IV-1 1966: 272］

＊56　［Wagner 1963: 655］［Krusch 1963: 390］

＊57　［Wagner 1963: 657］

＊58　［吉村　１９５３：68］参照。

＊59　［*Geschichte der deutschen Arbeiterbewegung* 1966: 391］

＊60　Ebenda, S.392.

＊61　Ebenda, S.392.

＊62　［*Bericht über die Verhandlungen* 1923: 262］

＊63　出席者は「決議」の署名から推定した［*DMGDA* IV-1 1966: 309］。

＊64　『ドイツ共産党に関するＥＫＫＩの決議』は、党中央の「右翼的偏向」について「その政策が一般的に正しかったＫＰＤ中央委員会は、常にこれらの危険とすぐ闘おうとしなかった」［*DMGDA* IV-1 1966: 302］と指摘し、その具体例として、第８回党大会決議のなかで、「社会民主党系労働者の幻想と結びつかねばならない」とした発想を批判し、我々が日常闘争を重視するのは「民主主義的幻想と結びつくのではなく、それは労働者階級の即時的利害の擁護」［*DMGDA* IV-1 1966: 303］にあるとした。コミン

テルン執行委員会は、「左派」の孤立した闘争は敗北に導くおそれがあると指摘しながらも、党中央が「左派」から、いわゆる「革命的不信」を招いている理由を除く努力をしていないと警告した［*DMGDA* IV-1 1966: 304］。

＊65 ［*DMGDA* IV-1 1966: 306］

＊66 ドイツ共産党中央委員会は、論争を一時中止して、党の統一を回復させるという合意に基づき、「左派」のメンバー（Ruth Fischer, Ottomar Geschke, Arthur König, Ernst Thälmann）を党中央委員会に入れることを承認した［*Geschichte der deutschen Arbeiterbewegung* 1966: 395］。

＊67 例えば、6月に開かれたコミンテルン拡大執行委員会はドイツ問題を緊急な課題として取り上げていない。

＊68 ［Ersil 1963: 108-114］［*Geschichte der deutschen Arbeiterbewegung* 1966: 398］

＊69 *Die Rote Fahne* vom 12. Juli 1923.

＊70 Ebenda.

＊71 例えば、ドイツ労働組合総同盟傘下で最大の組織である金属労働組合同盟（Deutsch Metallarbeiter Verband）の役員選挙において、社会民主党系の候補が2万2千票であったのに、共産党系の候補はその2倍の5万4千票を獲得した（Ebenda, S.399参照）。

＊72 ［Flechtheim 1969: 180-181］

＊73 ［*Geschichte der deutschen Arbeiterbewegung* 1966: 399］

＊74 ［Rosenberg 1972: 136］。なお、アンダースンはこれを肯定し［Anderson 1973: 92］、アングレスは否定する［Angress 1963: 359］。

＊75 ［Rosenberg 1955: 137］［ローゼンベルク／吉田訳 １９７０：１６７］

＊76 当時のドイツ共産党のファシズム認識については、次を参照されたい。Theo Pirker, *Komintern und Faschismus 1920-1940, Dokumente zur Geschichte und Theorie des Faschismus*, Deutsche Verlags Austalt, Stuttgart, 1966. *Faschismus Analyse und antifaschistischer Kampf der Kommunistischen Internationale und der KPD 1923-1945*, 2. Aufl. 1975.
日本の研究として、［富永ほか １９７２］［山口 １９７６ａ］。

＊77 ［Angress 1963: 365］

＊78 ［Wohlgemuth 1968: 96］

＊79 An die arbeitende Bevölkerung Deutschlands ! in *Die Rote Fahne*, vom 31. Juli 1923, (Nr. 174).

＊80 ［*Geschichte der deutschen Arbeiterbewegung* 1966: 414］

＊81 ［Krusch 1966: 237-241］

＊82　[*DMGDA* IV-1 1966: 377-378]
＊83　*Die Rote Fahne*, vom 9. August 1923, [*Bericht über die Verhandlungen* 1923: 64]
＊84　社会民主党中央指導部の立場とその理由については、[*DMGDA* IV-1 1966: 381-382]。
＊85　Aufuf dehnr Vollversammlung der revolutionären Betriebsräte Gr ß-Berlins vom 11. August 1923 zum Generalstreik für den Sturz der Regierung Cuno und die Bildung einer Arbeiterregierung, in [*DMGDA* IV-1 1966: 402-403]
＊86　[Ersil 1963: 289-297] を参照。
＊87　[*Geschichte der deutschen Arbeiterbewegung* 1966: 408]
＊88　[Vietzke, Wohlgemuth 1966: 99]
＊89　[Thälmann 1956: 256]
＊90　Aufruf der Zentrale der KPD und des Reichsausschusses der deutschen Betriebsräte vom 14. August 1923 zum Abbruch des Generalstreiks, in *Die Rote Fahne*, Nr. 187. vom 15. August 1923.
＊91　[ローゼンベルク／吉田訳　１９７０：１６９]
＊92　[上杉　１９６９：２６２] 参照。
＊93　ドイツ経済界の分裂については、[三宅　１９６５：21-31] 参照。
＊94　[Angress 1963: 395] [Degras 1956: 62]
＊95　[Angress 1963: 395]
＊96　[*Die Kommunistische Internationale* 1966: 236]
＊97　[*Protokoll* 1924: 220]
＊98　Ebenda, S.229.
＊99　[*Die Lehren der deutschen Ereignisse* 1924: 60]
＊100　Ebenda, S.41, [上杉　１９６９：２６４]
＊101　Ruth Fischer：[*Protokoll* 1924: 195])
＊102　[Flechtheim 1948: 185]
＊103　[*Bericht üben die Verhandlungen* desX 1925: 20]
＊104　Brandler：[*Protokoll* 1924: 195, 230]
＊105　ブランドラーは、必ずしもこの人事に賛成ではなかったようである。彼はヴァルハー（Yakob Walcher）の就任を希望したが、

実現しなかったという（Brandler：［*Protokoll* 1924: 229］）。

＊106　Beschluß der Zentrale der KPD vom 6. Oktober 1923 über der Eintritt der Kommunisten in die Arbeiterregierungen in Sachsen und Thüringen, in ［*DMGDA* IV-1 1966: 445］

＊107　ザクセン、チューリンゲン両州政府が「労働者政府」といえる実態を備えているか否かについては、「労働者政府」の概念の把握の違いによっても異なるが、ブランドラーは「我々はザクセンの政府を労働者政府だと言ったことなど決してない」と語っている［*Protokoll* 1924: 235］。

＊108　Brandler: ［*Protokoll* 1924: 229］

＊109　［*DMGDA* IV-1 1966: 432-435］

＊110　［*DMGDA* IV-1 1966: 432-435］

＊111　［三宅　１９６５：７-13］

＊112　［*Geschichte der deutschen Arbeiterbewegung* 1966: 427-428］参照。

＊113　Brandler：［*Protokoll* 1924: 229］

＊114　Ebenda, S.232.

＊115　Ebenda, S.230.

＊116　［*Geschichte der deutschen Arbeiterbewegung* 1966: 429］

＊117　［Flechtheim 1969: 181］

＊118　［Ulbricht 1963: 132］

＊119　［ディミトロフ　１９７２：６０２］

＊120　ドイツ「革命」の敗北は、ドイツ共産党に深刻な衝撃をもたらした。その後の党員数の激減は、それを表している。１９２３年秋には約30万人であったが、24年４月には12万１４００にまで落ち込んだ［Degras 1956: 85］。ドイツ共産党「左派」のマスロウは、23年の敗北を、19年（１月闘争）、20年（反カップ闘争）、21年（３月行動）における敗北と比較して、「最大の敗北」であったと評価した。彼によると、19～21年の敗北は、共産党がまったく小さく弱体であったり、「革命的状況」が存在していなかったことが原因であったが、23年の敗北は、客観的条件と強力な党というプロレタリア革命の勝利の可能性が存在していたにもかかわらず、それを取り逃がしたからであるという（Maslow:［*Protokoll* 1924: 251］）。

第3章　ファッショ化過程と統一戦線の不成立（1929～33年）
――なぜヒトラーを阻止できなかったのか

(1)　ファシズム認識の転換と相対的安定の崩壊

(1)　ドイツにおける政治危機の終焉とドーズ案の成立

1923年のドイツの政治危機は、社会民主党を含むシュトレーゼマン大連合内閣の政治指導と国防軍の軍事力を背景として克服された。また空前のインフレーションは、レンテンマルクという新紙幣の発行、通貨委員シャハトの指導と緊縮財政等により収拾された。シュトレーゼマンは、23年11月23日、首相を辞任したが、29年10月に死亡するまで歴代内閣の外相としてその指導性を発揮した。保守派人民党の党首として、国家の共和制的形態をさしあたりは既成事実として受け入れようとする層を代表していた。彼は、ヴェルサイユ条約の「履行」により西欧戦勝国と協調しつつ、同時に22年4月のラパッロ条約によるソ連との友好関係も維持しながら、ヴェルサイユ条約の修正を実現できる国際的条件をつくろうとした。すなわちそれは、当面平和的方法によって、復活しつつあるドイツ帝国主義の国際的地位の向上をめざすものであった。

1923年12月、アメリカのドーズを委員長とする賠償問題を検討する国際専門家委員会が組織され、24年8月、いわゆる「ドーズ案」が成立した。この案は、ドイツの経済復興が賠償支払いの前提条件であると確認し、そのためにアメリカ資本の導入を決めた。このときから賠償問題解決の主役はフランスからアメリカへ移り、フランスはルールからの撤退を約束させられた。ヨーロッパ経済の安定には、まず政治的安定が不可欠であった。そこで、25

年12月、ヨーロッパの集団安全保障をめざすロカルノ条約が調印され、翌年ドイツは国際連盟への加入を認められた。

(2) ドイツ共産党とコミンテルンにおけるファシズム認識の転換

コミンテルン第5回大会は、1923年の運動の経験を総括するなかから、統一戦線運動は漸次的に発展するのではなく、ある時点で運動の質的転換を企図する「飛躍」のための決定的闘争が必要であるとの認識を形成した。これは統一戦線論の進展に大きな貢献をした。ただ、第5回大会における議論は、その飛躍のための手段を、高度に発達した資本主義国家の政治的条件のなかで追求するのではなく、武装蜂起というロシア革命の経験を引き写し採用する傾向をもっていた。このような動きは、23年の敗北の総括を通じて、理論的模索をさらに進めようとするドイツ共産党の積極的な姿勢をくじくものであった。すなわち、ブルジョア民主主義がもつ意義と限界、同時に社会民主主義のもつ二面性の問題などに対する理論的追究の姿勢が、その後弱化・消極化されてしまった。それはまた、ファシズム認識にも転換をもたらした。

ドイツ共産党のブランドラーは、「バイエルンの小ブルジョア的ファシズムに目を奪われて、ゼークトを通じての重工業的・農業資本的形態のファシズムが進めた権力掌握のための静かな公然とした準備を見落としてしまった」[*1]と述べている。ドイツ共産党は、「11月共和国に対するファシズムの勝利」というテーゼを基調とする『中央委員会決議』を発表した。

「ブルジョア民主主義に対するファシズムの勝利が、労働者階級の予期したところとは異なった型で出現した。そのため、事態はただちに労働者階級の意識に反映しなかった。労働者階級がファシズムの中枢をバイエルンに見ている間に、ゼークト将軍の独裁としてファシズムの中枢がベルリンに樹立された。その背後には、国防軍のみならず、ドイツ・ブルジョアジーの決定的部分が立っている。[*2]」

『決議』はゼークト将軍の独裁をファシズムと規定した。これまでのドイツ共産党の認識によれば、小ブルジョアジーの大衆運動と関係をもたないゼークト将軍の独裁をファシズムと呼ぶことはできないはずであった。しかし、現実に革命を圧殺して成立した支配体制に直面したとき、自らの「狭義のファシズム」認識、すなわちファシズムの社会的基盤としての中間層とその大衆運動を重視する観点を捨て去り、「広義のファシズム」認識へと転換せざるをえなかったのであった。「広義のファシズム」認識とは、大ブルジョアジー、大土地所有者などの動向に注目し、「上から」の要素を重視しつつ既存の権力の反動化過程全体をファシズムとして把握しようとするものであった。

ドイツ共産党は、「狭義のファシズム」に注意を集中し、それとの関連で革命の戦略・戦術を立てたが、既存のワイマール共和国権力の側からする反動化に十分対応できず「革命」を挫折させた。実はこのドイツ共産党の「狭義のファシズム」認識は、1923年のドイツの状況には適応しなかったが、30年代のファシズムとファショ化には十分適用できる側面をもっていたのである。しかし、コミンテルンは、第5回大会以降、「広義のファシズム」認識に立脚し、「ファシズムと社会民主主義は、資本家独裁の1つの道具の両面である。ファシズムに対する闘争において、社会民主主義は、闘うプロレタリアートの同盟者には決してなれない」[*3]とする観点を前面に押し出したのである。

(2) 世界恐慌とファッショ化

1929年10月、アメリカのウォール街を襲った株式大暴落は、瞬く間に世界経済恐慌(Great Depression)に拡大した。それは、歴史上経験した経済恐慌のうち最も深刻で破壊的なものであった[*4]。

経済恐慌がやってきたとき、ドイツ帝国主義の復活は強化される段階にあったが、至るところでその復活は限界に突きあたっていた。国際的地位はヴェルサイユ体制の抑圧下でまだ弱く、国内においては労働者階級をはじめとする人民諸階層が一連の民主主義的権利と自由を闘いとっており、これらの権利と自由を削減しようとする動きに対抗していた。ドイツの支配層のなかに、経済恐慌を利用して、これらの限界を突き破りたいという動きが出現した。ヴェルサイユ体制とワイマール体制の打倒を目標とする「現状打破」の動きであった。

(1) ファシズムとは

ファシズムは、体制的危機において、既成の支配層がギリギリの選択を迫られた結果、採用し採用させられた予防的反革命である。[*5] ファシズムがドイツで成功したのは、経済危機がとりわけ深刻だったというだけでなく、第二帝制以来の権威主義的伝統が存在し、敗戦による民族的国民的挫折を経験した等の理由が挙げられる。しかし、ファシストが政権に到達するには、それだけでは不可能である。そのためには、支配階級（その一部）の支持が不可欠であり、また、被支配階級のなかの多数、すなわち反ファシズム・非ファシズム勢力がファシズムと闘うために力を結集できないという条件も必要である。

「ファシズムにおいては、本来、根本的に保守主義的な心情と価値観が激しい現状否定、現状変革の意志と結合しているというあり方が見られるということである。このような心情・価値観の根底における現状維持の保守主義と、他方における眼前の政治的編成のあり方の激しい否定（擬似革命性）との両義性をはらんだ結合は、一面では、『運動としてのファシズム』の中心的な社会的基盤となっている中間的諸階層の客観的存在状況そのものに刻みこまれた両義性の反映であり、他面では、『体制としてのファシズム』が、多くの場合、このようなファシズムの大衆運動の波頭に乗った真性ファシストと、危機のなかでファッショ化した既成支配層の一部との政治的同盟の所産でもあることに由来しているのである。[*6]」

ファッショ化過程（Faschisierungsprozess）は単調な一本線ではない。支配階級・被支配階級を含む全体的諸関係のなかで、ファシズムと反ファシズムへのそれぞれのベクトルが交錯し、権力ブロック内部でいかなる現状打破の戦略を掲げたか、いかなる勢力がイニシャティヴを握るか、「下から」のファシズム運動がどれだけ大衆を組織しうるか、反ファシズム勢力の内部では何を主要敵と認識し、どのような対抗軸を設定しうるか、それを前提として諸勢力の統一へのイニシャティヴをとりうるか等によって、ファッショ化推進勢力と反ないし非ファシズム勢力との力関係が変化し、ジグザグコースを描くのである。[*7]

(2) ファッショ化過程の諸段階

ファッショ化過程には、基本的に4つの段階区分が可能である。第1の段階は、「特殊な政治危機」の発生にともなう反動化の段階。第2の段階は、特殊な政治危機の深化にともない、第1段階の反動化を前提としてファッショ化のダイナミズムが作動し始め、ファシストによる政権掌握までの段階。第3の段階は、ファシストの政権掌握から、後述の「不可逆点」[*8]（point of no return）に至る段階。第4の段階は、不可逆点からファシズム体制の成立までの時期である。ここで体制のファッショ化は一応完了し、その後、ファシズム体制の確立・安定・爛熟・崩壊への道を辿ることになる。

【第1の段階】 安部博純氏や山口定氏をはじめとする諸研究に依拠して整理すれば次のようになる。特殊な政治危機の発生にともなって、権力ブロック（政治支配の場において、支配のために、いくつかの階級ないしその分派が同盟を組むこと）内部で、これまでの支配の方式では支配の継続が困難となり、政治レジーム（体制）ないし国家形態の転換を主張するフラクションが出現する（権力ブロック内部での体制構想レベルの対立、「現状維持派」と「現状打破派」、やがてそれぞれの内部でもまた対立が生まれる）。そして国内的・国際的要因によって「上から」の反動化が進行し始める。「特殊な政治危機」[*9]とは、一言でいうならば、既存の支配階級および階級分派のヘゲモニーの危機、体制イデオロギーの危機である。すなわち、①それまでの支配体制を支えてきたイデオロギーの大衆統合力の喪失、②権力ブロック内部における統一的意志の破綻である。

このような状況のなかで社会レベルにおいて、国民意識の変容が進行する。1つは既成の支配層やその政治勢力

（特にブルジョア政党）が、腐敗や失政の連続のため大衆の信頼を決定的に失い始める。他方、既成の反体制勢力である社会主義運動や労働者運動が大衆の期待に十分に応えることができず、大衆のなかに期待と幻滅が複雑に交錯するが、まだ大衆から決定的に見放されたわけではない。大衆の危機感に基づく反ファシズム統一戦線の結成は可能である。[*10] 要するに、支配層の側が「ブルジョア民主主義」ないし「議会制民主主義」の形態で労働者階級をはじめとする国民諸階層を統合することがもはや不可能となったが、労働者階級の側にとっても革命への展望が開けていない独特の政治状況である。そのような状況のなかで、「進歩」「反動」「革命」「反革命」といった観念についての既成の枠組みが溶解し、「進歩」と「反動」の両義性をもったファシズムの思想が大衆をとらえやすくなる条件が生まれる。

【第2の段階】 権力ブロック内部において「上から」の反動化を推進した政治レジームないし国家形態の転換を主張するフラクション（「権威主義的反動派」が指導）が、「下から」のファシズム政党およびファシズム大衆運動（「擬似革命派」が指導）との連携を模索し始める。

第1段階におけるようなファシズム浸透の条件がさらに拡大し、ファシズム勢力の動きが活発化し、ファシズムの非合理主義的大衆運動ないし大衆動員が飛躍的に高まる。「上から」と「下から」の有機的関連において、ファッショ化へのダイナミズムが一応作動し始める。このダイナミズムがファッショ化の進展を急速に推し進める力となる。しかし、反革命内部における権威主義的反動派と擬似革命派の提携もスムーズに進むわけではなく、分裂・対立・闘争・妥協のプロセスが生ずる。

イタリアでジョリッティが戦闘的な労働者運動を威嚇・撃退・鎮静化させるのにファシズムを利用できると考えたのと同様に、ドイツでも権威主義的反動派が共産党を粉砕し、社会民主党や労働組合の影響力を削減し、労働者階級の激しい抵抗（恐慌下における賃金引き下げ、労働者保護法の撤廃などに反対する生きるための闘争）を打ち砕くために擬似革命派を利用できると考えた。だが、どちらの国においても擬似革命派はやがて権威主義的反動派の手にあまる存在となった。権威主義的反動派の前には2つの選択しかなかった。すなわち、ファシズムを打倒し、その結果として力関係を一挙に労働者階級に有利にひっくり返すか、あるいは政権をファシズムに引き渡すか、の2つである。権威主義的反動派が前者を選択することは不可能であり、積極的か消極的かにかかわらず道は残されていない。[*11]

他方、反ファシズムあるいは非ファシズムの主体の一部分（小ブルジョアジーや労働者）が崩れ、権力ないしはファシズム運動の側に引き寄せられる。この段階になると、前述の国民意識のさらなる変化等により労働者運動ないし社会主義運動の側に方向感覚喪失や、組織内部に弛緩現象が一定規模で生まれてくる。反ファシズム闘争も手づまりとなり、国民大衆のなかに諦め、無力感が拡大する。反ファシズム統一戦線の結成が困難になる。

【第3の段階】　ファシストの政権掌握（ファシスト政権の成立）によって、「上から」の国家権力を使った「強制的同質化」（「均制化」Gleichschaltung）が進められ、ファッショ化のダイナミズムの本格的作動が始まる。そして「不可逆点」が到来する。

ファシズムは政治権力の獲得をめざして闘っていた時期には、恐慌で窮乏化・急進化した小市民や農民に依拠していた。そして政権掌握は、それら大衆の鬱積した不満のエネルギーに点火し爆発させて可能となった。しかし、ファシズムといえども資本主義体制を前提とする限り、独占資本と大土地所有者の社会的権力からの決定的規制を否応なく受ける。このため、ファシズム運動内部にみられる擬似革命派のなかのユートピア的・小ブルジョア的ラディカリズムを抑圧しなければならない。[*12]これを経過した後、ファッショ化過程は不可逆点に達する。

【第4の段階】　「不可逆点」からファシズム体制の形成・爛熟・崩壊の過程である。そこでドイツのファッショ化過程を一応時期区分すると、次のようになる。第1期は1928年〜32年7月（パーペン・クーデターまで）、第2期は32年7月〜33年1月（ヒトラーの政権掌握まで）、第3期は33年1月〜34年8月（レーム事件、ヒトラーの総統就任まで）、第4期は34年8月〜38年2月（ナチ体制の確立まで）、以下はファッショ化過程以降であるが、第5期はファシズム体制の展開期、38年3月（対外侵略の本格的開始）〜43年2月（スターリングラード戦の敗北まで）、第6期はファシズム体制の崩壊期（43年2月〜45年5月8日）となる。

（3）ミュラー／ブリューニング両内閣と反動化の進行

⑴　ミュラー内閣

1928年5月の国会選挙において社会民主党は、「装甲巡洋艦の代わりに児童給食を」（Kinderspeisung statt Panzerkreuzer）というスローガンを掲げ、153名という19年1月につぐ圧倒的議席を得て第一党となった。そこには、再軍備反対と反動化阻止、平和と繁栄への大衆の期待が込められていた。前国会で建艦に賛成したブルジョア諸党はことごとく票を減らした。

しかし、6月28日に成立したH・ミュラーを首班とする大連合内閣は、大衆の期待に応えなかった。内閣は農業関税の引き上げや重工業資本や軍部の要求する「装甲巡洋艦A」の建造を認めた。社会民主党指導部は、建造中止が内閣総辞職を引き起こし、ひいてはそれが政府危機へと発展することを恐れた。これはすでにワイマール共和国の基本路線をめぐる対立が激化し、社会民主党が再軍備を認めたことによって体制崩壊への第一歩を踏み出したことを意味していた。[*13] さすがに選挙での公約である建艦反対を降ろすには、社会民主党内でもきわめて強い低抗があり、[*14] 結局首相を含めて社会民主党閣僚は自ら提出した議案に反対投票するという奇妙な事態が生まれた。

1929年5月、政府はメーデーのデモを禁止した。ベルリンの労働者20万人は、これに反発してデモンストレーションを敢行した。これに対して社会民主党員のベルリン警視総監ツェルギーベルは、警官隊に発砲を命じ31名を射殺、数百名を負傷させた。プロイセン州政府内相ゼヴェリンクは、赤色戦士同盟等を禁止し、ファッショ的諸組織の武装解除ではなく、労働者の反ファッショ組織を武装解除した。

ミュラー内閣は、1929年6月、「ヤング案」（Young Plan）を成立させた。同案は賠償支払い期間を59年間

（1988年まで）とし、ドーズ案より減額されたがなお多額であることには変わりはなかった。ユンカーと重工業など財界の反動派を代表する国家人民党のフーゲンベルクは、ヒトラーと組んでヤング案反対闘争を展開し、ナチスが人々に関心をもたれ始めた。

世界恐慌はドイツにおいて破局的な作用を及ぼした。1930年1月末には、約320万人の失業者が存在した。ミュラー内閣は、国家財政の破綻を食い止めるため失業手当の打ち切りを計画した。この計画は労働者大衆の強い抵抗により実現できなかった。30年3月27日、ミュラー内閣は倒壊した。*15

このように「上から」の反動化、ワイマール体制の崩壊に連なるような反動化は、すでに世界恐慌以前に始まっていた。反動化に対する大衆の危機感は社会民主党を再び政権の座に押し上げたが、恐慌に直面したミュラー政権は反動化の阻止ではなく、反動化の流れに乗ることにより危機を切り抜けようとした。ドイツ共産党は、社会民主党の右傾化と労働者運動への抑圧的対応を社会民主主義の「社会ファシズム」への転化として捉えた。*16

(2) ブリューニング内閣

1930年3月30日、カトリック中央党のH・ブリューニングが政権の座についた。この内閣は、議会の少数党にしか基礎をおかず大統領の信任によって成立した「大統領内閣」であった。また、ワイマール共和制末期にあって伝統的保守派の最後の政府でもあった。この内閣のもとで権力の重心は右へ右へと傾いていった。

ブリューニングの戦略は、外交政策を優先させながら賠償問題を解決し、恐慌対策については、恐慌は「自己浄化の過程」であり、国家財政の破綻を食いとめ景気の回復を待つ以外に有効な対策はない、というものであった。さらに、賠償を帳消しにするためには恐慌が進んだほうがよいとの判断もあったといわれる。

彼は国家財政の破綻を防ぐため、各種増税、社会保障費切り下げ、公務員賃金引き下げ等を緊急命令で行った。それは、労働者から「飢餓政策」と呼ばれた。ブリューニングは大衆感覚がつかめない冷たいスペシャリストであった。[17]このような「飢餓政策」は、1930年9月の選挙（後述）で与党の大敗をもたらした。その結果は、①政府が議会の消極的支持しか得られなくなり、②議会・政府の機能が低下し、そのため圧力団体の政府からの遠心化と運動の活発化が始まり、③大統領の緊急命令権に依拠する統治をしなければならなくなった。国家諸装置の間の諸関係がもはや、以前と同じ方法では機能しなくなり、政界では黒幕的存在の個人が暗躍するところとなり、街頭ではナチスと共産党の対立が尖鋭化した。大衆はフラストレーションに陥った。

恐慌の進展、ナチスと共産党の政界への進出は、アメリカ資本の引き上げを促進し、恐慌はさらに深刻化した。関税障壁によってドイツ製品の海外販路は縮小され、輸出の減退と生産の制限によって失業者が一挙に増大した。1931年5月、オーストリアのクレディット＝アンシュタルトが破産し、7月にはダナート銀行が支払いを停止した。このようななかで、ブリューニングの外交政策は目標を達しつつあった。32年7月、ローザンヌ会議はドイツからの賠償取り立ての不可能を認め、賠償の実質的帳消しを決めた。

しかし、ブリューニングは国内政治においては挫折した。1932年2月、重工業独占資本などを代表する権威主義的反動派は、ナチス（擬似革命派）と組んでブリューニング打倒を宣言し、「ハルツブルグ戦線」（Harzburger Front）を結成した。ナチスの暴力は市民の反感をかっていたので、32年4月、ついに内閣は中央党の政策に従い、ナチス突撃隊（ＳＡ）に対する解散命令を下した。この措置は、ナチスを再軍備のために利用できると考えていた国防軍の反発を引き起こした。

1932年4月の大統領選挙では、ヒトラーは1340万票を獲得したが、ヒンデンブルクが1940万票を集め再選された。ヒンデンブルクの背後にあった東エルベのユンカーは、「東部救済事業」（Osthilfe）をめぐってブリューニングと対立し、大統領に首相の罷免を要求した。5月30日、ブリューニング内閣は、国防軍とユンカーの圧力によって倒壊した。[18]

（4）反ファシズム闘争の展開

(1) ファッショ化の進行と労働者大衆の危機感

1930年9月選挙の結果は、「上から」の反動化とともに「下から」のファッショ運動が大衆の支持を獲得し始めたことを示した。ナチ党の得票数は、28年の81万票から640万票へと大躍進した。ナチ党の得票が最も大きく増大したのは、シュレスヴィヒ＝ホルシュタイン、東プロイセン、ポンメルンのような農業地区およびブレスラウとブラウンシュヴァイクの両選挙区であった。ブラウンシュヴァイクについては、後に反ファシズム闘争との関連で触れたい。主として農業中心地でナチ党が飛躍したのに対して、工業中心地ではドイツ共産党が進出した。共産党はベルリン（得票率33％）、東部デュッセルドルフ（同26％）、メルゼブルク（同25％）などで第一党となり、ポツダム（同20％）、ケムニッツ＝ツピッカウ（同18％）、ハンブルク（同18％）などでも高い得票率を記録した。[*19] これらの地区では、後にみるように反ファシズムの大衆運動が展開された。

ナチ党の大躍進は、社会民主党、共産党の指導部に危機感を呼び起こした。社会民主党は、ファシストのテロに対抗できるように、9月25日、同党系の「国旗団」（Reichsbanner）から「防衛部隊」（Schutzformation）を選抜編成した。ドイツ共産党は、1930年8月24日、『ドイツ人民の民族的・社会的解放のための綱領的宣言』を発表し、9月末に「反ファシズム闘争同盟」（Kampfbund gegen den Faschismus）を組織した。闘争同盟はファシズムのあらゆる形態に反対し、特にナチズムに反対して闘う労働者の超党派的組織と位置づけられた。闘争同盟の初代議長には、共産党中央委員会政治局員ヘルマン・レメレが就任した。これら両党の動きは、ナチ党の大衆的影響力の急激な増大に対して、反ファシズム闘争を強化しようとしたものに相違なかったが、両政党の従来からの思考の枠組みを超えるものではなかった。労働者大衆レベルでは、政党の枠組みを超えた動きが生まれようとしていた。

１９３０年秋には、ブリューニング内閣の政策と相まって恐慌の影響は勤労大衆の生活を破壊した。失業者は、官庁統計によると30年10月には３２５万２０８２人、翌年1月には４８８万６９２５人へと増加の一途を辿った。[*20] 急速な躍進を遂げたナチスは、各地で労働者運動に対して無差別的攻撃をかけた。失業と生活に苦しむ労働者大衆は、現状打破の意欲とエネルギーを高めた。彼らの最も切実な要求である「職・パン・自由」を求めファッショ化に反対する大衆運動は、各地で自然発生的に広がった。[*21] ドイツ各地において、統一を志向した労働者の集会が開かれた。

１９３１年1月26日、ザクセン州のドレスデンにおいて、「反ファシズム闘争大会」（Kampfkongress gegen den Faschismus）がもたれた。大会には同州内の各経営・職場・地域より選出された代表１５７８名が参加したが、その内訳は、『ローテ・ファーネ』によれば、共産党員３５４名、社会民主党員42名、社会主義労働青年同盟（ＳＡＪ）６名、無党派９３２名、サンジカリスト2名、民主党員1名、アナーキスト１名であった。[*22] ここでいう無党派がどのような傾向に色分けできるのかは不明であるが、無党派の比重の大きさ（60％弱）は、この大会の統一的大衆集会としての性格を表しているとみてよいであろう。またその報道の姿勢と内容からみても、ドイツ共産党のイニシャティヴで開かれた大会としては扱われていない。『ローテ・ファーネ』は、1月から2月にかけて同じような性格の大会がハレ、メルゼブルク、ポンメルン、ルール、ハンブルク、イェナなどにおいても開催されたと伝えている。この報道を信ずれば、この種の運動はかなりの規模と広がりをもっていたようである。

１９３１年3月8日、首都ベルリンにおいても、「ファシズムに反対する人民会議」（Volkskongress gegen den Faschismus）が開かれた。共産党のレメレが主要報告者として登壇したこの大会には、ベルリンおよびその周辺から２１００名の代表が出席した。その内訳は、共産党員６２９名、共産主義青年同盟員（ＫＪＢＤ）11名、社会民主党および社会主義労働青年同盟員24名、無党派１４３６名、元ナチ党員および元シュタールヘルム団員８名であった。ここでも無党派が68％を占めていた。[*23]

ファッショ化進行のなかでの労働者大衆の危機感は、各地でこのような大会が開かれたことに象徴されるように自然発生的な反ファシズムの気運と統一への志向性を強めた。ドイツ共産党はこの自然発生的な統一行動に大きな注目を払った。1931年1月の中央委員会総会において、テールマンはこの運動を取り上げて、「ファシズムに対する闘争意欲の巨大なうねりが、わが党の枠をはるかに超えて起こっている」[*24]ことの証左とした。総会の「決議」は、この運動について触れて次のように述べた。

「すべての工場に政治的幹部を養成し、プロレタリアートの革命的統一戦線に社会民主主義影響下の労働者を獲得するために、彼らの間における活動を強化せよ。……『反ファシズム代表者会議』（Antifaschistischen Delegiertenkonferenz）および『地方・地区反ファシズム行動委員会』（Aktionsausschuß gegen den Faschismus）に依拠して、プロレタリアートの新しい形式の統一戦線を建設せよ。[*25]」（傍点は石川）

「新しい形式の統一戦線」は、まさしく、これまで私たちがみてきたような運動（「決議」は、それを「反ファシズム代表者会議」と呼んでいる）を基礎にして想定されている。だが、「決議」のいうように、ドイツ共産党中央委員会が「反ファシズム代表者会議」「地方・地区反ファシズム行動委員会」の運動に熱心に取り組んだ形跡は発見できない。3月のベルリンの「人民会議」においても、レメレを主要報告者として送り出した以外、党指導部は積極的に支援してはいないようである。ドイツ共産党指導部は、代表者会議や行動委員会の運動を拡大・発展させるというより、むしろだんだんと消極的対応になっていったようだ。『ローテ・ファーネ』紙上にも、その運動の名前があまり見られなくなってくるのである。その過程は、自然発生的な統一行動であった同運動が衰退していく過程でもあった。自然発生的な統一行動は、ドイツ共産党の当面の方針を転換せしめるほどには強くなかった。[*26]

(2) 反ファシズム行動

1930年末から31年春にかけての大衆的反ファシズム運動は、上部における社共両党を統一へと進ませることはできなかった。ファッショ化のテンポは、32年にはさらに速くなった。ナチスはさらに進出した。32年3月と4月の大統領選挙において、ナチ党は30年9月14日に獲得した票数をほぼ倍加させた。4月の地方選挙では、ナチ党が大統領選挙をさらに上まわる成功をおさめた。[*27]ドイツ共産党が、当初「社会ファシズム」への進展がみられるとして最も危険視した社会民主党は、その後も地方選挙などで後退し、全体としてみれば権力からの離脱傾向が強まったことは明白であった。しかも、社会民主党内部では、31年後半から、ファッショ化と恐慌への有効な対応をなしえず後退を続ける党指導部への強い批判が出され始めた。31年10月には、その左派が分離し、ザイデヴィッツらを中心とした社会主義労働者党（ＳＡＰＤ）を結成した。社会民主党内には、社会主義的青年運動を含めて反ナチ闘争の気運の盛り上がりがみられ、社会民主党国会議員団長ブライトシャイトは個人的見解としてではあったが、ファシズムに対する社共系労働者の共同防衛闘争を提案した。[*28]党指導部も、31年12月16日には、そのような気運におされて「鋼鉄戦線」（Eiserne Front）の組織化に乗り出す動きがあった。

ドイツ共産党は、予想外の苦戦をしいられていた。予想外というのは、コミンテルン第6回大会のいわゆる「第三期」論によれば、階級間闘争が激化し、ドイツ共産党が大衆運動のイニシャティヴを握れるはずであった。しかし、１９３１年秋まで増大を続けてきた共産党は、党勢停滞の兆をみせ、31年10月から12月におけるブリューニング内閣の緊急命令に反対する大衆行動を組織できず、その後の情勢の緊迫化にもかかわらず大きく立ち遅れていた。共産党内にも「党と労働者階級が大衆を闘争へと導くことができる前に、ファシストによって撃破される危険性がある」[*29]（ピーク）という危機感が生まれていた。

ドイツ共産党は、１９３２年5月の中央委員会の決定によって「反ファシズム行動」を呼びかけた。この「反ファシズム行動」とは、反ファシズム統一戦線の構築をめざすものに他ならなかった。「呼びかけ」はいう。

「『反ファシズム行動』は、最も広範な統一戦線に基づく赤色大衆自衛組織によって、ヒトラー・ファシズムの殺人テロを粉砕せねばならない。『反ファシズム行動』は、我々の要求のための、生命を守るための大衆闘争を通じて、経営労働者のストライキ、数百万失業者の大衆行動を通じて、統一した労働者階級の政治的大衆ストライキを通じて、ヒトラー・ファシズムの権力への道を阻止せねばならない。」[*30]

ドイツ共産党は、自らの革命論に基づく理論的枠組みと現実とのギャップを埋めるために、現実におされて反ファシズム統一戦線を提起した。1932年6月1日、パーペン内閣が成立したが、経済恐慌は夏から秋にかけてすでにピークを迎えつつあった。このようななかで、生活防衛やナチスのテロとの闘いに立ち上がっていた労働者は、ドイツ共産党の呼びかけを好感をもって受けとめた。ツェラ・メーリス、ベルナウ、ケムニッツ、シュトゥットガルトなどでは、すぐに「反ファシズム統一地区委員会」が結成された。[*31] それらの委員会は、労働総同盟、社会民主党、共産党の地方指導部ないし幹部間での合意を基礎にしている場合が多かったが、すでに共同闘争の経験をもっているところでは、すばやい対応がみられた。

ドイツ共産党は、「上からの交渉」による統一をも模索した。プロイセン州議会では、議長選出をめぐる社会民主党との交渉を始め、統一への努力がみられた。社会民主党幹部のなかからも、キュンストラー、アウフホイザー等のように、ドイツ共産党との統一行動を望む動きが少数ながらも表面化してきた。6月から7月にかけて社共両党の地方組織や党員間では、統一の気運が盛り上がり、現実の行動となりつつあった。[*32] 7月10日には、ベルリンにおいて「反ファシズム行動全国大会」が開催された。この大会には1465名の代表が参加したが、そのなかには共産党員379名とならんで、社会民主党222名、無党派954名が含まれていた。[*33]

(5) パーペン・クーデター

ドイツ共産党の提唱する「反ファシズム行動」が一定の広がりをみせ始めたとき、社会民主党指導部はこの運動を抑制する行動に出た。6月28日、社会民主党幹部会は地方指導部宛に「回状」を送り、「反ファシズム行動」を「反社会民主党的行動」であると規定し、すべての下部組織における統一交渉を打ち切るように指示した。社会民主党幹部会の動きは、内務省7月16日付『情勢報告 第13号』からもうかがうことができる。

「彼らは、地方段階で共産党との交渉にはいっていた幹部や地区議長たちを除名したり、あるいは統一戦線委員会、統一行動委員会を承認している場合には、責任者をしてこの同意を取り止めさせている。」[*34]

統一戦線による現状打破の展望は、まだ開かれなかった。このような状況のなかで、ワイマール共和制の崩壊に重大な意義をもったいわゆるパーペン・クーデターが発生した。

パーペン内閣は、ドイツ国のプロイセン監理官（Reichskommissar）の設置とプロイセン州政府の更迭とを要求した。これまで、プロイセン州内閣を構成してきた社会民主党とワイマール連合の諸党はファッショ化に対して頑強に抵抗してきたわけではなかった。とはいえ、ドイツ国を構成する最大の州の政府機関が社会民主党の大臣に握られている限り、そこが抵抗の砦となる可能性は存在していた。さらに、ファッショ化推進勢力は、国家機構から社会民主党を一掃することが、プロイセン州のみならず社会民主党全組織の支持基盤をぐらつかせるためにも必要な措置だと考えていた。7月20日、パーペンは自らをプロイセン監理官に任命し、ただちに首相オットー・ブラウンと内相カール・ゼヴェリンクをはじめとするプロイセン州政府の社会民主党閣僚の罷免を通告した。

社会民主党は事前にクーデター計画のあることを察知し、7月17日付『前進』で「もしドイツ国の共和制憲法の廃止を鋼鉄戦線が黙認するだろうなどと考えるとすれば、その人はまったくの誤りを犯すものである。この点については、カップ一揆の結末を指摘するだけでまったく十分である」[*35]と宣言した。社会民主党は、統一行動とゼネストによってクーデターを粉砕した反カップ闘争の経験を引き合いに出して、もしクーデターが発生したならば、同じ手段を行使する用意があることをほのめかしたのであった。しかし、クーデター発生後、社会民主党がとった行動はこれとは違っていた。社会民主党は「合法性」へのこだわりと「内乱」の恐怖に縛られて、ゼネストという手段には訴えなかった。[*36]国事裁判所への提訴と国会選挙に希望をつないだのであった。

（6）反ファッショ戦線の未結集

パーペン・クーデターの結果として、権力ブロック内部の体制構想をめぐる対立は激化した。ユンカー、独占資本の二分派、国防軍の間で激しい闘争が展開された。そして、それぞれの体制構想が潰れるなかで、ヒトラーへの政権譲渡が選択された。

パーペン・クーデターを許したことは、社会民主党・共産党の両労働者政党において、きわめて悲劇的結果を引き起こした。社会民主党系労働者は、「完全な不成功という結果といえども、不作為のもつ政治的・心理的結果より破壊的ではありえない」[*37]と指摘されているがごとく、急速に戦闘意欲を喪失していった。ドイツ共産党は、「社会民主主義主要打撃論」を再度引き出し、統一戦線の目的意識的追求を後退させてしまった。党指導部内では、当時のドイツ共産党の統一戦線戦術を日和見主義的であると指摘したコミンテルン執行委員クノーリンの電報（6月中に到着していた）が、再び顧みられ始めた[*38]。党の地方組織や下部組織に属し社会民主党系労働者と共同闘争を進めつつあった党員は困惑してしまった。

ドイツ共産党は、1932年7月31日の国会選挙に向けて、社会民主党に対する攻撃的批判を強めた。同党は、「社会民主党はプロレタリア統一戦線を破壊しようとして、ファシズムに降伏した」（7月26日）、「社会民主党のゼヴェーリングを選ぶものは、『ヒトラー・パーペン独裁』を強化させるものだ」（7月28日）と訴えた[*39]。

7月31日の国会選挙の結果は、社会民主党の減少（1930年に比べて、61万6千票減少、当選者133名）、共産党の増加（78万票増、当選者89名）、ブルジョア諸政党の著しい減退、ナチスの一層の拡大であった。この選挙で注目すべきは、ナチスの影響力の拡大がストップしたことである。確かにナチスは1380万票近くを獲得し、30年に比べると議席の2倍化（107議席から230議席へ）に成功している。しかし、得票率という点からみると、ナチスは32年4月の大統領選挙と州議会選挙からほとんど前進していなかった。なかでもベルリン、上シュレージェン、ヴェストファーレンなどの重工業地域の選挙区やケムニッツ＝ツヴィカウ、フランケン、南バイエルンなどでは、ナチスが反ファシズム運動によって押し戻され、得票率を低下させていた。

コミンテルンとドイツ共産党は、7月20日のクーデターと7月31日の国会選挙の結果から、いかなる結論を引き出したであろうか。コミンテルンは、1932年8月27日から9月15日までモスクワにおいて、第12回プレナムを開催した。同プレナムで「国際情勢とコミンテルン支部の任務」と題する報告を行ったのは、クーシネンであった。彼は、今後のナチスについては「拡大」の可能性と「急速な縮小の可能性」の2つがあるとして、その一方的過小評価を戒めたが、同時に「一連のファシスト組織の隊列のなかで崩壊過程が始まっているという事実は、今日すでに確認できる」[*40]と指摘した。さらに彼は、第11回プレナムが規定したように、ドイツが依然として「プロレタリア革命へ最も接近している国」であり、「革命的危機の諸前提の高揚（Steigerung der Voraussetzungen der revolutionären Krise）」が認められると強調した。[*41]

コミンテルン第12回プレナムは、主体の側の立ち遅れについての懸念をもちつつも、ドイツの情勢を基本的に革命への前進と把握した。したがって、そこから出てくるドイツ共産党の当面の任務は、コミンテルンの従来からの主張である政治権力奪取のための闘争に労働者階級の多数を獲得することにあった。ナチス主導によるファッショ化の危険性が増大したという認識のもとで、社会民主党・共産党を中核とした反ナチ労働者統一戦線（反ファシズム行動）という発想が、いまや政治権力のための闘争の強調によって否定されようとしていた。それは、統一戦線戦術の位置づけにおいて明白である。クーシネンは次のように述べている。

「ボリシェヴィキ的統一戦線戦術は、共産主義の背教者ブランドラーやトロツキーなどが弁護しているような、社会民主主義的改良主義的指導者との『ブロック政策』や『城内平和』ではない。このような方向性をもったあらゆる傾向——例えば、あたかも『革命化しつつある』かの如く見せかけている改良主義的指導者との間には、我々と不一致がないかのようにいう見解——に対して断固として反撃しなければならない。ブルジョアジーと闘う共産主義者と非共産党系労働者の統一戦線は、ブルジョアジーと社会民主主義との統一戦線政策と紛れもなく対決するものである。[*42]」

ウルブリヒトは、同プレナムの発言において、社会民主党の7月20日の対応が「ブルジョアジーの社会的支柱としての社会民主党の役割を示す確固とした証拠」であり、社会民主党・労働総同盟などの反ゼネスト決議はこれらの組織の「ファシズム化の高次の段階」を印すものだと論じた。[*43]

第12回プレナムは、統一戦線戦術に関連して、基本的には「革命的情勢」の成熟に向けての「下からの統一戦線」の推進を決定した。[*44] もっとも、社会民主党や労働総同盟の下部組織とは統一の交渉をすることもありうる（クーシネン）とされたので、従来の「下からの統一戦線」にまったく復帰してしまったわけではなかった。[*45] しかし、ドイツ共産党が7月20日以前に模索した「下からの統一戦線」から、指導者との交渉（上から）を含む「下からの統一戦線」への転換の可能性は否定された。後に『第12回プレナムの手引』は、ドイツにおける1932年の大統領選挙の結果生まれた「敗北主義的ムード」が、「ファシズムについての日和見主義的過大評価」を生み、それが社会民主主義的組織の指導者との組織化に努力せんとする「右翼日和見主義」に導いたと批判した。[*46]

ドイツ共産党は1932年10月15日から18日まで党協議会を開き、第12回プレナムの決定を確認した。党協議会は、主要敵をナチスにおき「上からの統一戦線」を主張したノイマン＝レメレグループを「分派行動」と強く批判した。ドイツ共産党は、コミンテルン第12回プレナムによって指摘された活動上の弱点である「経営内活動」、経済的ストライキ、失業者の闘争に全力をあげた。32年秋には、経済的ストライキや失業者の闘争がかなり高揚した。[*47] しかし、統一戦線の目的意識的追求から後退したドイツ共産党は、状況を切り開く主導権をついに把握できなかった。

(7) 労働者統一戦線不成立の要因

以上みてきたような経過で、反ナチ労働者統一戦線の模索は挫折した。1920年の反カップ闘争期のような統一への政治力学（統一の磁場）は発生しなかった。32年と20年の状況、そのなかにおける政治主体（特に社会民主・共産両党）の位置関係を比較して、不成立の要因を若干整理してみたい。

1920年の反カップ闘争期には、次のような条件のもとで統一への政治的ダイナミズムが発生した。①ドラスティックな反動化の進行とそれへの労働者大衆の危機感、②労働者大衆の戦闘意欲とエネルギーの存在、③統一の基盤になりうる労働者政党間の闘争課題の一致点の存在、などである。以下それぞれについて検討する。

(1) ドラスティックな反動化

反カップ闘争における統一戦線は、カップとリュトヴィッツらの反革命クーデターによるワイマール・デモクラシーの危機という条件のもとに成立した。旧帝制復帰への危険性をみせつけたドラスティックな反動化は、労働者大衆の危機感とエネルギーを一気に噴出させた。

1932年の場合には、文字どおりワイマール・デモクラシーの危機であり、反動化は急速に進行した。しかし、両者は同じではなかった。カップ・クーデターの場合は、反民主主義勢力が軍事的クーデターという武力行使に訴える非合法的手段をとった。30年代のワイマール・デモクラシーの反動化（解体）は、形式上からいえば漸次的・合法的手段で進められた。このような反動化は、大恐慌にともなってナチスが大躍進を遂げるかなり以前から始まっていた。このような権力ブロック内部の一分派を主な推進主体とするブルジョア的反動は、共和国最後の大連合政権ヘルマン・ミュラー内閣のときには、すでに共和制自体を解体させる方向へと本格的な流れを形成していた。擬似革命派としてのナチスは、このブルジョア的反動が切り開いた水路を通りながら、中間層をはじめとする国民諸階層に浸透していった。ブルジョア的反動はもとより、ナチスにおいても合法的手段を採用した。この合法と非合法の手段の差および漸次的進行とドラスティックな変化との違いは、労働者大衆の危機感に与えた影響力において大きく異なっていた。確かにパーペン・クーデターは、それだけ取り出せば半非合法的行動に違いなかったが、ワイマール・デモクラシー解体の一連の過程のなかに組み込まれており、しかも解体が実質的に進んだ段階で起きた事件であったために、カップ・クーデターほどの強い心理的衝撃は与えなかった。

(2) 戦闘意欲とエネルギー

1920年のドイツにおいては、19年1月以降、革命の第一次高揚期が終わっていたとはいえ、まだ革命は継続中であった（23年まで）。労働者大衆は、カップ・クーデターのような革命の成果を奪い去ろうとするものに対して激しい怒りを燃やした。それは革命に参加した彼ら自身の体験に裏打ちされたものであった。ワイマール・デモクラシーは、革命の成果の核として、またこれから創り上げていく課題・目標として、多くの人々の期待感に支えられていた。

ところが、1932年の段階では、ワイマール・デモクラシーは事実上解体しかかっており、大衆に幻滅しか与えていなかった。恐慌のなかで失業と生活に苦しむ労働者大衆は、現状打破の意欲とエネルギーをもっていた。しかし、その戦闘意欲とエネルギーは既存の政治組織によるワイマール・デモクラシーの擁護という方向へは結集されにくいものであった。組織労働者は中間層のようにはナチスに引きつけられることはそれほど多くなかったが、社会民主党の影響下でそのエネルギーを消耗させられ無気力化していった。他方、社会民主党の影響下から離脱した部分や失業者は、ドイツ共産党に支持を求めた。*48 しかしこの方向では、革命への展望がすぐに開かれるという状況でなかったし、共産党内部の党員自体の流動化もあって、社会民主党に代わって、組織労働者の多数の戦闘意欲とエネルギーを結集できなかった。

(3) 労働者政党間の闘争課題の一致点

1920年において社会民主党は、ワイマール・デモクラシーを高く評価しこれを守り発展させようとしていた。共産党は、ワイマール・デモクラシーに対して消極的な評価しか与えていなかった。しかし、旧帝制に復帰することにはもちろん反対であった。ドイツ共産党のめざす評議会権力（レーテ・ドイツ）への前進のためには、労働者の闘争条件を旧帝制よりはるかに有利にするワイマール・デモクラシーの存在は必要であった。ドイツ共産党は、ワイマール・デモクラシーがブルジョア・デモクラシーの線でとどまるのに反対した。20年には、労働者政党間において、カップ政権の打倒＝ワイマール・デモクラシーの擁護が統一の最低限度の一致点となりえた。

ところが1932年になると、ワイマール・デモクラシーへの大衆の評価が低下したのみならず、両労働者政党における位置づけも変化した。社会民主党は言説上ではデモクラシーの擁護を強調したが、実際には形式化した議会制の擁護に終始し、現実には形骸化され反動化しているワイマール・デモクラシーを再建する展望も気力ももたなかった。そのため、民主主義擁護闘争がより少ない害悪への固執となり、街頭行動やストライキなどをデモクラシーの破壊とみなし、共産党との対立を深める結果となった。ドイツ共産党は、ワイマール・デモクラシーこそがファシズムや社会ファシズムを生み出した政治体制であると把握していたので、それを擁護する発想はほとんどなかった。共産党にとってワイマール・デモクラシーは打倒の対象でしかなかった。当時のコミンテルンとドイツ共産党はブルジョア民主主義と革命の有機的関連を論理化できていなかった。

このように両労働者政党は、デモクラシー擁護を真剣に考えようとする発想をもっていなかった。両党にとって、デモクラシーの擁護という共通課題は存在せず、統一の政策的基盤となる一致点は見出されなかった。

（8） パーペン／シュライヒャー両内閣と政変

⑴ パーペン内閣

１９３２年6月1日に発足したパーペン内閣は、「男爵内閣」（das Kabinett der Barone）の異名をもつ貴族・官僚からなる超然内閣であった。議会の支持基盤はわずか７％にすぎず、ますます大統領の信任とその権力に依存せざるをえなかった。しかもこの時点では、反革命内部における擬似革命派と権威主義的反動派の勢力は伯仲していた。例えば、西川正雄氏によれば、32年４月の大統領選挙におけるヒトラー支持票は全体の約37％、ヒンデンブルク53％であったが、後者には社会民主党支持票20％を含むことを考慮に入れれば、両勢力はほぼ均衡していたといえる。*49「ハルツブルク戦線」は、大統領選挙を契機として分裂状態にあった。

フランツ・フォン・パーペンは、今回国防相として入閣したシュライヒャーに推されて首相となったのであった。*50シュライヒャーは、いわば傀儡首相を押し立てて自己の戦略目標を実現する第一歩にしたいと考えていた。シュライヒャーがめざしたのは強力な大衆的基盤をもつ大統領内閣、すなわちヒンデンブルクとハルツブルク戦線との結合のうえに、国防軍の主導する民族主義的独裁政権を確立することであった。彼はナチスを十分コントロールできると考えていた。しかし、バーペンとシュライヒャーの両内閣は、いわばシュライヒャーの危機管理戦略が半ば成功しつつも破産へと向かうプロセスでしかなかった。

パーペンは、ヒトラーの支持をとりつけるために突撃隊（ＳＡ）の禁止令を撤回し、７月20日には前述のプロイセン・クーデターを決行した。32年７月の選挙はナチスが37・３％を獲得し第一党へと躍進した。パーペンはナチスを抱き込もうとしたが、その工作は失敗した。パーペン内閣のもとで、彼の出身階層であるユンカーの政治的発言力が増大した。ユンカーのために東部救済事業を強化した場合、独占資本（その分派）の利益を犠牲にせざるをえなかった。６００万人以上の失業者を有するドイツにおいて、工業生産や輸出貿易等をまったく無視するわけにはいかなかった。権力ブロック内部の対立は激化した。パーペンは復古主義的な権威主義的国家をめざしており、当面の解決策として国防軍の力を背景に帝制復帰のクーデターを計画（構想）したようであるが、これには肝心のシュライヒャーが反対した。彼の反対は、クーデターの際にナチスと共産党が同時に蜂起する危険性があることや外国の反応を考慮したためだといわれているが、要するにパーペンがシュライヒャー自身の構想と異なって自主的に行動することに反対であったのである。かくして、パーペンは11月17日に政権を投げ出した。

(2) シュライヒャー内閣

クルト・フォン・シュライヒャーは危機感をつのらせながら、自ら組閣した。シュライヒャー内閣は1932年12月4日に成立したが、わずか56日間にすぎない超短命内閣であった。彼は「社会的将軍」(Sozialer General) と称された。ナチス左派および労働組合と提携することによって、再軍備の推進と恐慌克服策を結びつけようとした。これがいわゆる「対角線連合」(Querverfindungen) 構想である。[*51]

シュライヒャーの対角線連合構想を支持したのは、経済界では輸出工業資本家であった。重工業資本家は、労働組合をも引き入れようという彼の冒険にそもそも反対であった。ユンカーは、シュライヒャーの社会的な諸計画と彼の労働組合との接触について不満であった。さらに彼らは、東部救済事業に関する疑獄事件の発覚を恐れていた。当時の噂では、その基金の一部が政治資金として、パーペン、フーゲンベルクさらにヒトラーへも流れたのではないかといわれていた。[*52]

重工業資本家とユンカーは前首相パーペンをかついで、シュライヒャーとは異なるナチスを含む戦線構想を押し進めようとしていた。パーペンはシュライヒャーの追い落としを図った。

(3) ナチスの危機とヒトラーの方向転換

1932年11月6日の国会議員選挙の結果、ナチスは後退した。彼らは200万票と34議席を失った。また地方選挙においても、11月13日のリューベック他6市、12月4日のチューリンゲン州、12月8日のアルスドルフ等において著しい後退がみられた。それは反ファシズム運動の前進とともにナチ党内の事情が大きく作用していた。党内では、第一党になったにもかかわず政権掌握に失敗したヒトラーに対する不信任の空気が生まれていた。すでにナチス左派のグレゴール・シュトラッサーが脱党し、経済分野の指導者だったフェーダーが経済政策に反対して脱落していた。党員大衆のなかにもヒトラー不信の雰囲気が広がっていた。資金は欠乏していた。

このようなナチスの危機のなかで、ヒトラーは方向転換（Hitlers Schwenkung）を余儀なくされた。また方向転換したことによって、選挙資金がナチスへ流れ込んだ。その転換とは、ナチ一党支配からハルツブルク戦線の政府の容認への移行であり、資本と国防軍とユンカーへの譲歩と妥協を意味した。

ヒトラーは1933年1月4日、銀行家シュレーダーのケルンの別荘で、パーペンやルールの重工業資本家と会談した。さらに2月20日には、フェーグラー、クルップ、ポッシュ、シャハトのような有力な財界人たちと会談した。彼らは、11月選挙でナチスが最初の後退をしたのに対して共産党が着実に前進したことに体制的危機感を抱いていた。ケルン会談以降、ナチスの党勢は再び上昇に転じた。1月15日のリッペの選挙は、32年7月のそれには及ばないものの、かなり好調であった。ナチスにとって復調の示威的効果は大きかった。[*53]

最後の瞬間においても経済界はなおナチズムに対する根深い警戒心をもっていたので、ナチスは先の疑獄事件をネタに支配層を威嚇するといった相互牽制を行った模様である。[*54] ヒンデンブルク大統領は1月30日、ヒトラーに組閣を命じた。

(9) ヒトラー内閣と労働者階級の敗北

1933年1月30日、政権の座についたヒトラーは、初めは閣内少数派として出発した。閣内のナチ党員は首相のヒトラーと内相フリック、そして無任所相ゲーリングの3人だけで、他は副首相のパーペン、国家人民党のフーゲンベルクなど旧型の反動政治家であり、彼らはヒトラーをコントロールすることができると考えていた。しかし、ナチスはひとたび政権を掌握するや、国会放火事件(2月27日)を契機として、3月23日「授権法」(Ermächtigungsgesetz. 正式名「人民と国家の苦難を除去するための法律」)を制定し、議会制民主主義を実質的に廃棄して、共産党(3月9日)、労働組合(5月)、社会民主党(6月22日)の禁止・解散を断行した。同時に、他方ではブルジョア諸政党も、また最右翼の国家人民党に至るまで解散した。7月14日、ナチ党のみの存続を認める「政党新設禁止法」が公布された。このような旧型反動政治家の想像をはるかに超えた「強制的同質化」(Gleichschaltung)の進行は、広範な大衆の政治化を背景とした「下から」のナチ大衆運動を中核とするファッショ化のダイナミズムの力によってもたらされた。

1933年1月30日に開かれた最初の閣議において、首相ヒトラーは共産党をただちに禁止することには反対した。そのような措置がゼネストと内乱を引き起こすのを恐れたからである。2月1日、ヒトラーは「現政府に対抗する、組合から共産党に至るまでの統一戦線が形成されようとしている模様だ」と述べ、反ファシズム統一戦線の形成を警戒した。[*55] これは、ヒトラーが統一戦線の力やそれに基づくゼネストの力をどのように評価していたかを示すと同時に、急激なデモクラシーの破壊がそれらを導き出すことを十分認識していたことを物語っていた。

ドイツ共産党は1月30日、社会民主党、労働総同盟などに、成立はしたがまだ固まっていないヒトラー政権を打倒するためのゼネストを提案した。同党は「公然たるファシスト独裁の新しい内閣は、勤労大衆とドイツ労働者階級に対する紛れもない宣戦布告である」[*56] と訴えた。社会民主党は翌31日に声明を発表し、ヒトラー内閣が「労働者階級の敵」であると規定した。しかし、同時に、「我々は憲法に基づいて闘争を遂行する。我々はいかなる攻撃に対してもあらゆる手段を用いて、憲法と法律に明記されている国民の政治的・社会的権利を擁護するであろう。……この決定的闘争のためにすべての力が準備されるべきである」[*57]と述べた。社会民主党は、憲法の規定に望みをかけて共産党のゼネスト提案を拒否し、3月5日に予定された国会選挙の結果を待つという態度をとった。社会民主党幹部は、社共の統一行動によるヒトラー内閣打倒のゼネストが合法政府に対する非合法的反逆であるとの非難を受けることを恐れたのであった。

この社会民主党の態度決定は、ドイツにおける反ファシズム闘争の発展にとって決定的なブレーキとなった。なぜなら、1932年11月の国会選挙で示されたように、ナチスの1170万票（得票率33％）に対し、社会民主党の724万票（同20％）と共産党の598万票（同17％）とを合わせれば1322万票（同37％）となり、反ファシズム勢力が当時においても優位に立っていたからである。他方、ナチスはまだ単独では内閣を組織する力はなく、ナチス体制は固まっていなかった。このときに社共統一のゼネストが実現すれば、ヒトラー内閣の打倒は不可能ではなかった。

社会民主党幹部は社会民主党および労働組合諸組織の合法的存続を図るため、ヒトラー内閣の現実へ適応しようとした。3月23日、社会民主党党首ヴェルスは国会の開会に際して、ナチスをなだめるため、社会主義労働者インタナショナル執行部から退任すると声明した。4月21日には、労働組合幹部がファシストの「民族労働の日」（メーデー）への参加を労働組合員へ呼びかけた。5月17日、社会民主党は、国会においてヒトラーが平和の宣誓をしたという理由で内閣の外交政策にも承認を与えた。また、社会民主党執行委員会からユダヤ人を除外するといった涙ぐましい適応の努力を行った[*58]。

それにもかかわらず、ヒトラーは5月2日には労働組合を禁止して、ドイツ労働戦線（ＤＡＥ）に吸収した。6月22日には、彼らの政策への適応に努力してきた社会民主党を「反国家的・反国民的組織」として禁止した。そして、前述の政党新設禁止法を制定した。そして、ファッショ化過程の「不可逆点」が到来し、ドイツ労働者階級は敗北したのである。

＊1　[*Die Lehren der deutschen Ereignisse* 1924: 33]

＊2　Der Sieg des Faschismus uber die Novemberrepublik und die aufgaben der KPD. in [*DMGDA* VII-2 1966: 472]

＊3　Resolution uber den Fashismus, in: *Thesen und Resolutionen des V. Weltkongresses der Kommunistischen Internationale. Moskau, vom17.Juli 1924* (Hamburg 1924). S.126.

＊4　経済恐慌の実態については、[キンドルバーガー　１９８２：１４７-２６２]。

＊5　ファシズムにおける反革命の「反」の意味については、[安部　１９８１] 参照。

＊6　[山口　１９７９：１０８-１０９]

＊7　ファッショ化過程における「上からの」と「下からの」の違いは程度の差にすぎず、両者の相違とともに同質性を、さらに同質性を踏まえたうえで相違を論ずる必要がある。その点について安部博純氏は次のように指摘する。「ファシズムが、能動的であれ受動的であれ、あるいは自発的であれ擬似自発的であれ、なんらかの形の大衆の支持を基盤とする独裁体制であり、大衆の尨大なエネルギーを動員するためのシステムである限り、『下からの』のモメントなり要素なりを全く欠いてはファシズム体制は成立しえないし存続しえない。また逆に、『下からのファシズム』といっても、ファシズムが資本主義体制を危機的状況から救出するための戦闘的反革命形態である以上、『上からの』要素つまり既成支配層の支持・協力ないし宥和的承認なしに実現しうるものではない。そもそもファシズムが『権力を奪取した』ことは一度もないのであって、ファシズムが大衆運動を背景に『下からの』権力を奪取したようにみえる場合でも、つねに『上から権力をあたえられた』にすぎないのである。したがって厳密な意味では、丸山(眞男)氏も指摘しているように、『下からの』ファシズムはありえないのである。このようにみると、『上からの』、『下からの』といってもそれはあくまで相対的なものであって、『上からの』要素と『下からの』要素とどちらがより強いかという『程度の差』にすぎないのである。」[安部・石川　１９８５：17-18]

＊8　プーランツァスはファッショ化過程を次の4つの段階に区分する。①ファッショ化過程の「開始点」から「不可逆点」に至る時期、②不可逆点からファシズムの権力掌握に至る時期、③権力の座についたファシズムの第1期、④ファシズムの安定期 [Poulantzas 1973: 67-68; プーランツァス/田中訳　１９８３：47-48]。プーランツァスのいう不可逆点の意義と問題点については、[安部・石川　１９８５：95-99]。

＊9 「特殊な政治危機」に関連して、［田口 1979：73-79］、［加藤哲郎 1986：186-199］。
＊10 ファッショ化過程の諸段階と反ファシズム統一戦線成立の可能性との関連については、［石川 1985：101以下］参照。
＊11 [Bauer 1967: 153]
＊12 Ebenda. S.158.
＊13 国防軍と社会民主党の関係は［山口 1967：68］を参照されたい。
＊14 ［加来 1983］参照。
＊15 大連合内閣の協調可能性およびこの時期の共和国安定化の可能性については、［平島 1984］参照。
＊16 [Bahnme 1965]［石川 1979a：71-78］
＊17 ［篠原 1986：306-307］
＊18 以上の叙述については、[Bracher 1971: 257-462]［山口 1983：284-288］を参照した。
＊19 [Bracher 1971: 778]
＊20 [*Statistisches Jahrbuch* 1931: 301; 1932: 298]
＊21 1930年末から31年初頭にかけての反ファッショ大衆運動については、［星乃 1981・2007・2009］を参照されたい。1930年代の反ファシズムのポテンシャルについて同氏から多くの示唆をいただいたことに感謝の意を表したい。
＊22 *Die Rote Fahne*, 27. Januar 1931.
＊23 *Die Rote Fahne*, 10. Mäez 1931.
＊24 *Die Rote Fahne*, 24. Januar 1931.
＊25 *Die Rote Fahne*, 21. Januar 1931.
＊26 労働者の反ファシズム運動がドイツ共産党の方針を部分的であれ転換させた例としては、中部工業地帯の小州（50余万人）であるブラウンシュヴァイクにおける経験が存在する。同地においては、1930年9月選挙の際にナチスが大躍進を遂げた。同月、同州には、チューリンゲン州についで2番目にナチ党員の入閣した州政府が成立した。ナチスは州政府を抑えているという気安さから労働者へのテロルを強めた。さらに州警察がそれを容認したため、ナチスの非合理主義的大衆運動は同地で特に活発化した。このような状況において、ブラウンシュヴァイク労働者の反ファシズム共同闘争は高揚し、その力は社共両党をして市議会での議長選挙をめぐる院内共闘を成立させた（詳しくは［星乃 1983］を参照）。
労働組合は恐慌のもとでますます弱体化した。これは何よりもまず、多数の積極的な労働組合員が除名されたこと、労働組合指導者の態度に反発した労働者が脱退したことの結果であった。労働総同盟は1929年末には500万人足らずの組合員をもって

いたが、31年末には４１０万人に減っていた。同じ期間にキリスト教労働組合も約９万５千人の組合員を失い、31年末には58万人の組合員をもつだけとなった。ヒルシュ＝ドゥンカー労働組合には、この時点では約18万人の労働者が組織されていた。したがって、労働者総数の３分の２以上は労働組合に組織されていなかった［*Geschichte der deutschen Arbeiterbewegung* 1966, : 273］。

＊27　［Milatz 1966: 766-770］

＊28　これに対して共産党は、ヒトラー・ファシズムの出現を脅しとして、金融資本に対する現実の闘争から大衆を遠ざけようとする「社民左派」一流の策動だと受け止めていた。

＊29　［Pieck 1972: 188］

＊30　*Die Rote Fahne*, 26. Mai 1932.

＊31　［*Die Antifaschistische Aktion* 1965: 363-363］［*Geschichte der deutschen Arbeiterbewegung* 1966: 341］［Vietzke, Wohlgemuth 1966: 266-268］

＊32　山口定氏は「（１９３２年）５月から７月の初めまでのおよそ２カ月足らずの期間は、１９２０年のカップ一揆の時を除けば、ドイツにおいて労働者戦線の強力な統一が実現できるかに思われた唯一つの時期であった」［山口　１９８３：37］と指摘されている。この指摘に賛成であるが、本文で触れたように、労働者大衆の自然発生的な統一への動きを考慮するならば、期間としてはもう少し前からとる必要があるように思われる。

＊33　［*Die Antifaschistische Aktion* 1965: 172］

＊34　Ebenda, S.185-186.［上杉　１９６９：83］

＊35　［*Geschichte der deutschen Arbeiterbewegung* 1966: 585］

＊36　Aus dem Leitartikel des "*Vorwärts*" vom 17. Juli 1932.

＊37　［Matthias and Morsey 1960: 144］

＊38　クノーリンの電報については、［Bahne 1976: 25］。

＊39　Ebenda, S.26.

＊40　［Kuusinen 1933: 74］

＊41　Ebenda, S.70.

＊42　Ebenda, S.63.

＊43　これらの議論については、［富永ほか　１９７８：２０６-２０８］参照。

＊44　*XII. Plenum E.C.C.I., Theses and Resolutions*, London, o. J., pp.28-30.

＊45 [Kuusinen 1933: 63]

＊46 *Guide to the XII. Plenum E.C.C.I., Material for Propagandists, Organisers, Reporters, Training Classes*, London, o. J., pp.15-18.

＊47 １９３２年９月〜10月には１１００件のストライキがあり、11月３日には２万人のベルリン交通労働者のストライキが行われた。

＊48 ドイツ共産党員の変動は、恐慌の期間中かなり大きいものであった。ピャトニツキーの報告によれば、１９３０年に14万３千人が入党し、９万５千人が脱党した［Bahne 1976: 16］。

＊49 ［西川 １９６７：１０２］

＊50 ヒンデンブルク大統領をめぐる宮廷的陰謀政治が、シュライヒャーを中心として行われていると強調する文献として、Walther Schotte, *Das Kabinett Papen — Schleicher — Gayl*, Leipzig, 1932.

＊51 この点については、［栗原 １９８１：４１９-４３０］参照。

＊52 当時の新聞論調については、［今中 １９３３、31-36］参照。

＊53 [Bracher 1971: 614-619]

＊54 例えば［山口 １９８３：３１９］参照。

＊55 [Mathias 1960: 159]［マティアス／安世・山田訳 １９８４：２８６］

＊56 Aufruf der KPD zum Generalstreik vom 30. Januar 1933. in ［*Geschichte der deutschen Arbeiterbewegung* 1966: 441］

＊57 *Vorwärts*, Januar 1933

＊58 ［レイプゾン、シリーニャ １９６６：50］

第Ⅰ部のおわりに

１９２０〜39年の「危機の時代」における統一戦線（運動・現象）の軌跡を若干ながらみてきた。実は、この第Ⅰ部で扱ったヒトラーへの敗北後も、ファシズムからの防衛をめざした人民戦線がフランスやスペインなどで展開された。さらに第二次世界大戦中・後もレジスタンスや民族独立をめざす民族解放統一戦線などの豊富な経験がある。それらは戦後世界の形成に大きな力を発揮したのであるが、残念ながら、紙数の関係でそれらに触れることはできない。だが、第Ⅰ部でみた時期の範囲においても、次のような点が明らかになったのではないだろうか。

１　統一戦線の成立には客観的条件が作用している。「統一」を可能にした基底的条件は、大衆の「危機感」であった。

２　統一戦線は、いわゆる「前衛党」の政策や指導がない場合でも、自然発生的に成立することがある。

３　統一戦線を目的・意識的に追求する政治勢力（政党・労働組合・グループ・個人）の活動の積み重ねと客観的条件との絡み合いのなかで、統一戦線は生まれる（統一戦線という現象）。

４　統一戦線には、地域的、部分的なものから、一国全体をカバーするような様々なタイプが存在する。

５　よく知られている「反ファシズム統一戦線」という常識には反するが、ファシズムが本格的に台頭し、ファッショ化が進展したところ、特にドイツ・イタリア・日本では統一戦線は成立しなかった。

６　ファッショ化と関連するその前段階である「反動化」の段階においてのみ、「反ファシズム統一戦線」は成立した。

７　ファッショ化過程には、統一戦線の成立を不可能にする「不可逆点」が存在する。

8　戦間期（第二次大戦後もしばらく続くが）においては、統一戦線は「プロレタリア革命」の戦略・戦術（それも「ソヴェト型革命」という枠内での発想）のなかに位置づけられている場合が多かった。戦後も相当長い時間をかけて、その発想から脱したのである。

9　統一戦線における「抵抗」（防衛）から「革命」への移行はきわめて困難である。それをどのようにして可能とするのかが今日の課題である。

10　政党や政治的党派であればそれぞれ主義主張が違うのはあたり前で、闘争時に自らの勢力拡張を課題とし追及するのは当然といえよう。しかし、スペイン市民戦争期（1936〜39年）でみられたように、「統一」の維持を目的として、それに無関心な勢力に対して、スターリンはソ連国内で行っていた大量弾圧方式をスペインにも ち込んだ。「統一」（という名で）が多様性を否定した事例である。

11　統一戦線が本来の多様性の「統一」であるためには、政党や政治的党派や個人の間で、「統一」の論理と倫理をしっかり踏まえた「統一戦線」の思想と文化が生まれる必要がある（［石川・中村尚樹 2020］を参照）。

12　現代統一戦線論は、この時期（1920〜39年）の経験のなかから、原点に立ち戻り見えてくるものをしっかりと受けとめたときにこそ、今日においてその力を発揮できると考える。

政党別得票率と連合の形態

（単位：%）

国会選挙	KPD (USPD) 共産党 (独立社会民主党)	SPD 社会民主党	DDP 民主党	Z (+BVP) 中央党 (+バイエルン人民党)	DVP 人民党	Bourg. Splinter 農村住民党など	DNVP 国家人民党	NSDAP 国民社会主義ドイツ労働者党（ナチ党）	Not Voting（その他）
1919年	7.7	37.8	18.6	20.0	4.4	1.6	10.3	・・・	17.3
1920年	20.0	21.7	8.3	18.0	14.0	3.1	14.9	・・・	21.6
1924年Ⅰ	13.3	20.4	5.8	16.7	9.2	8.2	19.4	6.6	23.7
Ⅱ	9.2	26.0	6.3	17.5	9.9	7.3	20.4	3.0	22.3
1928年	10.7	29.8	5.0	15.2	8.6	13.0	14.3	2.6	25.5
1930年	13.1	24.6	3.7	14.8	4.6	13.8	7.1	18.3	18.6
1932年Ⅰ	14.3	21.6	1.1	15.7	1.1	3.0	6.0	37.1	16.5
Ⅱ	17.0	20.3	.9	15.1	2.0	3.5	8.5	33.0	20.0
1933年	12.2	18.4	.8	14.0	1.0	1.5	7.9	44.2	12.1

出所：David Abraham, *The Collapse of the Weimar Republic Political, Economy and Crisis*, Princeton, 1981, p. 32.

注1：実線（——）で囲まれているのは連立政党。

点線（……）での区分は、左派（労働者）政党、中間政党、右派政党。

2：1924年Ⅰ（同年5月）・Ⅱ（同年12月）、1932年Ⅰ（同年7月）・Ⅱ（同年11月）の国会選挙を示す。

第Ⅱ部

現代日本において統一戦線は可能か

第1章

現代統一戦線への序章――「戦後70年」と安倍政権

本稿は2015年2月28日、久留米大学御井学舎で行われた最終講義（原題「戦後70年と安倍政権――現代人民戦線論への序章」）を常体文（である調）にし、最小限の加筆・修正を施したものである。

はじめに

今日のテーマを「現代統一戦線への序章――『戦後70年』と安倍政権」としている。私の教員生活最後の講義に、いわば遺言として、「植民三世」から戦後70年がどう見えるのか、そして新しい統一戦線の必要性と可能性を中心に話したいと思う。同世代の方も参加されているが、私には「植民三世」として、「うしろめたさ」と「こだわり」がある。そのことをまず率直に申し上げたい。

今日のポイントは3つ。①安倍政権の歴史的な位置について。安倍晋三政権は、日本・ドイツ・イタリア（日独伊）のファシズムという戦前の体制を戦後の今日になっても肯定している初めての政権であるが、それがなぜ今日出てくるのかということとその意味について、②ファシズムについての概念が混乱しているなかで、ファシズム概念について、③権力の暴走を阻止するためにはどうすればいいのか。私は統一戦線を若干ながら研究してきた、その立場から新しい統一戦線について述べてみたいと思う。今日において統一戦線、人民戦線にリアリティがあるのかと思われている方も多いと思う。歴史的経験によれば、統一戦線には人々の主観を超えた「成立の客観的条件」がある。それはいつでも現れるわけではなく、一瞬しかそういう可能性は現れない（統一戦線現象の特徴）。歴史的にみれば、ファシズムが本格的に作動し展開したところでは、それはできていない。はたして現代日本の場合はどうなるのかを話したい。

（1）「戦後70年」の起点

(1) 敗者の帰還と「大日本帝国」「満洲」の崩壊

私は3歳の頃、「敗者」として日本に帰還した。生まれた中国東北部・大連の記憶は一切ない。大分県の臼杵駅で母方の祖父に「よう帰ってきた」と抱き上げられびっくりしたのを覚えている。それが私の人生での最初の記憶だ。今から100年あまり前の1911（明治44）年に、祖父母が大連に渡った。祖父は大分県佐伯市（当時は大分県南海郡佐伯町）の小学校の教員で、父親は1906（明治39）年大分県で生まれ、満洲に渡り大連で育った。私は1944（昭和19）年10月、敗戦の前年に大連で生まれ、敗者として、母・祖母・叔母の3人とともに日本に帰還した。父はシベリア抑留中に死亡、その10年後に死亡通知がきた。

「戦後70年の起点」について、重要なことで今欠落していると私が思うのは、「帝国としての自覚の薄さ」、帝国の記憶が国民の記憶として欠落、喪失していることだ。大日本帝国の版図《はんと》は、日本国内（当時は内地といわれていた）、樺太、千島（ここも内地）、朝鮮、台湾（これらは外地）、「満洲国」（傀儡国家）、そして関東州（外地）、南洋群島（最後は米軍の占領下におかれた）であった。1945年8月15日の玉音放送は、占領中のところを含めてこの版図の全部の領域で流れたようである。玉音放送にあった「忠良ナル爾臣民」は、放送の瞬間に内地にいる日本人だけになってしまった。このことに触れた本（加藤聖文『「大日本帝国」崩壊—東アジアの1945年』中公新書、2015年）で著者の加藤さんは「国体護持をめぐる対立の中で、帝国臣民は一度も顧慮されなかった」（同書ii頁）と指摘している。いったいこの帝国がどれだけの犠牲者を生み、どれだけの犠牲を東アジアに押し付けたのかという記憶が忘れ去られてしまったのだ。

例えば、310万人の日本人、あるいは2千万人のアジアの人々が犠牲になったというが、敗戦時に在満日本人は155万人、私の生まれた大連があった関東州には23万人の在留日本人がいた。そして在満の犠牲者・死者は約24万5千人である。うち満蒙開拓団では8万人が死亡している。この中には私と同じ年頃の子どもたちがたくさん含まれていた。満洲での民間の犠牲者24万5千人という数は、東京大空襲とか広島・長崎の原爆をしのぐ数なのである。私が虚しくなるのは、死者を「数で括って」平気になっていること、そういうことに慣れてしまっていることだ。死者を数で括ること自体が非常に暴力的な行為ではないだろうか。亡くなった一人ひとりに名前があり人生があったはずなのに、数で割り切ってわかった気になっている。今日参加の中村さんの世界は、ここらを大事にきちんとすべきだということから始まっていると思う（例えば、中村尚樹『被爆者が語り始めるまで—ヒロシマ・ナガサキの絆』新潮文庫、2011年）。

(2) 日本の近代化の結果としての「大日本帝国」

「帝国」の最先端は「朝鮮」「満洲」であったと思う。帝国主義的膨張の結果としての対外危機をどのように解決したか、そのなかにファシズム的な解決策の特徴が現れている。日本の侵略・膨張が帝国主義一般のそれではなく、昭和期に入ってファッショ的帝国主義に転化したことを意味しているのが、次の3点である。

① 「満蒙は生命線」というスローガンは、「生存圏」——ナチスのレーベンスラウム（国家が自給自足を行うために必要な、政治的支配が及ぶ領土）の概念と同じ——の考えも出ているし、東亜新秩序から大東亜共栄圏に至る新秩序建設を推進し、世界再分割協定そして世界新秩序協定としての日独伊三国同盟、一言でいえば「世界再分割の幻想」にとらわれたファシズム的行動であったといえる。

② 「新秩序」を実現するための戦争を正当化する「聖戦」という考え方。

③ 軍国主義の極限化のなかでの国民義勇隊結成による兵営国家化、そして総力戦体制の恒久化としての国防国家

〈安部博純「日本にファシズムはなかったのか」『日本近代史の虚像と実像』大月書店、1989年参照〉。

これらは安部博純先生から教わったことであり、安部先生との共同研究で勉強させてもらったことである。残念ながら先生は本年（2015年）1月10日に亡くなられた。ファシズムに進む安倍晋三グループに立ち向かうには〈安部博純ファシズム論〉が最も有効だと私は思っている（今回はその有効性を論ずることができないのは残念だ）。

(3) ファシストの「夢」とその抵抗者たち

「帝国」の最先端「満洲国」と地理的な意味での満洲（中国東北部）については、戦後の東アジアの政治と不思議な因縁があると思う。今の東アジアの世襲政治家――安倍晋三首相、朴槿恵韓国大統領、金正恩朝鮮民主主義人民共和国第一書記、習近平中国国家主席――はみんな満洲絡みなのである。彼らの父親もしくは祖父である岸信介、朴正熙、金日成、習仲勲（習近平の父）。金日成は金正恩の祖父、朴槿恵は朴正熙の娘、安倍晋三は岸信介の孫で、4人とも満洲と深いつながりがある。朴正熙は満洲国軍人で、日本陸軍の中尉。1972年には日本の明治維新を参考にして「維新憲法」を作り強権的政治を行った。1965年には日韓基本条約を締結したが、そのときに満洲人脈が大いに活躍したといわれている。金日成は当時の国境地帯で抗日ゲリラ活動をしたことで、金一族が現在の同国を統治する正統性に結びついている。習仲勲も日中戦争や国共内戦中に、満洲を中心に人民解放軍で活躍した。こういうことが満洲をめぐり東アジアの現在の世襲政治家たちの不思議な因縁となっている。これが何を意味するのか、いろいろな解釈があると思う。

例えば岸信介。革新官僚で満洲国の高官。後に東條内閣の商工大臣になるが、満洲国で大日本帝国のファッショ的帝国主義の「夢」の部分をデザインし、国家改造をやろうとした。しかし途中で挫折して、1945年9月に戦犯容疑者として逮捕され、アメリカの対日政策の転換、米ソ冷戦の深化のなかで不起訴となった。57年からは日本の首相になって、日米安保条約の改定をした。より対等に近い日米関係の再構築をすることが、将来の憲法改正や軍備増強、自前の軍隊の保持、安保改定の前提としてあった。日本帝国が復活するには、それが必要だと考えていたのだと思う。

ところが1960年の安保闘争によって、憲法改正まではいくことができなかった。いけなかった。祖父のやり残したことを実現するのが自らの使命として、母方の孫である安倍晋三氏が登場する。この使命が晋三氏のエネルギーになっている。なお、満洲国には影の部分がある。例えば満洲国とナチスのアヘンの問題、それがGHQとの関係でどうなったかについては、熊野直樹（九州大学教授）さんが出された研究（『法政研究』81巻3号、2014年12月）に詳しい（その後、熊野直樹『麻薬の世紀―ドイツと東アジア　1898―1950』東京大学出版会、2020年として出版）。

「もう一つの満洲人脈」というのがある。一人ひとりを説明しないが、山田洋次さん（映画監督）、なかにし礼さん（作家）、高野悦子さん（岩波ホール支配人）、澤地久枝さん（作家）、宝田明さん（俳優）、北沢洋子さん（国際政治学者）、孫崎享さん（元外務省国際情報局長）等、これらの人は満洲生まれか育ちかで因縁がある。

例えば山田洋次さんは、1931年大阪府生まれ、満洲に渡って戦時中に大連一中で学んでいる。『毎日新聞』のインタビュー（2015年1月9日夕刊）でこう言っている。「旧満州での日本人支配層のくらしは豊（か）だった。中国人が凍死する厳冬ででもセントラルヒーティングの住宅でバターにチーズ、パンにハムなどの豪華な食事が普通だった。」「植民地の収奪の上に僕らの豊かなくらしがなりたっていた。日本人がどれほど中国人を侮辱していたのかを肌感覚として覚えている。少年時代の僕たちは無意味に差別し、時としてなぐったりもした。戦後、大連や長春を訪れて、昔知っていた人たちがここにいると思うと、申し訳ないという気持ちがするんだよね」。ふわっとした形の国際感覚があり、庶民の生活を重要に思い、平和と憲法9条を大切にするという監督の思想的背景には、こういう満洲体験があるのではないかと思う。

岩波ホールの支配人をしていた高野悦子さんは1929年生まれ。澤地さんはその次の年の生まれで、4歳で満洲に渡っている。孫崎享さんは1943年奉天の鞍山市の生まれで、同じような、満洲で生まれた人間の雰囲気を感じる。こういう形で「もう一つの満洲人脈」というものがあると思う。

私は「植民三世」の立場から、最初に言った「うしろめたさ」「こだわり」がある。「植民地支配」「侵略戦争」「心からのお詫び」は、首相談話で問題になるときのキーワードだが、植民地支配というのは、満洲の事例でもわかるが、侵略戦争とはいわない。しかし、政府関係の様々な審議会の座長などを務める北岡伸一（国際大学学長）氏——日中共同研究の報告書を日本側の代表として執筆されている——も「報告書で日本が侵略したことを認めたことを批判する声があった。しかし、日本が侵略したことは自明」と述べている。「侵略の概念がわからない」とか「国際的に定まっているわけではない」、安倍首相はそう言いたいのだろうが、歴史の事実は否定できない。そこは、私が特にこだわり続けるところだ。

そして、「うしろめたさ」が戦後の日本でいつの間にかなくなった。それがいつなのかを研究している方がいれば教えていただきたい。いつの間にかなくなって、うしろめたくないようになってしまった。過去のことは自分の都合のいいように解釈し「そうひどくなかったんだ」というふうになってしまっている。「自分が心地いいものを信じたい」ということもわからないではないが、私は70歳となったひとりの人間として、そこはゆるがせにできない。

（2） 安倍政権登場の意味

(1) 70年という時間の長さ

明治維新から70年といえばすごく長い。60年でも昭和初め（2年）の山東出兵、70数年で敗戦、これで1サイクル。そう考えると、今年は戦後70年だから、戦後すぐにあった英知や記憶などいろんなものがなくなっていく。初代がなくなり、継いだ2代目もなくなり、もう3代目。なくなるのがおかしくない70年という時間である。「曖昧な70年」ということもいわれるが、その1つの原因は、国家原理とは何かということが関係していると思う。

大日本帝国は、敗北と同時にアメリカによる占領を通じて、アメリカ帝国の内部にサブシステムとして組み込まれていった。そこをなるだけ隠したい、曖昧にしたいというのが支配層にはある。そういうなかで3つの異なる国家原理によって日本は動かされている、と武藤一羊氏が整理している〔武藤 2011〕。私もそう思う。

① アメリカ帝国への忠誠原理（日米安保、日米同盟至上主義、属国的行動）

② 憲法の原理、特に平和主義

③ 帝国継承原理、すなわち大日本帝国のアジア侵略、戦争行為を正当化し、栄光の過去であるとみてこれを復権しようとする、まさに岸信介に象徴されるような考え

③に関する私の体験をお話しよう。戦前の右翼の思想家が福岡に来るからというので、紹介してくださった方が「3人で飯を食べて話を聞こう」となった。ところが、その右翼の思想家がこっそり福岡に来るというのを知って、某市長や某学長、福岡の経済界の人たちが「一緒に話を聴かせてもらえないか」ということに。こんなことを心のよりどころにしているのか、と私は愕然としたが、こういうことが日本社会のなかにずっと存在している。

こういう③の原理が1990年半ばに、表面に出てくる。帝国原理を立て直そうとする動きだ。この時期、まさに安倍晋三氏が初当選をし（1993年）、右翼のプリンスとして、この帝国継承原理とは何かというエリート教育を、その後の自民党のリーダーの何人かと一緒に徹底的に受けるのだった。

日本の保守政治家は通常、官僚から政治家になるか、早稲田大学の雄弁会とか、地方議員出身とか、派閥で「雑巾がけ」をして上がっていく。ところが、安倍晋三氏などはそういう「養成課程の学校」ではないところから来ており、別途に徹底的にエリート教育を受け、1995年以降、帝国継承原理を意識した勉強会で徹底的に鍛えられているのである。

では、なぜそういう潮流が出てきたのか。冷戦が崩壊し、社会党・総評ブロックが弱体化していく。ソ連崩壊、

社会主義の理想が解体するなかで、95年には村山社会党委員長が――村山談話は頑張って出したと思うが――安保、自衛隊を承認する（これは、社会党が日本の帝国主義化阻止の闘いに敗北したことを意味する）。先ほど2番目にあげた平和主義が揺らいで混沌としてきている、そういうときこそがチャンスであるし、今ここで帝国継承原理をきちっとやっておかねば、ということで、「新しい歴史教科書をつくる会」とか「日本会議」の結成、「救う会」（北朝鮮に拉致された日本人を救出するための全国協議会）などが出てきた（ちなみに、たくさんの政策が必要ななかで、なぜ首相は「救う会」の青いバッジだけをつけているのか。あのバッジだけは帝国の犯罪を忘れて「日本人がまるまる被害者である」ことを主張できるからではないだろうか）。

政治研究者として思うのは、小選挙区制がどんな役割を果たしているのかということだ。小選挙区制が導入されて20年、この間に7回くらい総選挙があったが、このなかで自民党の性格が変わっていった。一言でいうと自民党中央の力が強くなり、議員は執行部寄りにならざるをえなくなった。少し前までは自民党は「保守総連合」的な性格があったが、そういうものがなくなって、モノカルチャーになってしまった。以前は派閥に力があったが、派閥の力が小選挙区制を通じて弱まっていった。派閥解消はいい面だけではない（派閥の力は弱まったといえども、まだその後も継続されている）、特に自民党にとっては。だから、安倍さんほど経済においても大企業を儲けさせることが政府の経済政策の第1の目標だと言ってはばからない首相は、歴代、誰もいない。このようにモノトーン、モノカラーになって、そして中央を握っているから、みんな「ちょっとどうかな」と思っても賛成せざるをえないという構造ができあがっていった。

(2) 安倍政権がめざすもの

安倍晋三氏がいう「戦後レジームからの脱却」には3つある。1番目は、岸信介が途中で破産させられたものを自分が受け継いで、今度は改憲にもっていく。2番目に、第1次安倍内閣は崩壊したが、その反省、そこでの宿題をやり遂げていく。1番目と2番目は重なるが、3番目は、将来のものとして日本帝国の復活、「対米自立」をめざしていく。しかし、それは幻想で、従属帝国主義の枠を超えることはきわめて困難で、夢に終わるだろうが、ある人々にとっては夢としての効果はあると思う。

(3) ファシズム概念とは

では、ファシズムというものをどう考えればいいのか。古代から存在する軍国主義、帝国主義とどう違うのか。軍国主義や帝国主義は古代から世界史に登場するが、ファシズムは新しい現象で、たかだか第一次世界大戦後に出現したものである。それは「大衆の時代」を背景とするだけに、大衆の情念、なかでも大衆の劣情を組織した極反動の思想、運動、体制であった。いうまでもなく、1930年代、40年代、それがつくりあげた日独伊などのファシズム体制は民主主義を否定し、管理、監視の人民支配と世界再分割をめざした戦争への動員を進めたが、それらのことを行った体制であった。ファシズムが打ち立てた体制は、国家論的にいえば　民主主義と異なる国家形態レベルの変化を伴うものであったと私は考えている。

ただ最近、ファシズムへの傾向のなかには「新しい」ものがあるのではないかといわれている。確かにそのとおりだ。『21世紀のグローバルファシズム』(木村朗・前田朗編著、耕文社、2013年)という本では、「新しい」ものやグローバル資本の動向といったものの中にファシズム的傾向があるという。確かにあるのだけれど、なんでもかんでもファシズムではないと思う。ファシズムは癌と同じだ。前癌症状と癌は区別して対処する必要がある。難しいのは、例えば、「鵺(ヌエ)みたいな全体主義」が私たちを取り込んでいる、「笑顔のファシズム」「熱狂なきファシズム」、これが新しいファシズムの形態、特徴だといわれると、「なるほど」「そうだな」となるが、よく考えたら「鵺のような全体主義」といっても、鵺がよくわからないわけだから、「鵺のような全体主義」とどう闘えばいいのか、よくわからない。「熱狂なきファシズム」で本当にファシズムになりうるのか。つまり、大衆のもつ劣情をどこかで引き出し、それを独特の政治プロセス、政治力学に取り込んで力を出すのがファシズムであって、どこかに熱狂はいるのではないか、瞬間的でも。それがどうなっていくのか。後で出てくる「不可逆点」との関係で重要だと思う。

日本の場合、ある「できごと」が非常に危険だと思う。今、日本の国民の半分は安倍さんのような復古的な考えに賛成していない。そして安倍さんの進もうとする方向も、復古と最先端のグローバル資本の要求とがミックスされたもので、国民の大半は賛成しているのではなく、半分は賛成、半分はおかしいと思っている。そういう状況を突破するには、ある「できごと」を起こせばいいのであって、それは「参戦」だと思う。意識して「参戦する」のではなく「参戦」、つまり何かの拍子に戦わざるをえないような現実をつくっていくことだ。国際的な紛争でもいいし、テロへの対応でもいい、とにかく参戦することなのである。戦争をしないことを日本は70年やってきた。たとえ一部でもいいから参戦という事実を作れば、既成事実として追認するだけといえる事態が出てくる。「憲法を変えるべきかどうか」という大きなところからいくと、ものすごく拒否反応が強い。ところが、人が殺されて参戦して、これを事実上、「緊急避難、正当防衛みたいなやり方でやりました」と言う。こういうことが次々起こってくるので、「いっそのことすっぱり変えましょうよ」となる。集団的自衛権から解釈改憲まですんなり認めざるをえない雰囲気になってくる。戦闘が起これば、必ず熱狂が伴ってくる。2人とか3人が殺されただけで、国民世論は大きく動くので、一定程度「大変なことだ」という事態が起これば、国民世論は冷静さを失って熱狂というものが出てくる。それが意図してできるのか、あるいはたまたま状況としてそうなったのかというのは、なってみなければわからないが、そういうところを私は警戒すべきではないかと思う。

(3) 新しい統一戦線への可能性

(1) 歴史のなかの統一戦線と「新しい統一戦線」

安倍晋三政権のめざしているのはファシズムに非常に近いと思うが、それでも本当にファシズムになるには、普通の反動化過程とさらに狭義のファッショ化の段階を踏むことになる。そこに行く結節点に「不可逆点」というものがある。安倍政権は反動化過程をファッショ化へと進ませるプロセスをばく進しているが（第Ⅱ部第2章では「半クーデター」と表現）、今は不可逆点以前の状況だと考える。

どうすればその到来を阻止できるのか、私は「新しい統一戦線」にその可能性を見出したい。歴史のなかの統一戦線、人民戦線はどんなものだったのか。ユナイテッドフロント（統一戦線）というのは、一般的には自由、平等、平和、つまり人間らしく生きるための価値追求の運動をいう。これは歴史的には第一次世界大戦前後に生まれたが、初めは労働者階級を中心とした諸組織、個人が世界観や政治上の基本原理などの相違を前提としながら、当面する重要にして緊急な課題と共通の目標を掲げて、共通の敵に対して共同の戦線を構築して戦おうとするものだった。

では、人民戦線（ポピュラーフロント・ピープルズフロント）とどう違うのか。組織的な主体として、労働者階級を中心に想定するのではなくて、あらゆる諸階層、人民を結集して主体の幅を広げたものを人民戦線、と今まで呼んできた。私が歴史的経験としてひきつけられたのは、1920年のカップ・クーデターに対する統一戦線という現象で、若い頃にこの問題に魅力を感じて研究を始めた。

1200万人が結集した統一戦線（と当時はいったが、人民戦線かもしれない）の力によって、ワイマール共和国は1933年までもちこたえたのである。でなければ〝1920年にワイマール共和国は崩壊した〟と歴史の教科書に書いてあるはずだ。実は1923年には反ファシズム統一戦線ができて、初期ナチズムを粉砕している。これにも私は非常に興味をもったが、九州大学の熊野さんなどがより正確に実証的に反ファシズム統一戦線の実態があったことを明らかにしてくれている（熊野直樹「『ファシストの危険』・反ファシズム統一戦線・労働者政府――１９２３年ドイツにおける社会主義とファシズム」［熊野・星乃 ２００４］所収）。

ただ１９２０年、23年はそういう結集ができたが、肝心なとき、つまりドイツでは32年から34年までは反ファシズム統一戦線はできなかった（第Ⅰ部第3章参照）。フランス、スペインではできたのだが。日本では１９３７（昭和12）年12月から翌年にかけて、「人民戦線事件」というでっち上げられた弾圧事件はあったが、人民戦線は戦前の日本には成立しなかった。

戦後、１９５０年代、70年代になると様々な意味での統一戦線運動が出てきた。革新自治体運動が大都市を席巻し、人口の4割近くまで革新自治体が広がった。社共共闘を中心とした革新勢力の統一戦線運動だった（社会党、共産党という労働者政党中心の同質性の大きな統一だった）。しかし、統一戦線という言葉は90年代になると死語になってしまい、そのことを研究していた人も次々にやめられた。「お前、まだそんなことにこだわっているのか」と言われことも。要するに、労働者組織がガタガタになって力を失ってきたから、統一戦線や人民戦線も現実感がなくなる。ただ福岡県では、１９８０年代まではまだ統一戦線、革新統一が組まれており（評価は分かれると思うが）、83年に奥田八二さん（九州大学教授）が県知事選で勝利し、全国的にみて「遅咲きの革新統一」と呼ばれた。[*1] 若者の多くは「知事とかを決めるのは九州電力等の経済界でしょ」と思っているが、以前はそうではなかった。

１９６８年の米軍板付基地撤去闘争。これは九州大学に米軍ジェット戦闘機がつっこんで炎上したことを契機に起きた闘争だが、九州大学、市議会、県議会の全会一致での撤去決議と市民、労働者の大きなうねりがあり、米軍基地は撤去された。アメリカの戦略が変わったからと思っている人もいるが、そうではなくて、これは大衆運動がアメリカ政府と日本政府を動かしたのだ。アメリカの公文書館に当時の状況判断の文書があるが、それを読むと、アメリカ大使館とアメリカ国務省が、このままつっぱっておれば70年の日米安保条約継続問題に大きな影響を与えるということで、「移転させた方がいい」と分析している。この基地撤去闘争は「保守、革新を超えた強い福岡県民の運動」と捉えられており、それをアメリカもよくみていて政策転換に繋がった過程がよくわかる。[*2] こういうことがあまり知られていないのは残念だ。

しかし、「新しい統一戦線」というのは、そういうものの単なる復活ではない。「主体の転換」、つまり多くの無党派の労働者・市民が自主的に結集するという新しい主体形成である。現に「あの時代に戻させない」ためにということで結集している。あるいは「脱原発」の一点で結集するという動きが、かつて以上に出てきている。私はそれに注目している。目標をどこにおくかについては、結集した人々の民主的な討議のなかで、ここまでは一致してやろうということになってくる。かつて一時代、組織と組織がぶつかり合ったときは、コミンテルン型の多数派工作を重視することがあった。それも意味がなかったわけではないが、そういうタイプとはまったく違う新しい結集の動きが出てきている。沖縄は、地域的な保守も革新もある一点で集まって（オール沖縄）、それが状況を動かしているという点で「地域的な統一戦線」だと思う。

(2) ドイツでなぜヒトラーに敗北したのか

私がここで教訓として強調したいのは、ドイツで反ファシズム運動の側がなぜヒトラーに敗北したのかということだ。一言でいえば、ドイツの左翼に油断や甘い判断があったから。ドイツは労働者運動のメッカだが、それがなぜ負けたのか。当時の労働運動、社会運動のリーダーたちにとっては考えられないことが起こったのである。

ヒトラーは（安倍首相と同様に）論理的ではないが、「ノリと大ぼら」がある。「大衆は小さな嘘より大きな嘘の犠牲になりやすい。とりわけそれが何度も繰り返されたならば」という、例のあの方法だ。ドイツの当時の左翼、社会民主党と共産党は「よりによって伝統と名誉あるドイツ労働者階級は、最後の最後には騙されることはない」という自信があった。１９３２年当時のドイツ共産党の情勢認識は「ドイツは革命前夜」というものであった。ナチズムが上昇してきたときに、大衆レベルから「反ファシズム統一戦線をつくれ」という強い要求があって、「やはり反ファシズム統一戦線は必要だ」となりかけた。ここが、今後日本で起こるだろうことと似ているのではないかと私は思うのだが。32年11月にナチスはそれまで倍々ゲームで得票を伸ばしてきた選挙で、200万票ほどガクンと得票を落としたのである。

このとき――歴史の巡りあわせが悪いというか――、「反ファシズム統一戦線をつくらねば危ない」と防衛に傾いていたドイツ共産党も、「そんな防衛的なことに力を入れていたら革命が遠のく」、「革命の可能性を追求していくのだ」というコミンテルン（第3インタナショナル、世界共産党）の方針に従っていくことになる。それで、コミンテルンの悪名高い「社民主要打撃」論――「革命近し」となれば、革命に直面して動揺する、またこれまでもそうであったように裏切る、そういう勢力に主要な打撃を与えることが必要という理論――を忠実に実行していったのだった。「反ファシズム」はやめて、「革命前夜」という情勢評価のもとに行動する。今からみれば、スターリン主義的方針がとられたのであった。

日本でもこれから起こると思われるが、安倍政権が国民の支持を失ってきたときに、（保守勢力から）「安倍政権を支えなければ、これからどうなるか」、「人民戦線的なものが出てきたら目もあてられない」、「だから安倍さんを支えねばならない」（安倍政権は現実には、コロナ禍で自壊し、さらに安倍氏自身が凶弾に倒れたが、後継政権がその路線の継承を模索している）、こうした議論が必ず起こってくると思う。

当時のドイツでも起こってきたのである。「ナチスは落ちていく。ヒトラーは口先だけで、実際は何も獲得できてないじゃないか」、そういう議論が起きてきて200万票を減らしたのだった。そういうなかで好戦的な財界の一部、金融資本家や軍需産業などが動き出す。「このままヒトラーが衰退していいのか」と。ヒトラーはヒトラーで「ナチが単独で政権をとる」ことに固執していたのが、「連立政権でもいい」となる。ヒトラーを首相にして、他に2人しかナチの閣僚を入れない。そうすると、お膳立てをした方は「これでヒトラーをコントロールできる」、つまり1933年1月、「少数派内閣」としてヒトラー政権ができたのである。選挙で議席を大きく獲得して第1

党となり、そのまま内閣を組織できるようになったという平板なものではなかった。旧型の反動政治家、そしてこれが大きかったと思うのだが、官僚が根回しして内閣ができた。そのため「ヒトラーは操り人形」という位置づけをされていたのである。

第1回の閣議で、旧型の反動政治家が「共産党が100議席にもなっている。これをたたいて、すぐに非合法化してはどうか」と主張すると、ヒトラーはこう返した。「いや、そういった急激な弾圧をすると、政府に対抗する、社会民主党から共産党、労働組合に至る結集が行われるという情報もある。統一戦線が結成されたら、ややこしいことになる。だから、あなたたちがいうようにすぐに共産党を非合法化して上から押さえつけるのは危険だ。もう少し様子を見てうまい手をとろう」(この会話の部分は私の想像)。つまり、ヒトラーは統一戦線とゼネストの力を知って、非常に恐れていたのである。そういう意味では、政治的嗅覚をヒトラーという政治家はもっていたといえる。そこで、ドイツ国会議事堂放火事件(1933年2月27日)で危機感を煽って、翌月3月23日、それに対抗する「全権委任法」を成立させて、憲法はそのまま、かつ骨抜きにしていったのである。

この流れのなかで、ナチスが政権についたことで火がついたのがナチスの大衆運動である。つまり「熱狂」だ。非合理主義的な大衆運動のなかで、共産党禁止をはじめとして次々に手を打っていった。偶発事件であれ、でっちあげであれ、それをうまく利用して弾圧したのがドイツのケースであった。あれだけの労働運動のメッカだったドイツで、手も足も出なくなったのである。このことは先にも触れたが、日本でも警戒が必要だ。戦前、日本はファシズム体制ができて戦争に突入したのではない。戦争に突入していくなかで、ファシズム体制が徐々に形成されていったのである。これが日本的特徴なのだ。この点、先ほど述べた「参戦」ということには、気をつけなければならない。

(3) 今、日本で

今、日本では、「あの時代に戻さないために」という形で、胎動のような動きが起こっている。「脱原発」やその他の課題を加えて、自主的・主体的に参加する運動が活発である。

憲法をめぐる動きでも、このような胎動を確認できる。「憲法9条の改定」に賛成する人々のなかでも、安倍晋三首相がやろうとした、第96条の先行改憲で突破しようとするのは「裏口入学だ」と批判して、「立憲主義を守れ」と主張する人々が公然と声を上げてきている。自民党や民主党の元の幹部、改憲派であった憲法学者、元防衛庁の幹部や内閣法制局長官経験者……　従来なら保守といわれていた人々からも「それはおかしいのではないか」という批判が相つぎ、それを軸に結集しつつある。大衆的危機感が生まれている。若い人たちのなかには改憲の危険性に気づかない人も多いが、極右の主張は国民の半分以上の支持は得られていないと私は思う。世論調査でも半々に分かれている。これが、安倍政権の最大のジレンマだ。国民の支持を半分も得られていないのだから。

そういうなかで、ローカルレベルでは沖縄の運動に注目が必要だ。「オール沖縄」ということで、自民党の幹部だった人や沖縄の地域政党、共産党などが結集して地域的な統一戦線ができている。このことをさして、(中国革命時の)「国共合作(国民党・共産党の提携)ではないか」と心配する保守派の人もいるそうだが、こうした新しい動きが日本全体に広がるのかどうか、非常に注目すべきことだと思う。

おわりに

最後に一言。2001年に次のように述べた方がいる。元・駐中国大使の中江要介さんである。「私は悲観論者です。いずれ若者は戦争に引っ張られ、酷い目にあって、やはり20世紀の反省が足りなかったと思いつつ、やがて22世紀を迎えることになりはしまいかと思っています。戦争に負けて、せっかく反省のためのいいチャンスだったのに、アメリカに助けられたために、苦難の道を知らず、痛みを感じることが少ないままに経済大国になってしまい、戦争に対して甘くなってしまった」（『世界』2001年9月号、38頁）。

これが書かれた2001年には、まだ今日のような事態は想定できていなかったわけだが、見通していた人もいたのである。私は楽観論者ではないが、こうはならないよう努めたい。つまり、戦前は「一君万民」だったが、戦後は、言い換えると憲法体制が70年続いたのは、アメリカとの関係もあったが、「立憲万民」だったからだと思う。もちろん、今の憲法がすべていいというわけではない。第1条が「国民」でなくて「天皇」だという問題もある。そして「憲法は未完のプロジェクトだ」という言い方もある。「未完」なのだ。だから、憲法が生きる日本社会と国際社会をつくることが、一言でいうと、「立憲万民」の課題なのではないか。そのためには、何といっても安倍政権の暴走をくい止めなければならない。「パンドラの箱」を開けてはならない、70歳の私はそう思う。

＊1 「座談会　第11回統一地方選の結果をどう読む―新保守主義路線の破綻と新しい政策・運動への渇望」出席者：加茂利男・高橋進・石川捷治『住民と自治』自治体問題研究所、1987年7月（通巻291号）。

＊2 『「九大紛争」資料集―年表・米国国立公文書館所蔵資料等』第2年度（平成27年度）報告書、『地域社会と戦後学生運動―九州大学を中心に』（科学研究費補助金基盤研究(C)代表：折田悦郎）、2016年3月。

初出：『反戦情報』2015年3月号（366号）・4月号（367号）
『ちょっと待って!!―久留米から考え中』大学院石川ゼミ（久留米大学）2020年2月、6-17頁。

第2章 「戦後80年」の現時点——「半クーデター」政権の崩壊と現代統一戦線の可能性

はじめに

第1章は2015年2月の講演であったが、それから約10年の時間が経過した今日の時点における同テーマのその後の展開について、述べたい。

戦前よりも戦後の時間が長くなった今日（明治維新から敗戦の1945年9月2日まで77年、戦後は80年）、日本の政治はポスト安倍・菅（岸田そして石破）の新しい政治サイクルに突入している（「新しい」のかどうか、どのように新しいのかが問題だが）。「新しい戦前」という雰囲気のなかで、私たちは現時点をどのように捉え、どう立ち向かったらいいのか。今日の課題を考えてみたい。

（1） 日本における「半クーデター」政権の登場

安倍・菅政権は尋常ならざる政権であった（安倍晋三内閣第1次　2006（平成18）年9月～07（平成19）年8月、安倍第2次～4次内閣　12（平成24）年12月～20（令和2）年8月、菅義偉内閣　20（令和2）年9月～21（令和3）年10月）。通算約3500日にも及んだ政権だった。

戦後の保守政権とどこが違うのか。決定的な違いは「半クーデター」政権という性格にあった。「強権政治」「私物化」「立憲主義からの逸脱」等の同政権への批判の声はその性格から必然的に生まれたものである。

安倍政権は2014（平成26）年7月の集団的自衛権行使容認の閣議決定を開始点として、上からの「戦争できる国家」への強制転化をめざす「改憲半クーデター」に乗り出した。クーデターの概念には、物理的強制力（軍事力）による強制と政権奪取のイメージをともなうので、正確には「半クーデター」である。半は半熟あるいは半分の意味であるが、軍事力動員の代わりに、官邸主導、官僚人事権、マスコミ統制、警察・司法の恣意的運用などの強制力をフルに利用し、半クーデターのもつ政治的風圧が社会と民衆を萎縮させた。憲法学の石川健治氏（東京大学教授）、憲法・政治学の金子勝氏（立正大学名誉教授）なども、安倍政権の動きをある種のクーデター（憲法クーデター）であると論じていた。[*1] しかし問題は、その実態と政治力学をどのように全体的に把握するかである。半クーデターという概念は、政治学の概念としては成熟していないが、議会制民主主義のもとではむしろこちらのほうが反動化の主流ではないかとも考える。

今回の日本の半クーデターの特徴として、以下の5点が挙げられる。

①「上から」の違憲・違法行為が堂々と権威主義的に進行したこと。

②日本独特の「曖昧さ」と真綿で首をしめるような形で進行したこと。そのためジャーナリズム等の批判を封殺する効果があった。例えば、政権内部の暗闘が垣間見えたケースとして、放送法の解釈をめぐっての官邸（安倍総理、磯崎総理補佐官）およびそれに連動する高市早苗総務大臣と総務省・同官僚との対立が小西洋之議員（立憲民主党）により内部文書を用いて明らかにされた。[*2]

③「上から」と「下から」（統一協会、勝共連合、日本会議などの運動団体と右派論壇を中心にした雑誌・新聞・放送などのマスコミ）の絡みで進行したこと（ただ、まだうまく絡み合ってはいない。つまり、絡み合いの政治的ダイナミズムが全面的には発生していない）。

④「半クーデター」政権の目標が国民に明示されず、曖昧にされている。その目標は客観的にいえば「安保ファシズム」の樹立であると想定される。[*3] 安保ファシズムとは、一般的にあまり通用していないが、世界的なポスト冷戦の時代転換にともない、日米安保体制を基盤にした「戦争のできる国家」をつくることだ。アメリカに従属

しつつ、大日本帝国への復古の願望、危機管理のテクノクラートの焦り、米日の軍産複合体の利益拡大や軍事官僚の野望などが複雑に混ざったところにでき上がる政治体制（新しいファシズム）であり、国内統合の内容は「従属軍事国家とデジタル・ファシズム」が中心に位置するといえよう（詳しくは、後述の岸田政権のところで触れる）。

⑤　周辺に小さなクーデターを惹起する性質がある。小池百合子氏の「希望の党」の出現や安倍総理の突然の辞任（平野貞夫氏のいう「自己クーデター」）などがそれである。

「改憲クーデター」の弱点は、突破口の閉鎖への動きであった。クーデター勢力が改憲の実現とファシズム体制への転換で現実的突破口として期待をかけていたのが、朝鮮半島有事や尖閣などでの軍事衝突の発生（最近にわかに出てきた「台湾有事」の発生も）などにともなって自衛隊が「参戦」することであった。「有事」の発生はすべての懸案を一気に解決するからである（ロシアのウクライナ侵略、中東におけるハマスとイスラエルの軍事衝突は、そのような事態には繋がらず、まだ間接的関係と捉えられている。しかし、日本のこれからの役割をめぐる危険性については後述したい）。

（2）「半クーデター」政権の崩壊

第1次、第2次（以降）の安倍政権は、戦後レジームからの脱却、「日本を取り戻す」を合い言葉に、上からの「改憲半クーデター」に乗り出した。その際イデオロギー的に前面に出ていたのが復古路線であったが、その政権は新型コロナ禍のなかで自壊した。問題は「倒れた」のであって、政権反対勢力が「倒した」のではないことである。倒れた後、推進勢力の中心でマスメディア、刑事司法などを統制し人事権を濫用する軍師的役割を担っていた菅義偉氏が半クーデター政権のリリーフ役を買って出た。

菅政権の最初の仕事は日本学術会議の会員任命拒否であった。菅義偉政権は拒否の理由を明らかにしていないし、できない。菅政権がこだわるのは、大学に軍事研究を行わせることを阻んでいるのが日本学術会議であるという認識が根底にあるからであろう。半クーデター政権の論理は、アメリカへの従属のもとにおける大日本帝国の原理的復権であり、ファシズム的観点からする多様性の排除である。戦争の反省から生まれた日本学術会議は廃止・変革すべき筆頭に位置づけられるべきものであった。強権をもって異論を許さない権力の論理と学問の自由の論理が真っ向から対決しているのである。

半クーデター政権は明文改憲には失敗したが、軍事体制（日米共同）をほぼ完成させ、東アジアの脅威の一部となっている。[*4]「暴走」の底流には、アメリカへの従属原理とともに、帝国継承原理――大日本帝国のアジア侵略、戦争行為を正当化し、栄光の過去であるとみて、これを復権しようとする戦略――があった。本来、「戦後日本帝国主義の復活」の問題と絡めて論ずるべき問題と思われるが、今日そのような観点からの研究はほとんど存在しない。[*5]

「上から」は、議会制民主主義の軌道から意識的に離脱する行動がとられた。一方「日本会議」「勝共連合」「統一協会」などの市民運動が、「上からと下から」を同時進行させている。半クーデター政権がめざすものは、かつての「大日本帝国の継承」の原理の復権と同時にグローバル資本の支配確立である。

朝鮮半島の変化や沖縄の闘いは、有事発生を阻止する方向に作用していた。東アジアの平和的な展望を切り開く意味では、沖縄、韓国、北朝鮮、そしてアセアン諸国の非戦条約（ＴＡＣ）や、北東アジアの非核・非戦地帯の創造などが重要である。[*6]

半クーデターは今日までは未完に終わっている。ただ注意すべきは、クーデター推進勢力が窮地に陥ったときこそ危ないということだ。それは後で言及する統一戦線勢力の分断への行動にもすでに現れている。推進勢力が死に物狂いになるだけでなく、助け舟を出す勢力が出現するからである。いま自民党（と公明党）は、これまで成功した「擬似政権交代劇」で前政権の反省・総括なしに、犯罪をともなった「深い闇」をそのままに転進を謀っている。

(3) 岸田政権の位置と「安保ファシズム」(従属軍事国家とデジタル・ファシズム)への道

(1) 「危機管理」路線

岸田文雄氏は2021年秋の自民党総裁選では、政治の転換を期待させるメッセージを発した。「新しい資本主義」を標榜した。しかし岸田政権は、2021年10月の発足から1年あまりは「何もしない内閣」と揶揄されてきた。だが22年夏以降、安倍国葬強行を契機に独断専横に転じ、22年末には軍事費激増、原発稼働全面推進、大増税示唆等の「危機管理」路線への強行突破へと舵を切った。危機管理は安倍政権のもと、新型コロナ禍のなかでショック・ドクトリンの実践として始められたものであった。

「安保ファシズム」は2つの顔をもつ。1つは「復古」の顔であり、もう1つは「超現代(超管理)」の顔である。復古はイデオロギー的臭いの強いものであるが、主として自民党安倍派が担った。しかし安倍晋三氏本人の突然の不在により挫折し混迷状態にある。さらに、「下から」の草の根右翼運動の一翼である「統一協会」のオカルト的・反日的性格が暴露され、自民党との深い癒着関係が明らかにされたことの影響は大きい。統一協会の反日的性格は、安倍派がこれまで口を酸っぱくして批判してきたそのものであり、利用できるとはいえその統一協会と提携関係を結ぶのは、熱烈な安倍支持者にとっては裏切りにも等しい行為だった。また、「裏金」をめぐる政治とカネの問題は、これまでの自民党支持層からも失望と批判の声があがり、自民党の「生存システム」そのものへの打撃となり自民党自体が窮地に陥っている。他方、「超管理」はアメリカ・バイデン政権の全面的支援のもと、岸田首相がバトンを握りしめている。ただ、半クーデター政権と同じ政治的プロセスに突入しているわけではない。半クーデター政権の後継者たらんとしてはいるものの、半クーデター政権崩壊の後遺症の大きさに影響されているとともに、「超管理」そのものへの国民の不安と懐疑の目を前にスムーズには進行していないのが現状である。

ファシズム研究者の山口定氏は、1970年代後半の時点で「同じく『反動化』といっても、それを推進しようとする勢力には、過去の『古き良き時代』への回帰を目指す復古主義的反動と、保守的支配層の主流の立場から現代的な『危機管理』の体制を構築しようとする動きのなかで新たなタイプの反動化の道に足をふみいれようとしている、いわば現代的反動の二つがあり、さらにそのそれぞれについて比較的穏健な形態と急進的な形態とがある」と整理した。そのうえで、「心情主義的な復古主義的反動や、不況打開を軍備の増強に期待する資本家的反動と並んで、『危機管理者』たちのいらだちともいうべき最も現代的なタイプの反動の発生源が存在する」と指摘した。[*7]今日においてこそ重視すべき点であろう。岸田政権は現代的なタイプの路線にのって暴走しようとしている。

政治学の境家史郎氏は、現時点の日本政治を「ネオ55年体制」と評価する。それは日本政治が「元いた場所」に戻っただけではなく、保守政党が政権担当能力イメージを独占し、野党が断片化しているという従来の体制が再現するもとで、戦後民主主義か軍国主義かが改めて問われる状況になったという。[*8]

(2) デジタル社会と自治体――「デジタル・ファシズム」の一側面

「戦争する国家」への移行は、自治体を大きく変貌させることにならざるをえない。それは地域にデジタル化の波をもたらし、自治体の自主性を失わせる。政府はデジタル資本主義による日本経済の復活・成長を図るとしているが、自治体に対しては、公共サービスの産業化、公務員の半減化を狙っている。[*9]

「監視資本主義」(Surveillance Capitalism)という言葉がある。ハーバード・ビジネススクールのショシャナ・ズボフ教授は、この資本主義は「私たちに関する情報の流れを自動化するだけでなく、私たちを自動化する」と指摘している。そこでは、デジタル技術の使用により、政府は容易に国民や住民を監視し(watch)、監督する(supervise)ことが可能となる(監視社会から「監視国家」へ)。そして同時に、監視国家に適合する自治体に転形(transformation)させられる。現在政府が推進する「デジタル田園都市国家構想」(2021年10月)は、その第一歩となる危険性を秘めている。住民は、平時においての行動変容を実質的に強制され、有事においては指示される対象となる。マイナンバーカードが監視国家への一里塚とならないよう警戒を強める必要がある。

地方自治法改正案が2024年5月30日衆議院を通過、6月19日参議院本会議で成立した。この改正案では、政府が「国民の安全に重大な影響を及ぼす事態」が発生し、または「発生するおそれがある」と判断すれば、国が地方自治体に指示できる「指示権」を新たに導入するというものである。これまでの地方分権改革の歩みを否定するだけでなく、憲法が保障する地方自治の根本に関わる問題でもある。戦前、「団体自治」「住民自治」がなかったことが、政府が戦争体制を国の隅々まで貫徹させる要因になったことはよく知られている。アメリカの戦争に日本の自治体を動員するために使われる可能性が、この改正で強まったといわざるをえない。

(3) 岸田政権の従属軍事国家化への突進

岸田政権は、安倍国葬以来、それまでの静観路線から強引とも思える突進路線に転換した。その背景に何があるのか。アメリカの岸田政権への評価と支援を見落としてはならない。岸田文雄首相は2024年4月、日本の首相としては9年ぶりに国賓待遇でアメリカを公式訪問し、日米首脳会談や連邦議会上下両院合同会議での演説を行った。バイデン大統領は「過去3年間で、日米のパートナーシップは真のグローバル・パートナーシップへと変貌を遂げた」(記者会見)と述べ、岸田首相も「日本はかつてアメリカの地域パートナーだったが、今やグローバルなパートナーとなった」(議会演説)と強調した。ここでいわれている「グローバル・パートナー」は、今回が初出ではなく、グローバル協力(2015年)から始まり、安倍政権時に言及されたものの、トランプ政権では強調されずに、バイデン大統領になって具体化された概念である。この日米グローバル・パートナーとは、日本がアメリカの世界戦略に地球のあらゆる場所で協力するという意味であるが、アメリカの世界戦略のなかで日本の役割への期待が急速に高まっている証左でもある。いうまでもなく日米軍事同盟の大変質といわざるをえない。

「国力のあらゆる手段、領域、あらゆる状況の事態を横断して戦略を完全に整合させ、共に目標を優先づけることによって、同盟をたえず現代化し、共同の能力を強化する決意を表明した」（2022年1月、2プラス2・共同発表）。この決意のもとに、アメリカ・国家安全保障戦略（2022年10月）と日本・「安保三文書」（2022年12月16日）が策定された。まさに軌を一にした日米の戦略的協力である。岸田政権は「安保三文書」において、統合抑止という政策を打ち出した。これは、軍事だけでなく、非軍事すなわち経済、科学技術、情報までを含めて一体で抑止をしていくというものである。抑止の主要対象国は中国と北朝鮮であり、ロシアであろう。

岸田政権はこれらの戦略方針のもと、2024年度に軍事費8兆円（23年度から5年間に軍事費を43兆円増額し、27年度軍事費をGDP2%とする計画）の大軍拡予算、次期戦闘機の共同開発・武器輸出のための条約、自衛隊の統合作戦司令部創設、辺野古基地建設の強行、南西諸島の軍事基地化、経済秘密保護法、地方自治法改悪、食糧供給困難事態対策法などを実行した。このような日本の事態は、逆に「仮想敵」とされている国々からは、「日本がどのようなときに戦争に打って出るのかは不明だが、どんどん軍事体制・戦闘力を強化している。戦前の経験を踏まえれば、日本はやるときはやるという前提で準備しておかねばならない」と考えていることを想起すべきだろう。

岸田首相は「外交の岸田」を自負しており、アメリカ・バイデン大統領の強い後ろ盾に自信をもっていたようだ。さらに、もしトランプ政権ができた場合にも、自分でなければ彼とは渡り合えないと考えていたのではないだろうか。支持率の低下にもかかわらず、アメリカの支持を強気の根拠としていると思われた。だが、その岸田氏が石破茂氏と替わり、2024年秋の大統領選においてトランプ氏が次期大統領に決定という結果とも絡み、流動的な状態が生じる可能性も否定できないが、それでも日米の基本路線は大きくは変化しないと考えられる。

(4) 統一戦線をめぐる今日的動向

(1) 危機感と統一戦線へのベクトル

2015年以降「あの時代に戻させない」と多くの人が立ち上がった。戦前のファシズムを肯定する安倍首相

（当時）の動きは、人々に大きな危機感を生んだ。15年の安全保障法制、略して安保法（「戦争法」）反対運動以降、様々な人々の「統一」へのスイッチが入った。「孫を戦争に行かせない」（シルバー世代）、「命と暮らしを守りたい」（女性）などの人々がまず結集した。そして国会前に集まった人たちから「野党は共闘！」という力強い声があった。それらの声を背景に、「市民連合」（安保法制の廃止と立憲主義の回復を求める市民連合）という、政党や労働組合ではなく、個人が自らの意思で参加する組織が全国に生まれた。コロナ禍にあっても、緩やかな連帯は進展した。野党だけでなく市民が立ち上がり、共闘体制を構築している。その経緯を振り返ろう。

２０１４年末、「戦争させない・９条壊すな！総がかり行動実行委員会」（総がかり行動）が結成され、その呼びかけで安保法制反対、立憲主義回復を一致点に、60年安保闘争以来55年ぶりに、民主党・日本共産党・社会民主党などの野党による共闘が成立した。国会を取り囲む運動の盛り上がりだけでなく、各地でその地域の運動を土台にした共闘が成立したことが、この戦争法反対運動の特徴といえる。

そして、市民連合のイニシャティヴによって選挙共闘も進んだ。２０１６年参院選では32の１人区で共闘が成立し、11の選挙区で野党共闘候補が勝利した。「一点共闘」から「市民と野党の共闘」へと進んだ。そして、16年参院選、17年総選挙、19年参院選の３回の国政選挙、19年の統一地方選、各種首長選挙を通じて、共闘は進展した。19年の参院選において、市民と立憲野党は13項目（最初は４項目）の共通政策を掲げ、31の選挙区で統一候補を立て、結果は10勝22敗であったが、改憲勢力が３分の２を取ることを阻止した。地域では、これまでにない統一の形態が生まれていた。例えば19年の新潟選挙区では、県から選出されたすべての国会議員に加え、立憲民主党、国民民主党、日本共産党、社会民主党、新社会党、緑の党、連合にいがた、市民連合@新潟、立正佼成会などで構成された選対本部が確立した。まだ弱いながらも地域レベルにおいて「統一」への磁場が形成され始めたのであった。

目を国外に転ずると、統一戦線という意識は薄いが、２０１０年代以降、様々な社会運動・大衆運動が展開されていた。11年２月エジプトでの民衆運動が独裁政権を打倒、５月スペインの15Ｍ運動、９月ニューヨークの

「ウォール街を占拠せよ」運動、14年3月の台湾立法院を占拠した学生たちの「ひまわり運動」、同年9月香港の「雨傘運動」、16〜17年の韓国ソウルの「キャンドル運動」、18年11月フランスでの「黄色いベスト運動」、19年6月以降香港では容疑者引き渡し条例に反対する運動が起こった。これらは一般にオキュパイ運動と呼ばれることが多いが、社会運動・大衆運動の新しい高揚期を印象づけた。

(2)　2021年総選挙の野党共闘をめぐる総括と分岐

日本では2021年9月8日、4野党が「政党・政策ブロック」をつくった。野党としては戦後史上初の画期的なことであった。統一戦線をめざす勢力（「統一戦線」という言葉を使用しない勢力を含む）が「野党連合政府」をめざし、ようやく山頂へのアタックを試みる地点にまで到達した。[*10] 統一戦線をめざす運動の高揚期だったが、統一戦線運動としては雲の遥かかなたに頂上が見えてきたに過ぎない状況である。「70年代の遅くない時期に！」というスローガンを50年前によく聞いたものだ。いうならば50年ぶりに直面する、戦後（直後を除き）初めて経験する政治状況（「上からの」政党間の統一への動き）ともいえる。しかし、21年10月総選挙の経験は、様々な弱点と教訓を含んでいた。政治学の山口二郎氏は次のように総括する。

「今回の野党にとっての総選挙には、改憲阻止のための3分の1と政権交代のための2分の1という問題があったと思うのです。枝野さんが立憲民主党を作った。あるいはその前の安保に端を発する参議院での野党共闘、これはやはり日本的な意味のリベラル、つまり憲法九条の理念を守る、平和国家路線を守る、もっといえば自民党右派の権威主義的なものに対抗する、そうした抵抗の論理として新党の立ち上げや、野党共闘を進めてきました。だから衆議院では政権を争うための野党共闘という、次のステージに行くつもりだったわけですけれども、結論から言えば日本の3分の1と2分の1の問題の壁は大きかったということです。[*11]」

山口二郎氏は野党共闘の乗り越えられなかった壁を強調するのである。抵抗か政権交代（政治変革）かの問題は、この時点においては乗り越えられなかった重たい課題であった。「野党連合政権」は現状においてはきわめて大きな困難をともなっている。

政党それぞれの思惑の違いが出る。それが遠心力として働くことになる。安倍政権のもとでは、「敵」は明確のようにみえた。しかし、擬似政権交代の岸田政権になると事情は異なっていた。形成されかかった「統一」の磁場はエネルギーを失ったのである。

だが、今日の時点（政治資金規正法違反に関わる自民党の裏金問題が表面化した2023年11月以降）で「統一」をめぐる状況が変化する可能性もある。政党レベルにおいてみてみよう。

【立憲民主党】　野党第一党であるが、かつての日本社会党と異なる点は、野党全体を引っ張っていこうという姿勢が強くないということである。新党結成以降に、野党共闘をめぐり党内の対立が激しくなり、共闘を期待していた人々からは失望の声も聞かれた。しかし立憲の動向は今後も統一への重要な要因である。

2021年の総選挙では、共闘路線により立憲候補に一本化された160選挙区中、少なくとも75区で「当選が計算できる」とみられていたが、実際には42区の勝利にとどまった。この評価をめぐって分裂が生じたのである。[*12] 枝野幸男氏が敗北の責任をとり辞任した。彼は共闘路線を否定した。後任に泉健太氏が就任し野党共闘否定路線を強化した。22年の参院選ではさらに深刻な敗北を喫した。しかし、今日の自民党のオウンゴール的大苦境のなかで立憲の支持率も高まろうとしていた。24年4月の衆議院補選では3選挙区に公認候補を擁立し、市民と野党の共闘体制をつくりあげ、自民、維新、都民ファーストなどの候補を大差で破った。共闘へのエネルギーを回復しつつあった。東京都知事選では完敗と躓いたが、24年10月の総選挙において98議席から148議席へと躍進した。自公に対抗する政党のまとめ役としての期待が高まっているが、共闘路線の方向は揺らいでいる。草の根党員、特に若手と女性には期待できる人材がいるとされるが、党内で動けるようになるのかが問題である。

【日本共産党】　ソ連崩壊後、ユーロコミュニズムで名を馳せたヨーロッパの共産党が総崩れになるなかで、先進資本主義国中最大の勢力と100年の歴史をもつ。15年9月以降、共闘路線を強く押し出し、統一戦線への本気度と柔軟性は高く評価できる。他方で、「犠牲を払う」ばかりで、選挙において党勢が伸びない焦りも出始めている。脱コミンテルン色を全面に、左派政党としての「生き残り戦略」をめざす、新しいコミュニズムのモデルをつくれるのかが長期的課題であるが、短期的課題としては　党勢の回復と「下からの」エネルギーを引き出す国民的大運動を組織する力量を発揮できるかどうかであろう。

【社会民主党】　日本戦後政治史上、左派政党として護憲・平和勢力を引っ張った日本社会党の後継政党である。ミニ政党となり、かつての社共共闘当時のエネルギーはないものの、統一に関してそれなりの役割を果たしている。

【れいわ新選組】　ある種の「時代の気分」を掴んでいるともいえる。24年10月の総選挙において、3議席から9議席へと3倍化に成功した。独自色を出すことに主力をおいており、共闘への方向性は強いとはいえないが、状況によっては統一へと動くこともありうる。

【国民民主党】　24年10月の総選挙において、現役世代を狙って「手取りを増やす」とアピールし、議席数・得票数とも大きく前進した。自公の側から強力な政権参加の働きかけが行われている。自民へのすり寄り、維新合流、自立派の3潮流があるとされるが、どのように動くかは不明。

【日本維新の会】　野党第一党をめざして躍進してきたが、ここにきてその勢いが止まりつつある。自民別働隊の役割を果たしているが、内部の対立関係も見え隠れしてきた。

【沖縄の風】　統一をめざし、よく奮闘している。

国民民主党と連合については、野党共闘否定路線を強く打ち出している。連合は700万の組織力を誇り、主流6産別はかつての同盟の系譜を引く大企業の組合連合、野党共闘を分断するミッションを負って行動している。連合本部は当面は立憲と国民民主党との統一をめざしているようだが、労働組合である限り非主流の労働者はそのような動きをどこまで容認するのであろうか。

(3) 政党の論理と市民の論理

これまでの新しい統一戦線への努力と経験は様々な弱点があったとしても、今後の「憲法を活かした新しい日本」への政治転換の大きな力となるはずだ。このような動きは、戦前に渇望されながら、権力の先取り的攻撃・弾圧で挫折させられた「日本人民戦線」の新しい「現代版」を想起させる。[*13] ここでいう新しい人民戦線とは、かつての革新統一戦線の復活ではない。政党や労働組合などの組織的勢力が結集するだけでなく、一人ひとりが自発的に結集するのが特徴だ。戦線も確固たる組織というよりは緩やかな結集の姿になるだろう。「安保ファシズム」反対派のベクトルが同じ方向で、もう一度一致するかである。

市民レベルでは、目に見える変化が生まれている。既成政党に対する一般的不信を背景に、市民と野党の共闘においても、市民側の力がより強くなっている。市民の側にも、それぞれの政党の事情にも配慮する余裕が出てきている。市民連合は、「立憲野党の政策に対する市民連合の要望書」を提出し、いのちと人間の尊厳を守る選択肢を提示している。安倍政治の実質的継続か、それともそれに代わる新しい社会構想を携えた野党による政権交代かのせめぎ合いが展開されている。

もちろん、そのような方向に行かせないという既存権力とその政治勢力の力は絶大である。安倍政治（とその継承政権）は結局のところ、念願の明文改憲を成功させることはまだできていない。それは私たちの反対運動の成果と、国民の多くが改憲を最優先すべき政治課題とは判断しなかったことによる。ただ私たちが注意すべきは、改憲後に彼らがめざすと思われる体制、なかでも「戦争のできる国」体制のほとんどが完成していることだ。国民の世論と地域を中心にした抵抗運動がその発動を辛うじて阻止している。とはいえ、自民党への不信が立憲野党への期待へと結びついていない。むしろ、既成政党・既成政治への不信・否定に繋がっていく可能性がある。かつてファシズムを生んだ温床でもある。私たちはこのことを忘れてはならない。

(5) 現代統一戦線の条件と可能性

(1) フランスのケース(「新人民戦線」の結成)とその教訓

2024年6月初旬、5年ぶりの欧州議会選挙(EU加盟27か国で実施、比例代表制、720議席)が行われた。全体としては、保守が議席数を拡大し、これまでと同じく最大会派を維持したが、他方で極右政党が大きく議席を伸ばし注目を集めた。*14 フランスでは、バルデラ党首の率いる極右政党「国民連合(RN)」が得票率31・4%で30議席を獲得し、与党(14・6%、13議席)とフランス社会党(13・8%、13議席)に2倍以上の大差をつけて圧勝した。ゼムール党首率いる極右政党「再征服」の5議席と合わせると、フランスに割れ当てられた81議席中35議席を獲得する大躍進であった。

マクロン大統領は欧州議会選挙での敗北直後に間髪を入れず、解散・総選挙という「賭け」に出た。どのような賭けであったのか。マクロン大統領は2022年4月再選を果たしたが、6月の国民議会選挙での与党過半数割れによる絶対安定多数を失い、さらに共和党との連立もうまくいかず、「左派連合(NUPES)」と国民連合との三つ巴の厳しい政局運営を余儀なくされていた。そこでの一発逆転の方法として考えられたのが、国民議会選挙の利用だった。実は左派諸政党は、ウクライナ、パレスチナ問題で分裂状態にあった。社会党と緑の党はウクライナ軍事支援に積極的であるが、「不屈のフランス(LFI)」と共産党はNATOへの追随に反発し、パレスチナ問題でも社会党はイスラエルの自衛権を容認するのに対し、LFIと共産党はイスラエルの占領政策とガザ侵攻を厳しく批判している。マクロン大統領は、左派が分裂している今の時点なら、与党が決戦投票に持ち込めれば極右勢力の政権獲得を回避したい有権者の票を取り込め、左派も押さえ込めると考えたのである。左派に協議の時間を与えないために、投票日(第1回)が6月30日に設定されたようだ。

国民議会が解散された6月9日夜、市民団体と労働組合は、LFI、社会党、緑の党、共産党に対して、選挙での共闘を要請した。6月14日、ＬＦＩ、社会党、緑の党、共産党の左派・環境派の4党がフランスの国民議会（下院、定数５７７）選挙に向けて、「新人民戦線（ＮＦＰ）」を結成し、共通政策を公開した。この公約には経済研究者３００人が評価する声明を出し、歴史研究者千人が極右阻止の声明を出した。さらに4党は、マクロン大統領の新自由主義政策からの「完全な決別」と極右勢力と対決するために、すべての小選挙区での候補者の一本化にこぎつけた。フランスの総選挙は小選挙区2回投票制で、第1回投票で各選挙区の有効投票の過半数を得た候補者が当選を決め、決着がつかない場合は上位2候補と、登録有権者の12・５％の得票を上回った候補者が決戦投票に進むというシステムである。

6月30日の第1回投票の結果は極右政党ＲＮ得票率33％、新人民戦線28％、与党連合22％で、世論調査会社の得票予測による最終的な予想獲得議席はＲＮが２３０～３００（改選前88）、新人民戦線が１２０～２００（同約１５０）、3位の与党連合は60～１２５（同２５０）とみられていた。投票率は66・７％で前回（２０２２年）の47・５％から大幅に上昇した。ＲＮが単独過半数をとれば、第二次世界大戦後のフランスで初の極右政権の誕生となる。ＮＦＰは28％と劣勢だったが、決戦投票に向けて「極右を通すな！」と全国で市民が集会やビラ配りなどの自発的キャンペーンを繰り広げた。ＮＦＰを支えたのは草の根運動だった。１９３６年のフランス人民戦線結成のときも、その直前まで諸政党は分裂・対立関係にあった。それを結びつけたのは草の根市民の動きだった。１９３０年代のスペイン・フランス人民戦線の合い言葉「ノー・パサラン」（奴らを通すな!!）が再びフランス全土に響き渡った。それは反ファシズムの精神と文化がいまも息づいている象徴であった。

ＲＮの勝利阻止のために、ＮＦＰと与党連合が候補者を一本化した。最悪の政治を防ぐため与党・野党と市民による「共和主義戦線」（ルモンド紙）が形成されたのである。マクロン大統領はＲＮを強く批判するとともに、ＮＦＰも「極左」だとの批判を展開した。

7月7日第2回投票の結果は、ＮＦＰが１８２議席で議会最大勢力となり、マクロン大統領の与党連合は１５０

議席（改選前250）で2位に沈み、アタル首相が辞意を表明した。第1回投票で1位だったRNは3位で142議席（同88）にとどまった。投票率は66・6％だった。

マクロン大統領の「賭け」から始まった今回のフランスの総選挙は、NFPの勝利という予想外の結果を導き出した。今後も予想以上の厳しい展開となると思われるが、この経験から言えることを整理しておきたい。

① フランス国民の極右・ファシズムに対する憎悪・恐怖がいかに強いかを見せつけた。

② その共通の敵・共通の課題に対して、直前まで分裂・対立関係にあった政党・団体・個人に共闘させる力、すなわち「統一」の磁場が形成された。

③ そこで形成された「統一戦線」は人々の想像を超えた力を発揮した。

(2) 現代日本における統一戦線の条件——日本の政治的変革への可能性

反動化・ファッショ化の当面の推進役であった自民・安倍政権の「半クーデター」失敗後は失速し、ジグザグコースに突入している。「安保ファシズム」へと進むのか、それを阻止しうるのかのつば迫り合いが展開されている。これまでみてきたように、2015年以降、統一戦線推進勢力は、21年秋の総選挙、24年夏の東京都知事選と盛り上がりをみせたが、その都度跳ね返されてきた。運動の側もジグザグを歩んでいるといえる。統一戦線は、共同の課題、共同の敵に対する共同の戦線で闘おうとするものであるが、以下にその基礎的条件をみてみよう。

① 未来への危機感

国民の多くが未来への危機感を抱き始めている。このままでは未来がないと感じ始めた。特に戦争と災害への危機感である。いうならば「いのち」のための共闘・連帯の必要性である。前者については、市民社会に軍靴の音が近づいてきていることだ。現時点が「第三次世界大戦」への「新しい戦間期」なのだろうか。「新しい戦前」への漠然とした不満と心配はあるものの、喫緊の課題としての認識はまだ弱い。特に現実の戦争への危機感が薄い。その原因は、日本はあくまで受動的に・仕方なく「流されて」いると多くの人が受けとめている点にあり、その根本は過去と未来における日本の果たした／果たすであろう役割の危険性についての認識が薄いからである。まず過去については、第二次世界大戦への過程における日本の果たした役割が十分認識されていない。アジアでの戦争に火をつけ（1931年・満洲事変）、ヨーロッパでの戦争とアジアの戦争を結合させて（41年12月8日の対米英宣戦布告・アジア全面侵略開始）で、文字どおりの「世界大戦」とさせた。そしてファシズムの侵略戦争を最後まで戦い「敗戦」（45年9月2日）に至った。敗戦直前には「核戦争」と「日ソ戦争」まで導き出している。

その結果として日本国民は、世界で最も「平和」を希求する人間（当時最先端の「普遍性」がある）とならざるをえなかったのである。「平和」とは、「全世界の国民が、ひとしく恐怖と欠乏から免かれ、平和のうちに生存する権利を有する」（日本国憲法前文）こと、つまり戦争の原因そのものを取り除くということだった。しかし、この「憲法平和主義」は制定の当初からアメリカと日本政府によって裏切られたが、戦争の苦い経験と記憶をもつ国民の多数に支持された。この国民意識が、日本の従属帝国主義国としての復活を遅らせ、阻止する大きな要因となった。しかし戦後も80年近くが経過すると、戦争の経験や記憶に依拠できない新しい世代が登場するなかで、「戦争する国家・従属軍事国家」（全分野・地域の軍事化）、デジタル・ファシズム、戦争する街づくりに、いかにして抵抗していくのかという問題がある。

未来に関していえば、これからの日本が果たそうとしている役割――アメリカの中国包囲戦略による「台湾有事」での日中戦争、対朝鮮戦争の露払い役（アメリカの要望・従属帝国主義）、「かまし犬」の役割など――で、またもやヨーロッパあるいは中東とアジアでの戦争をリンクさせるつもりなのか。このような積極的役割を果たす危険性があると考えている人はごく少数であろう。しかし戦前の歴史を振り返れば、ありえないことではない。防災については、いつわが身に迫ってくるかわからないと多くの人が感じている。

いのちの現実的危険性が人々の危機感となり、緊急の共同課題として認識されるかどうかは、様々な要因に左右されるが、その可能性は大きいといえる。

② 市民と立憲野党間における「統一」の政策的基盤の形成

「安保ファシズム」と対局にあるのが日本国憲法である。市民連合では「15項目の政策」を統一の基本政策として市民と野党に提起している。市民連合ふくおかでは、「『新しい戦前』を阻止し、立憲主義に基づく政策を実現するための政策合意書」を5つの政党・党派に提起し、共闘を呼びかけている。それぞれの地域の要求も含めて、日本国憲法を現実化する動きが各地で起きている。

③ 流動的な状況

至るところで構造崩壊が起こり始めている。国際的にみても、イギリス、フランス、アメリカはじめ多くの国・地域が激変期に突入している。日本でも状況を「つば迫り合い」と表現したが、ファシズム（「安保ファシズム」）への転化か、それを阻止する反ファシズム勢力の結集（新しい統一戦線）かの分岐点が来るであろう。半クーデターの失敗によるファッショ化のプロセスの中断から元のコースに戻るのは時間の問題であろう。ただ、推進勢力の主流であった自民党が、「政治とカネ」の問題で構造崩壊を起こし始めた可能性がある。そうなると対米従属と新自由主義の枠内で誰がファシズム推進勢力となるのかという問題も出てくる。

もう少し展開をみなければ、わからないところが多い。しかし、反ファシズムの側は、未来に向けてのスピリット「つなぐ」ということ、「つないだ手を離さない」ということを、未来に向けてのプリンシプル「デモクラシーの貫徹」を基本に、これまで考えられなかったような結集をめざして運動する以外に道は開けないであろう。

④ 基礎的・基本的運動の重要性

職場・学園・地域という場をどちらが占めるのかが、未来を決める。反ファシズム勢力にとって、下からの草の根の要求運動と、上からの粘り強い統一への交渉とそこへの圧力の組み合わせが重要であると思われる。反ファシズムの側にとっては相当厳しい状況であるが、抵抗の可能性もまだ十分残されている。

おわりに

安倍政権の「半クーデター政権」としての行動は、急速な反動化への危機感を多くの人々に与え、反対運動に統一のスイッチを入れた。しかし、「半クーデター政権」が自壊し、安倍氏の不在は保守政界に大きな影響を与えただけでなく、統一戦線運動にも様々な影響を及ぼしている。一時的な共闘への立憲野党の熱量低下、世論の動向などがそれである。安倍晋三氏の旗幟鮮明な反動化に代わって、岸田首相の無色透明な反動化(「安保ファシズム」への忍びより)、それらの部分転換をしつつ継承・展開をめざす石破茂首相の動向、新しい国会・政局状況のなかで、国民のなかに生まれている時代閉塞感、絶望感が自民党政治への不信感だけでなく、立憲野党を含む既存の政党、既存の政治全体に向けられ始めている。これこそ戦前に経験したファシズムの温床に他ならない。

「あの時代に戻させない」、憲法が本当に生かされる政治にするためには、市民と野党の共闘による野党連合政権による政治を実現する以外に方法はない。私は「新しい統一戦線」をつくり「安保ファシズム」への転化を阻止する以外に道はないと考える。政党と市民との関係も変化しつつある。市民の論理が政党の論理を包み込むことができるだろうか。現代日本において(大規模な)「統一戦線現象」、すなわち「統一」への大きな磁場は発生するのだろうか。これは明確にはいえない事柄であるが、手をこまねいて状況の展開を待つのではなく、積極的に引き寄せる行動が必要だということだけは確かである。

＊1　石川健治氏は「憲法クーデターの出発点は14年7月の閣議決定」(「憲法学者石川健治・東大教授に聞く」『毎日新聞』２０１６年5月2日夕刊)と指摘し、金子勝氏は「憲法クーデターとは物理的精神的暴力を用いて憲法の全体や各条項や各条項内の言葉を停止したり・改悪したり・廃棄したりする行為(反立憲主義的暴政)のことを言う」(金子勝「『「安保」の国』と日本帝国主義―改憲問題の起源」『立正法学論集』第50巻第2号、２０１７年3月、48頁)と述べた。

＊2　小西洋之「放送法『政治的公平』の解釈改変事件について」(２０２３年6月25日付け小西洋之議員の国会資料)

＊3　「『安保』ファシズム」については、金子勝「現代日本ファシズム論――『「安保」ファシズム』と統一戦線」『立正大学法制研究所研究年報』第21号、２０１６年３月）、同「『「安保」の国』と改憲戦略――『「安保」ファシズム憲法』作りの道」『立正法学論集』第50巻第1号、２０１６年９月）に詳しい。デジタル・ファシズムについては、［堤　２０２３］などを参照されたい。

＊4　「日本の軍事大国」の成立について、内山昭氏は２０１５年を挙げている（『福岡の暮らしと自治』５０４号、２０１９年12月、福岡県自治体問題研究所、６頁）。なお、同「グローバル資本主義における軍事大国・日本の成立」『立命館経済学』第68巻第1号、２０１９年５月も参照。

＊5　例えば渡辺治氏は、１９９０年以降に新段階にはいった日本帝国主義の復活について、「90年代世界と日本現代帝国主義とその対抗という構図」で検討している（渡辺治『現代日本の帝国主義化―形成と構造』［講座　現代日本Ⅰ］大月書店、１９９６年、５頁）。なお、３つの国家原理の併存については、［武藤　２０１１］を参照。

＊6　アセアン諸国の動向とその意義については、『東アジアを戦争のない平和の地域に―ＡＳＥＡＮに学ぶ』日本アジア・アフリカ・ラテンアメリカ連帯委員会、２０２３年９月が参考になる。

＊7　山口定「不安の政治化と反動の顔―反動現象の歴史的位相を考える」『世界』１９７９年１月号、73・89頁。

＊8　［境家　２０２３：２８９-２９０］

＊9　本多滝夫「自治体のデジタル化と地方自治」『住民と自治』２０２１年５月号、参照。

＊10　この時点での共産党のかなり「楽観的」な展望については、堤文俊「市民と野党の共闘―統一戦線論の発展（第３回）」『月刊学習』２０２０年３月号を参照。

＊11　山口二郎・中北浩爾（司会：住沢博紀）の対談における発言「野党はポスト安倍・菅の新しい政治サイクルにどのように立ち向かうべきか　深掘り対談―２０２１年秋総選挙の帰結と展望」『現代の理論』29号、２０２２年２月。

＊12　［境家　２０２３：２８９］。なお、この選挙結果の総括が政党だけでなく市民の側でも行われなかったことが、後で分裂を生む起点となった。

＊13　戦前期の日本人民戦線については、［犬丸義一　１９７８］、神田文人「戦前の日本における統一戦線の諸問題」労働運動運動史研究会編集『統一戦線の歴史』（労働運動史研究48号）労働旬報社、１９６８年などを参照。

＊14　２０２４年欧州議会選挙の結果については、［児玉昌己　２０２４：１４１-１４４］参照。

第Ⅲ部

座談会「本書は今日の危機時代に何を問うているのか」

…石川捷治
星乃治彦
平井一臣
田中純子

●石川統一戦線論事始め

平井　この本は、石川さんがこれまでずっと取り組んでこられた統一戦線論に関する論考を収めたものです。第Ⅰ部は関係者の間では「幻の論文」ともいわれた戦間期のドイツやコミンテルンを対象としたもの（「あとがき」参照）、第Ⅱ部は今日的な課題と向き合ううえでの統一戦線論のもつ意味を考察したもの、といってよいでしょう。これから石川さんを囲んで、現在私たちを取り巻く状況も視野に入れながら、石川さんが表現しようとした統一戦線とは何なのか、そして現在において統一戦線はどういう意味があるのか、といったことについて議論をしていければと思います。星乃さんはドイツ現代史、私は日本政治史と異なる領域の研究をしてきましたので、そういう視点からの疑問や批判も交え、また、長く編集者として石川さんとお付き合いのあった田靡さんからもご意見をいただきながら進めていくことにします。

　まずは、石川統一戦線論事始めといった感じで、石川さんがこの本を書かれた動機からお話していただけないでしょうか。

石川　今日は皆さん、お忙しいなかをありがとうございます。またこの本の完成にはいろいろとお世話になりました。私の思いは、「戦後80年」の最大の分岐点にある現状において、100年を超える歴史をもつ「統一戦線」の現代版を創れないか、私はそれを「新しい人民戦線」（ピープルズ・フロント）と呼びたいのですが、その提唱と可能性について、歴史から未来を俯瞰して問題提起し、新しい統一戦線の風を吹かせたいと考えたのです。人生の終盤にさしかかっていますが、これだけは言いたいという思いです。

平井　わかりました。それでは、石川さんが統一戦線に関心をもったそもそものきっかけは何だったのでしょうか。

石川　60年安保は高校時代だったのですが、生徒会で話題になっただけで行動はありませんでした。僕が大学に入ったのは1963年だけど、佐賀大学はノンビリしたものでした。ただ、眼前で展開する学生運動の党派闘争には少し疑問をもちました。同じ目標の重なるところ大なのに、なんで協働できないのかと。

　政治学の岡本宏先生からはデグラスの『コミンテルン資料集』（当時翻訳はまだなく英文）を読みながら議論をやらんかというお誘いもありました。

　その一方で僕は、電気・水道料をめぐる寮（旧制高校時代からの自治寮）の闘争委員に選ばれた。寮委員会は無党派だけど、全学的には、多数派は社青同（日本社会主義青年同盟）協会派でした。全国的にもあまり例がないのではと思うが、三池闘争に学べということで、大衆闘争路線で、全員参加と徹底的な議論がやられた。その方向性には賛成だった。ただ僕は、寮の生活闘争は社青同がいうような「反合理化」闘争だけではないんじゃないかと思っとった。もっと泥臭い生活そのものと寮の自治を守る運動だと。その意味じゃ批判派でした。当時「トロツキスト問題」というのがあったが、

①トロツキーは革命派のなかでの非主流派であり、「反革命」との決めつけはおかしい、②そのようなコミンテルン直輸入の規定を日本の学生・青年運動に適用するのは慎重であるべきだと思っていた。

民青（日本民主青年同盟）にいわせれば、社青同協会派もトロツキストということだったけど、それにも疑問をもっていた。ともかく学生の結集のために微力を尽くしたいと思った。しかし僕が卒業した後になるが、67年夏には「佐大闘争」は14名もの退学・10名の停学処分者を出すまでの事態になった（『朝日ジャーナル』１９６８年10月1日号および74年3月22日号参照）。大学側が学生に対する説得の論理を失った末の暴挙だった。それは１９６８年から全国的に広がる、いわゆる学園紛争の大学・権力側の対応の先駆けといえた。ただ僕にとっては、本当に辛い、自分の非力さと問題を広く捉える必要性を痛感させられた経験だった。

平井　その後はどうだったのですか。

石川　九州大学の大学院に入ると、佐大とは違って空中戦の議論が闘わされていた。身近にあった全共闘的運動は、僕にいわせれば、多くは保守的な心情の裏返しの反発・反乱であって、反戦・平和の課題は闘った。しかし、戦後民主主義を批判の対象にしたが、否定するだけで、それを乗り越えて前進させる具体的論理を示しえなかった。学問・大学への問い直しは問題提起だけに終わった（今日、ようやくその気運が再び起こっていることに注目）。当時は、多くの政党や政治党派も口では「統一戦線」（例えば、全共闘は労・学統一戦線）といっていた。「連帯を求めて孤立をおそれず」とかっこいいのだが、孤立してどうやって連帯をするのかという疑問ももっていた。通り一遍の議論じゃ、本当に学生の多様な気持ちをつかんでいるようには思えなかったし、統一というのを本気で考える必要性を感じたんよね。

平井　その後、現実政治との関連においても、いろいろと考えられたのではないでしょうか。例えば１９８０年代の福岡県における奥田県政の誕生には、石川さんも深く関わったと思いますが、どうだったんですか。

石川　深く関わったというのはおこがましいのですが、当時の福岡の「学文連」（福岡県学者文化人連絡会議）の事務局として多くの経験をしました。社共統一の伝統は福岡における連綿とした流れであったけど、社会党は、役に立つなら統一ＯＫ、イニシアティブがとれず損をするならやらないというスタンスでした。福岡県は炭労（日本炭鉱労働組合）などをバックに社会党王国が戦後続いていました。福岡の社会党は県評（福岡県労働組合評議会）を中心に革新勢力をまとめて引っ張っていこうという意思ははっきりしていましたね。元気があった頃の社会党の話だけどね。83年の奥田八二県政の誕生は、遅咲きの革新統一の最後の姿でした。

１９８０年代に国鉄が民営化されかかったとき、九教連（九州地区大学高専教職員組合連合会）・民放労連（日本民間放送労働組合連合会）・国労（国鉄労働組合）の合同集会の後、参加者が国労の六本木敏委員長を囲んで海門（箱崎の居酒屋）で飲む機会があったけど、その場で六本木さんは男泣きしとりました。「昨日、社会党に離党届を出した」と言っとった。闘争がどうなっていくのか、敗れても戦いたい、社会党ではだめだ、労働者大衆の結集はどうすればできるのか。こんな話をされて、苦悩が濃かったことを覚えています。

平井　いわゆる戦後革新運動といわれていたものが、だんだんと弱体化していったわけですよね。

石川　そうです。当時の労働者運動の弱体化のなかで、社公合意とか統一とは逆の動きが強まります。歴史的経験の場合、歴史的特殊性、普遍性を考えなきゃいかん。社共共闘やコミンテルンに淵源をもつ旧来型の運動の終焉は、よくいわれている1989年ではなく、1968年だと思う。そういった意味で1968年の画期性をもっと論じるべきなんだけどね。

星乃　確かに統一戦線の歴史的経験というのもあるけど、歴史的に限定されるものかなあ。もう少し一般化できると思うんだけど。そのためには概念の整理をきちんとする必要があるんじゃないかな。

平井　石川さんが第I部で取り上げられているコミンテルンの統一戦線論については、どうお考えですか。

石川　ここでいう旧来型のコミンテルン型の統一戦線とは、当時の「ソヴェト型革命」論に規定された統一戦線、革命を準備するために考えられた統一戦線戦術をいうんよね。だから、共産党の側からすると社会民主党系の労働者をどう引き寄せるかということになる。しかし、そこに結集した人々はそういう思いだけではない。現状を変革したい、もうちょっと何とかしたいという強い思いがあるわけだ。この点についての理解がない人が今日では圧倒的に多くなってしまっている。歴史的には、個々の統一への動きはありつつも、それが大きく結実しないのだ。

●「下から」の統一戦線と「統一戦線現象」

平井　歴史を通して考える一方で、現実政治にも主体的に関わりながら統一戦線を考えてこられたと思うのですが、今の石川さんにとって、統一戦線って何なのでしょうか。

田靡　ちなみに企画書を書くために広辞苑（第六版）で調べてみたのですが、統一戦線とは「政治運動などにおいて、ある共通の目標に対して諸党派または諸団体が協同して形成した持続的な運動形態。人民戦線の類。」とありますね。さらに他の事典などで調べると「1920年代前半におけるコミンテルンを中心とした国際共産主義運動のなかで、この概念が成立し」、「現代的には、革新諸勢力の、政治変革と社会主義への移行を展望しての基本政策上の一致点に基づく戦略的形態」で、反ファシズム統一戦線（1935年）、フランス、スペインの人民戦線やフランスの左翼連合などがこれに含まれるとあります。

石川　その説明でいいのですが、僕は本文のなかで統一戦線を定義しています。統一戦線運動についてですが、「諸組織と個人が、世界観や政治上の基本原理、綱領などの相違を前提としながら、当面する緊急にしてもっとも重要な課題を解決するために、共通の目標をかかげ共通の敵に対して共同の戦線を構築して闘おうとする目的意識的な運動である。また、その組織的形態としては、いわゆる『前衛政党』を中心として、ピラミッド型に結集するかなりハードな形態から、政治的多様性とそれぞれの組織や個人の個性とフィーリングのちがいを前提とした中心の多元性をふくむ緩やかな運動的結合や一致、すなわち『多様性の統一』とでもよべるような形態まで、さまざまなものがある」（序章6-7頁）と。

ただ今日、この定義のような統一戦線を具体的にイメージできるかという問題があります。統一戦線を何かできあがった組織のように言ってみたりするのはどうかと思う。フランスやスペインの人民戦線にしても、ファッショ化というあの危機的な状況で、あれだけ統一の磁場が働いたのはなぜか。そういうことは確かにあったと思う。統一戦線というのはね、僕は希望であり、政治闘争の芸術品、できあがることもあるができあがらないこともある。だから、歴史のなかで現れた実像を、僕は見ていきたいと思うんよ。

星乃　僕はちょっと戸惑っているんですけど、統一戦線の概念っていうか、石川さんはいつかの時点まではもう少し違ったことで定義されていましたよね。希望って、ちょっと文学的な表現ですよね。統一戦線には歴史もあるし、元はソビエトに代わるような戦略の中に位置づけられていたとか、ドイツ的「個性」だとか、組織的な点でいわゆる社共が中心になっていたとか。1923年時点での統一戦線では、「上から」の統一戦線か「下から」の統一戦線かという議論もありましたよね。「下から」の統一戦線とは何かっていうのが僕としてはすごく面白い。「上から」はわかりやすい、指導者の間でこうやりましょうというふうになることなのでしょうが。

石川　「下から」の統一戦線こそが統一戦線論の1つのポイントだと思う。1920年代から30年代では、それは労働者の武装闘争と結びついて、下からの圧力をつくりだした。その圧力が統一への磁場を形成させるのに繋がったのだ。今日でいえば、国民的世論と国民的大運動ということになるんだと思うが、そこが簡単ではない。

平井　どういうことなんですか。

石川　国家とか地域の構成員、国民と言おうが住民と言おうが、自分がどっぷり浸っている体制に何かのことで反対するというのは、ごく稀な条件の下でしか起こらない。僕はそれを統一戦線（成立の条件）と考えている。そうすると、そういう統一戦線という現象だな、その方向への磁場が働いて、主体の意思にかかわらず、主体が結集せざるをえなくなるという現象が発生することがある。それをめざす運動と、できあがっていく組織との関連など、それはいったいどういうプロセスなのか、いろんなケースがあると思う。例えばファシズム現象というのは、大衆の時代の産物で、大衆がもっている劣情を組織した思想運動体制がファシズムだったとすれば、統一戦線はそういうものに真っ向から反対する、逆転した現象が統一戦線現象ではないのか、そんなことを考えているわけです。

平井　そうした統一戦線が生み出される条件のなかで、主体の変化を石川さんはどうお考えですか。

石川　統一の政治力学には、統合と抵抗、そしてその統合がひっくり返ってしまう革命、それから、どのレベルかわからんけどシステム・チェンジというのもある。一方で、状況というのには、時代性があり、構造がある。そしてその状況のなかで統一への磁場が形成されるか否かの政治力学が働くので、第Ⅰ部で検討した１００年前の統一戦線の経験が、どの程度今に通用するのかっていうのはあると思う（ただ、あの時代に統一戦線をめぐる基本的問題がほとんど出揃っていることが重要）。状況と主体のうちの主体をみると、プロレタリアとかいってた時代は、同質性が高かったわけですよ、労働者としてね。ところが今は、人民、国民、市民など多様なものが連帯していく時代になっている。

星乃　統一戦線をめぐっては、本当はいろんな議論がある。実はそういった議論は現代的な意味があって、思想だとか経験だとか世代とかいろいろあって、今石川さんが言われた市民だとか国民だとかになっていくんだろうけど、それが結集していくときに軸を形成するっていうか、それが統一戦線なんだってことですよね。歴史的用語として統一戦線とか人民戦線とかを使うのは、とりわけ人民戦線は古びているという人もいます。

少なくとも僕の意識としては、**今の市民連合も統一戦線**だと思っている。いろんな人が共通の課題をもって、そのために結集していくという発想自体は現在まで続いているのじゃないか。それを歴史的な概念として使うのかどうかという問題はあるのかもしれない。それは歴史的概念で、あの当時の言葉であって、今は違う。要は市民運動なんだという見方もある。しかし、それらを全部ひっくるめて、いわゆる**結集の論理として考える**という見方も成り立つ。そこらへんをちゃんと埋めないと伝わらない。だから統一戦線を現代的課題とみなすのかどうかというスタンスが違うと思うんですね。

●大衆の言葉・思想としての統一戦線

石川　この本では書けませんでしたけれども、統一戦線の根源の思想というのは、**連帯の思想とか、生活者の思想。危機のなかで大同団結しよう**というのは当たり前のことではないでしょうか。統一戦線はコミンテルンとか共産党の専売特許ではなくて、統一戦線現象というものが大衆の時代には起こりうる、それは非常に強い力を発揮するので、戦略戦術に取り入れたらうまくいくんだ、こういうふうに理解したところにコミンテルンや共産党の功績があり、評価すべき点ではないかと思っとる。

しかし面白いのは、レーニンは統一戦線を大変重視したのだけど、ソヴェトという「プロレタリア独裁」のシステムに行くまでの過渡期に統一戦線戦術は有効だと考えていた。第Ⅰ部の１９２０年代のところで引用したように、レーニンは、ソヴェトが問題になるときには統一戦線（戦術）は採らないとはっきり書いています。

平井　星乃さんがいわれた「下から」の統一戦線が最もダイ

ナミックに形成されたのが反カップ一揆の運動だったんですよね。

石川　１９２０年代の反カップ一揆のものすごさ、あれは誰かが予定したわけじゃなくて、そういうふうに磁場が強力に働いていた。反カップでも、反クーノーでも。だが、ファッショ化過程では磁場が弱い、つまり、そのファッショ化過程と裏表の関係にあるということをもうちょっと書けたらと思うんだけど。

平井　僕の疑問としては、石川さんの論文では、反カップ一揆に立ち上がったのは民主主義に対する希求といったようにも読めるんだけど、そうだったのかな。その頃はまだワイマール民主主義をほとんど経験してなかったわけですよ。

僕の感覚でいうと、統一戦線へのバネ、石川さんの言葉を使うなら磁場では、「**まっぴら御免**」**の思想**っていうか、そういうものが非常に重要ではないかと思います。反カップ闘争のときには旧帝制とか戦争、戦争を行うということに対する反発があったのではないでしょうか。

それとも関連するのですが、日本の戦後民主主義っていうのはまさに「二度と戦前はまっぴら御免だ」っていうのが、50年代・60年代の様々な社会運動のバックボーンになっていたのかなと思います。

石川　そうやな。当時のドイツは民主主義者のいない共和国だったし、支配層も受益者意識をもっていなかった、むしろ民主主義を敵視していた。そういう意味ではデモクラシーの形成途上だった。あの時期、デモクラシーがどの程度大事なものと思われていたのか、労働者大衆の気分にそった整理は必要なんだろうが、ちょっと整理がつかなかった。民主主義擁護というのは、確かに今日からの解釈かもしれない。

星乃　ただ、統一戦線を希求する磁場が発生するなかで、**状況と主体の関係性を検証**するというのが石川さんの研究だよね。君主制に対抗して成立した共和制だけど、その共和制を守るということと、さらに革命を達成しようとすること、この2つの異なる思惑をどう接合するのかという難しい問題があったわけですよ。個々のレベルでの統一戦線への動きがありながらも、それがなかなか結実しない、石川さんの言葉を使えば統一への磁場の弱さっていうのかな。それはそう簡単に回答を見出せないんじゃないの、ということを指摘したところに石川統一戦線論の意義があると僕は思う。

石川　確かに、統一戦線論を綱領とか戦略戦術に取り入れたのは、まぎれもなくコミンテルンです。それはそうだろう、政治変革を起こそうとしているんだから。ただ、僕がずっといってきたのは、統一戦線は共産党とコミンテルンの専売特許じゃなくて、ある時期から大衆の言葉になったということ。

それから、統一戦線はコミンテルンが発明した言葉でも、コミンテルン独自の思想でもない、**連帯の思想**、**生活の思想**（**命・暮らし・健康**）じゃないかな。だから、できる限りそういう立場に立って連帯しようじゃないのという考え方なんよ。この本ではそこは触れられなかったけど。例えば、「９条の会」の呼びかけ人のそれぞれの連帯の思想。それから、これも書けてないけれど、福岡では、具島兼三郎さんの統一戦線を組むべきだという、ファシズムと闘った経験から出てきた考え。あるいは石村善治さん。憲法、言論の自由と知る権利の研究者。博多っ子の先生を支えているのは、戦争で青春を奪われたという思いから来る統一なんよね。徳本正彦さんは、民主主義をずっと研究してきた最後の最後に「生活の思想というところまで政治学は行かんといかん」とおっしゃる。**そのような想いを包み込んだのが、現代の統一戦線**ではないだろうか。

●世代経験と統一戦線

星乃　でも、世代の違いも大きい気がする。石川さんと僕と平井くんとでも、経験も違うし、それと関連して枠組みも違っているんじゃないかな。そのこと自体が面白いと思う。ファシズムと革命の問題というのも、今では研究対象として一般的、抽象的に語られる傾向があるけれど、かつての西洋史学会現代史部会では、もっぱらドイツ革命だけ。革命しか論じていなかった（笑）。68年世代がそのまま研究者になってやっているので、戦後民主主義をめぐる議論とか、ワイマール共和制を守るという議論はなかったですね。革命期が中心で、ヒトラー云々という話は反動で議論する余地なしという雰囲気で、ファシズムとかヒトラーへの関心は希薄だったなあ。

平井　そうですね。３人のなかでも統一戦線論との距離感も違うような気がする。

星乃　平井くんからすると、統一戦線っていうのは、ひとつの歴史的概念なんじゃないの。新しい社会運動も出てきて、それまでとは異なる市民にも注目が集まっていった時代でしょ。僕なんかはユーロコミュニズム。今でもユーロコミュニズムと思っている。根っこのところの発想はどうしても抜けない。

平井　僕は１９７８年の大学入学で、大学院に入ったのは82年。星乃さんとはちょっとしか違わないけれど、時代状況や体験にはかなり違いがあるような気がする。大学に入って間もない頃、教養部の玄関前で集会があって、その中に予備校時代の知り合いを見つけたのですが、その集会は元号法制化を促進する集会だった。今思うと、**日本社会の右傾化が可視化され始めた時代**だったように思います。

一方で、大学には68年世代の残党みたいな人たちもいて、なんだか説教がましい人たち、ちょっと近寄りたくない人たち、といったイメージがありましたね。

星乃さんの今の指摘を踏まえると、石川さんが研究を始められた頃の時代、つまり日本の１９６０年代から70年代にかけての時代が、石川さんをファシズムとか統一戦線という問題へと関心を向かわせたということがあったのかなとも思います。当時の日本における統一戦線に対する石川さんなりの違和感と共鳴する部分というのもあったのでしょうね。

田靡　確かに70年代には「統一戦線」という言葉はよく使われていた。そうなんです、70年代までは。

石川　今の人は想像できないかもしれないが、「統一戦線」

「ファシズム」「社会主義」などの用語が氾濫していた。70年代の遅くない時代に政治変革が実現できるといわれとったよね。いろんな人たちが統一戦線を熱く語っていたけれども、お題目としての統一戦線というのも多かったのではないか。また、統一戦線というのを安易に語りすぎる傾向もあったんじゃないか。福岡では80年代の奥田選挙までは、社共統一戦線があった。

平井　70年代に盛んだった革新自治体の動きと今の市民連合は、何が違うんですかね。

星乃　特に社会党・立憲民主党のポジションが違うんじゃないかなあ。立憲民主党がまったく引っ張らないね。

田靡　80年代の土井たか子（１９８６～91年　社会党委員長）さんが最後のあだ花みたいな感じでしたね。

星乃　70年代までは社共の統一で、それに市民を結集していくという発想だったけど、80年に横浜の市長選があって、それがいわゆる市民主導型の統一戦線で大きな転換だったと僕は思っている。あれは社共の共闘路線じゃなかったですよね。そういった新しい、いわゆる市民型選挙が始まったのが80年代。だから軌を一にして、社公合意だから社会党も共産党と一緒じゃなくて、公明党と一緒にやろうということになる。路線転換だから、それからは社共共闘だとか、革新自治体だとかが一斉になくなってしまった。

　それがもう長く続いてきたんじゃないかな。統一戦線が部分的に復活してるのは今の市民連合に繋がる、いわゆる安倍政治に対する市民らの不満の動きじゃないかな。もう社共共闘ではないし、市民の運動なんだろうけど、かなり違ったものになっているし、世代的にも違う。

平井　そういう意味で統一戦線という言葉は、ある歴史的なものとして、しかし、そこの論理とか、力学とかは、歴史を超えていろいろと繋がりがある、そういうことなんですかね。

石川　そうだと思う。

星乃　だから、むしろ80、90年代とか２０００年代になったら、統一戦線という言葉は全然響かないわけ。でも今の時期は70年代までと同じような政治への不満が出てきてるから、わりと受けるんじゃないかな。中選挙区制ではバラバラになってしまうから、戦線は必要ないけど、小選挙区制のもとではやっぱり戦線を作らないと解決できない。こういう状況のもとで統一戦線の復権のチャンスはあると思うんですけど。

●文化としての議論

田靡　私はこの研究会に参加して、やはり今、統一戦線が必要だと思います。しかしそれは、石川先生が研究なさった１９２０年代のものとか、政治学でいうところの概念や歴史的用語という枠組みでは通用しないのではないか。１９８０年前後で社会も価値観も大きく転換し、まさに今は多様化の時代でどんどん変化しています。その変化に応じた統一戦線が必要だと。統一戦線の根源の思想でいえば、石川先生のいわれる生活者の思想で、「国の在り方」や国家像のような抽象的なものでなく、誰もがイメージできる具体的な点について「あなたは賛成or反対?」「どう思う?」と問えるようなテーマで一致していくことが重要ではないかと。

それともう1点、**伝達の方法が昔とはまったく違う**。今はインターネットで一瞬にしてより多くの人にアクセスできる。これはすごい力です。そういう意味では、統一戦線の磁場の話がありましたが、どんな磁場をどう作っていくのか、誰が主体になってそれを作るのか、「磁場」というのを理解できていないのかもしれないけれど、今はそんなことが求められているのではと思います。

石川 いま田靡さんがいったインターネットに関していえば、ネット社会が民主主義を掘り崩していますよね。中国社会を「デジタルファシズム」社会とみてよいのかわからないけど、あらゆるところに監視カメラがある。ただ、習近平体制以降のすごい締め付けに対して、市民たちは、隠語による抵抗、「54・64・B4」という言葉を流行らせている。白紙運動(54は五・四運動、64は天安門、B4は白紙を意味)をやっている。エリート大学ではないところからの抵抗で、リーダー不在、思想不在、しかし権力から恐れられる。アナキズムの極致かもしれん。

星乃 89年が教えたのは、いくら管理しても市民社会を支配するのは無理だということですよね。どこかに抜け道がある。体制が崩れ始めると機能せず、下からの動きが噴出する。

平井 いくら管理してもどこかに抜け道がある。国家と市民社会のズレといってもいいのかもしれない。市民社会との関連でいえば、大学はどうなるのでしょうか。われわれが学生のときでも、大学は議論するところという意識がありましたよね。今はかなり弱くなってきているのではないか。今の大学では、ゼミ合宿をすることさえ難しい。

星乃 議論の文化がなくなっていったような気がする。

石川 かつては労働者も議論が好きだった。

田靡 四十数年の編集者としての感想ですが、**研究者も研究対象が蛸壺化してきているんじゃないかな**。だから論争もない。乱暴な言い方ですが、人文社会科学全般の基礎的な知識や素養が希薄になっているし、自身の研究分野においてすら歴史的研究への関心が薄いように感じます。企画で関わってきた社会政策や政治の分野でそんな思いをしていて、政策論の史的特質とか研究史など歴史を扱った書籍は学会内でもなかなか売れない。現実のトピックや事象に関する書籍は数多く出版されているのに。学会の全国大会での全体会や分科会でも、報告が細分化しているせいか、細ごまとした質問は出るけれど、めったに全体の論議にならない…

星乃 今の議論は主体そのものが弱っているという話なんだろうけれど、しかし、**市民をどう捉えるか**が重要なんじゃないかな。新たな貧困とか格差がいわれる現在、中流意識をもった市民っていうのは想定しにくくなっている。確かに日本の社会は個別分散化していっている面もあるのだろうけれど、一方で平和とか人権への意識が統一への磁場になっていく可能性もあるんじゃないかな。その点で、反対する勢力はむしろ戦前よりも幅広いんじゃないでしょうか。

田靡 この1年間の地域の人との関わりのなかで気づいたの

は、政治的危機だとかファシズムだとかいう言葉はさておき、現状のままではあかんと思っている人は多い。ただ、その思いをどう言葉や態度であらわし、まとめていくのか。まとめるって言い方はどうかとも思いますが、共通認識にすること、見える形にするところで行き詰っているし、私自身も手探り状態でわからない。

●社会党と共産党

平井　確かにそれはそうなんだろうけれど。しかし、そこで戦略とか戦術という問題をどう考えるんですかね。市民といっても、非常に純化された市民がいるわけではない。いろいろな人間がいる。

僕は市民運動だけで統一戦線は語れないと思うんです。市民運動に関わった経験からすれば、**市民運動参加者の政治音痴、政治的未熟**というのもあるのではないか。抵抗の論理と実際の権力の問題との関係をどう考えるのか。例えば、要求をしたり抵抗をする運動の強さがある一方で、選挙に直面したときの弱さとかも実感します。客観的な情勢を踏まえて議論をする文化が弱いんじゃないでしょうか。

そう考えると、市民や市民運動の重要性は前提としつつも、政党の問題というのをきちんと考える必要があるのではないかな。その意味では、社会党が社民党になり、今やミニ政党になってしまった意味をどう考えるのか。

石川　日本の戦後政治にとって「社会党的なもの」の果たしてきた役割を再評価すべきだと考えている。社民党というと、九州では大分が強かったですよね。首相まで出したんだから。その強いはずの大分で、社民は潰れて多くが立憲になってしまった。

福岡の場合、かつて社会党王国だっただけに、立憲に行ってしまってはいない。社会民主主義の旗を掲げた社民党がしっかりあるわけだから。そして社民党が市民連合の一角に旗も立てている。その意味では、社共統一の時代がもっていた力強さはないにしても、統一の大きな力にはなっている。

平井　鹿児島の場合も、社民党がぎりぎりの土俵際で何とか踏ん張っているともいえるけれど、もう押し返す力もないというか、展望がみえないという感じもします。では、社共統一のもう一つの担い手である共産党はどうなんでしょうか。最近、委員長が志位さんから田村さんに替わりましたが、志位委員長の長期化に対する批判とか、田村委員長誕生時の党大会での発言への対応の問題など、共産党の組織的な体質についていろいろと議論がありました。

星乃　僕なんかからすると、え〜、いまだにそんな議論しているの？って感じだなあ。共産党の問題が**民主集中制**だけで語られている。そんなのでいいのか。民主集中制を語れば、それだけで日本の左翼運動の問題が語られてしまう。それはちょっと違うでしょって思います。だって、ヨーロッパでは民主集中制を取っ払って全部失敗したわけですよ。

石川　そうやな。社会党はなぜ潰れたのかというと、社会党が現実化したら生き延びられるという議論をした挙句のはてに全部崩壊してしもうたわけだから。民主集中制が外れたらうまくいくという考え方には幻想がありすぎると思う。

しかし、スターリンや毛沢東などがなぜ出てきたのかという問題はあるのではないかな。そこでは民主集中制の具体的適用と文化が重要な論点ではあると思う。

星乃　そうなんですか。逆のような気がする。

石川　うまく機能しないから独裁者が出てくるのでは。

星乃　政党の論理と国家、体制の論理は区別して考える必要があるんじゃないですか。民主集中制の議論だけでは問題がある。

石川　確かにそのとおりだけど、政党と体制の原理には相互の関連性もあるんじゃないの。最も重要なのは、デモクラシーの原理をどんな場合でも貫徹するという感覚だと思う。ただ、この問題は共産党への「期待」の強さの裏返しでもあるので、統一戦線を推進するなかで自ずと解決するのだと思う。また、そのなかでしか解決しないと思う。

平井　民主集中制だけですべてが解決するというのは確かに幻想なのでしょうが、やっぱり大きな問題のように思います。政党と体制というよりも、運動と統治、運動と支配との関係じゃないんでしょうか。政党というのは、運動と統治、運動と支配をつなぐ蝶番なので。

星乃　う〜ん、そうかなあ。どうも今の共産党をめぐる議論をみていると、生産的には全然みえないんだけどね。

●転換期のなかの統一戦線

平井　話を統一戦線の問題に引き戻したいと思います。先ほど石川さんは、統一戦線の根源の思想として生活の思想、生活者の思想と言われました。確かに、バブルの崩壊以後日本は長期停滞の時代に入り、深刻な格差社会化が指摘されたりもしています。そういう意味では、統一戦線の磁場が形成される条件があるのかもしれません。しかし、政党や労働組合のような、以前は社会運動を担っていた組織が弱体化し、市民もまた運動の担い手としてどこまで形成されてきているのか、という問題があるように思います。

石川　しかし、最近はかなり大きな視点からの議論も出てきとる。例えば、エマニュエル・トッドみたいにもう第三次世界大戦は始まっとるという議論がある。

星乃　やっぱりウクライナ戦争とか、ガザの問題というのはすごい転機になっていて、すごく難しくなっていますよね。

平井　そういう困難な状況がある一方、スペインとかギリシャでの一時期の動きはどうみたらよいのでしょうか。ブレディみかこさんの本を読むと、ヨーロッパの既成左翼とも、いわゆる市民主義とも違って、**生活者デモクラシーと結びついた新しい政治の息吹**がヨーロッパでは生まれていると感じるんですがね。

石川　それでいうと、情報や運動がボーダーレスになってきていることに注目する必要があるように思う。僕の周辺でも、新聞社をやめてカナダの大学院で情報学とか平和学を勉強した女性がいるけど、彼女はボーダーラインを超えて、新しい生活とか、思考の方法とかを探ろうとしている。ブレディみかこさんだけじゃなくて、いっぱいおるよ。

星乃　でも僕自身は、ちょっとヨーロッパのあり方はどうなんだって思っている。もうヨーロッパはいいかって。結局、一神教にはついていけない。すぐに正義の旗を揚げるわけでしょ。アメリカもそうだよね。都合のいいときに自分の正義を振りかざすわけですから、それについていけないんですよね。今のグローバルサウスの方がよっぽど普通じゃないか。南アフリカなんか頑張ってるなって思いますよ。

石川　グローバリズムが進むなかで新自由主義的方向に対してこりゃいかんという問題と、一方で戦争という問題がありますよね。それこそ「**新戦間期**」になるかもわからん時代に突入してきている。そのなかで本当にまともに考えた場合、人々との間に分断もあるけど、連帯していかないと解決しないんではないかというのがあるんじゃないか。僕はそこに、統一の一つの契機を見出す。希望を見出すんだけどね。

平井　石川さんの今の指摘とは離れるかもしれませんが、最近の社会運動研究では、グローバルな社会運動研究が盛んなんですが、特徴として、**アナキスト、アナキズム**に注目して、それを掘り起こそうとしていますね。

石川　アナキズムのこれじゃいかんという否定・批判の論理とさらに結集する論理が明確になったらいいのだが。アナキズムは単なる無権力主義ではなく、社会をよくしていくというもう一歩踏みこんだ考えであると思うんだけどね。

星乃　学生をみても、アナキズムに対する評価が非常に高い。大杉栄とか伊藤野枝とか。ジェンダー的な面でもとらわれない生き方に興味を惹かれるのかなと感じる。魅力的なんでしょうね。また、むかつくという感覚をそのまま運動にするとアナキズムになるんじゃないかな。戦略がどうのとか、権力がどうのということはあまりないのではないか。政党でいうと、れいわ新選組がそんな感じかとも思う。発想とかノリといった面で。

石川　確かに、アナキズム関連の本がいっぱい出ているね。大好きなんだけど、無政府主義じゃなくて無権力主義と僕は訳している。権力がない、そこには差別、抑圧という関係性のない状態がある。本当にそう考える人々が結集し、「アナキズム革命」を実践したのが戦間期のスペインだったと思う。しかし、実際に人民戦線政府の閣僚に入ったアナキストの苦悩というのもあった。現実の権力の問題に直面した場合、アナキズムはどういう態度をとりうるのかということを考える必要がある。

●現代的危機と統一戦線

星乃　結局、僕は**憲法の9条**だと思います。9条しかない。暴力によって解決しないっていう精神。それを日本が旗を振って頑張って広めていくしかない。どっちが正しいかじゃなくて、やっぱり戦争っていうのをやめましょうっていうのは、これは誰でも一致できる点じゃないですか。

田靡　私も退職後に地域で九条の会に関わり始めたんですが、なかなか輪が広がらない。今の状況からするともっと広がってもいいように思うのに。中心に動いている方は一部で、しかも高齢者、取り組みそのものが内向きというか、膠着しているように思うことがあります。

平井　憲法問題に行きつくという点については同感だけど、別な視点からみる必要があるようにも思う。例えば待鳥聡史氏の『政治改革再考』という本では、90年代以降の諸改革を通じて、この30年間で事実上の改憲が終わったのではないかという議論がなされている。仮に待鳥氏がいうように実質的に憲法体制が変わっているとするならば、にもかかわらず今の憲法を維持するとはどういうことかを考えてみる必要もあるんじゃないか。

石川　憲法の明文改憲をしたいというのは、それなりの効力があるからだ。最後のところを一気に作り上げようとしたのが、安倍氏。うまくいかなかったが、岸田氏はずるずる現状追認主義。だけど国民多数のなかでは人気はない。では、どうなるのか。どこかで大変動・大改革が出てこざるをえない。じゃあ、民衆が結集するというのはどういうことか、日本的形態は何なのかということが問題なのじゃないか。

平井　その場合の民衆の結集の条件とは何なのかが問題ですよね。

石川　さっき平井くんがいった「一時代前（戦前）に戻ってたまるか」というのがかつて人々を動かしたということはあるけど、今やその一時代前は、もう80年も前になっとる。体験による実感がもうない。つまり、未来とその過去とがうまく結びつかない。括弧付きではあるけれども、「平和の戦後80年」というのは、いいことだけど、一方ではやっぱり風化を生むわけよ。憲法体制もそれなりに根づいて、人権・ジェンダーなんかはようやくはっきりしてきているところはある。しかし、前文と九条とかは大きく風化してきているところがあるわな。戦争への危機感の薄さと日本が果たす役割の危険性への鈍感さだ。どういうふうに現代危機論で押さえるか。危機なんていわんでもいいけれども、誰かそういうのを問題にしている人はいないんですかね。

星乃・平井　う～ん、誰かいるかな。

石川　斎藤幸平氏とか大澤真幸氏とかが真正面から議論しよる。一種の破局論だけどね。現代的な危機、行き詰まり、それが如実に日本に出てきているんじゃないかね。

星乃　その場合の「現代的」というのがどういうことなのか。

石川　現代と１００年前の違い、時代規定性ということだと思う。確かに現代の危機をきっちりいうのは難しい。それはそのとおり。89年も誰もわからんかったんだから無理というのは、星乃くんのいうとおりだと思う。けど、ただ現在の危機に対して、やっぱり何らかの抵抗をし、統一していかなければならないのではないかっていう、そういう動きがあるんじゃないか。

平井　今回の座談会では、そうした動きの断片というか、萌芽みたいなものには言及できたのかもしれませんが、現代の危機とどう関連し、今後に向けてどのような課題を抱えているのか。そうした点については、十分に展開できなかったように思うのですが。

ここにきて、イスラエルのガザ侵攻に対するアメリカでの大学生の動きや、日本でもいろいろな動きが出てきています。特定の誰か、特定の組織が計画的に運動を始めるというよりも、居ても立ってもいられないといった形で声を上げ始めているのではないか。べ平連の運動も、仕掛け人だった高畠通敏や鶴見俊輔らも、まさかあんなに反響を呼び、あんなに長い期間運動が続くとは思ってもみなかったわけです。べ平連には、市民運動経験者もいれば共産党から除名された人、それから小田実のようなまったく運動に関わったことのない人など、いろんな人がワッと集まったわけで、一種の統一戦線的なものだったとみることもできるんじゃないか。もちろん、現在の反戦平和運動は、成立の条件や背景が大きく異なるので、べ平連の運動がそのまま参考になるわけではありませんが。

石川　今日の指摘にあったように、僕が取り上げた反カップ闘争という100年前の経験がそのまま通用するとは思っていない。カップ一揆後のドイツにおけるファッショ化過程と統一戦線の試みと挫折、あるいは戦前日本の日本人民戦線運動の敗北、戦後の諸運動の経験などが、そのまま現在に通用するわけではない。しかし、何かぶわっとはしてるけど、力がある統一戦線っていう、そう呼ぶかどうかはともかく、統一戦線的なものがないとやっぱり防げんのやないかなと思うんだよね。それとの関連で過去の経験に学ぶことは多いと思う。

星乃　現代的危機に対する統一戦線の必要性、重要性については、今日の座談会でも確認されたように思います。現代的な条件や統一を阻むものは何なのか、もっと追求する必要があるんじゃないかな。

平井　石川さんのいう「ぶわっとしてる」というのを具体的に言語化するとどうなるかですよね。

石川　この本を手に取られる方々と一緒に考えていけたらいいと思います。

（2024年1月15日、福岡大学大学院ゼミ室にて）

あとがき

今日は「危機」の時代である。歴史は「危機の時代」において飛躍のエネルギーを蓄える。そして、その飛躍の方向と規模については、人々の予想をはるかに超えることが多い。第二次世界大戦の開始に暗澹たる想いを抱いた人々が、戦後の世界の変貌を予想できたであろうか。また、1968年の「若者たちの反乱」に参加した人々が、1989～91年の激変とその後の今日の社会を予想しえたであろうか。さらにその三十数年後の今日における「危機」の到来とその深さと大きさ（まだその全体像を把握することは不可能であるが）を予測できた人は少ないと思われる。そのことは今日でも同じだろう。

本書がこのような形で出版されるとは、当初考えもしなかった。15年程前、初校の段階で「挫折・中断」した私の幻の本（『コミンテルンと統一戦線』2009年出版予定、約300頁）がある。「挫折・中断」の原因は、私自身がこの本の結論に納得できなくなったためである。関係者に多大のご迷惑をおかけしたことを改めてお詫びしたい。その編集担当者の田靡純子さんから「今度出版社を完全退職するので、一度会いたい」と声をかけられたのは、2023年1月末のことだった。田靡さんから「呼び出し」がかかったとき、てっきりあの時の結着（損害賠償を含めて）をどうするのかという話だろうと、暗い気持ちで待合場所の喫茶店のドアを開けた。しかしそうではなかった。「いまの状況にあった新しい本を出しましょう」ということだった。「ええぇ！そんなこと、ご退職後にできるのですか」と訝る私に、「星乃治彦、平井一臣の両氏にも相談してみるつもり」と田靡さんは自信ありげだった（じつはその日が、田靡さんにとっても「新しい型の編集者」（？）への第一歩だったことに後で気がついた）。

星乃・平井のお二人は早速応援態勢を整えてくださり、田靡・星乃・平井・私の4人での「現代統一戦線論研究会」（名称は当初はなくて後からのでっち上げ）が組織された。全体会を4回（会場は福岡県自治体問題研究所〔3回〕と福岡大学〔1回〕）、星乃さんと私の2人の研究会（福岡大学大学院ゼミ室）を11回（さらに個別の打ち合わせもあり）もっていただき、そのチームワークの成果もあって、なんとか纏まったのが本書である。研究会での討論の過程は実に楽しいものであった。座談会にもその雰囲気の一端は表れているかと思うが、福岡・箱崎での「梁山泊ゼミ」（40年前の九州大学法学部における私のゼミを「全国大学ゼミ訪問」の記者が称したもの。『朝日ジャーナル』1988年12月2日号参照）を久しぶりに思い出した。ともかく、ぐずぐずしている私にハッパをかけて追い込んでくれた。とても私だけではこのようにはできあがらなかったと思う。感謝の一言である。第Ⅲ部の座談会はひとつの作品であり、本書のなくてはならない構成部分であり、私が触れえなかった領域についても問題提起をしており、本書の意義を高めたと信ずる。

しかし、本書を手にとっていただいた方はすでに感じられているように、本書は学術論文でもないし、時局論文でもない、（いずれとしても不充分な）〝ごった煮の「へんてこりん」な本〟である。内容的には、歴史編において、反ファシズム人民戦線（特にスペイン人民戦線）も論述したかったが、紙数の関係から割愛せざるをえなかった。残念である。ともかく不備や不満はありつつもこのような本を出すのは、分岐点にある現状のなかで、今は急いで問題提起をせざるをえないという一点だった。不充分なところは多々あることをお許しいただきたい。

本書に関係した私の研究を若干振り返ってみると、故・岡本宏先生には学生時代よりお世話になり、統一戦線研究に導いてくださった。もともと岡本宏先生の『統一戦線史論』（熊本大学法学会）をもとに統一戦線に関する共著をというご提案をいただきながら、私の不手際から実現しなかったという経緯もあった。ともかく今回その一部でも発表できてほっとしている。中川原徳仁先生にも学生時代よりご指導いただいたが、特に、政治というものの冷厳さと見方の多様性、さらにオーストリア研究、チリ人民連合研究などについてもご教示いただいた。学会で上京した際にはご自宅（当時、先生は東京経済大学所属で立川市在住）に泊めていただき、徹夜での議論の楽しかったことを懐かしく思い出す。今回の仕事にも大いにハッパをかけていただいた。

徳本正彦先生には民主主義と生活の思想の関係を、藪野祐三さんには日本政治における市民の目線に関してご教示いただいた。黒木彬文さん、中村尚樹さんにはご多忙のなか原稿を読んで貴重なコメントをいただいた。なお、「幻の書」の際にお世話になった三宅浩之さんには改めてお詫びとお礼を申し上げたい。また、今回の復元や図表の作成と文献整理等に協力していただい今井宏昌さんにお礼を申し上げたい。

これまでの私の研究を温かく見守り、その都度刺激を与えてくれている、菊池高志、西村重雄、河内宏、植田信廣、石田正治、阿部和光、森川登美江、楢原孝俊、児玉昌己、宮下和裕、郝暁卿、木村朗、木原滋哉、江口厚仁、青木裕司、松井康浩、阿上万寿子、小正路淑泰、中川伸二、廣澤孝之、熊野直樹、出水薫、井竿富雄、兵頭淳史、岩下明裕、伊藤洋典、椛島洋美、原清一、金哲、山田良介、木村貴、キム・ホンヨン、中島琢磨、ポポロディチ・ベアタ、ガブリエレ・フォークト、ウィリアム・アンダーウッド、西貴倫、土肥勲嗣、藤村一郎、後藤啓倫、高口遼太朗、迎涅太、島崎一真（順不同）の皆さま、佐賀大学、北九州大学（現・北九州市立大学）、九州大学、久留米大学、九州政治学研究者フォーラムでお世話になった皆さまに感謝している。そして妻晶子と娘美波・陽子には迷惑のかけっぱなしにもかかわらず常に支えてもらっている。感謝したい。

最後に、冒頭述べたように、本書の生みの親である「現代統一戦線論研究会」のメンバーの星乃治彦さん、平井一臣さん、そして企画・編集・交渉を一手に引き受けてくださった編集者の田靡純子さんに最大の感謝をささげたい。そして出版事情の厳しいなか出版を決断してくださった晃洋書房の西村喜夫編集部長、高砂年樹営業部長に御礼を申し上げる。

この本がほんの小さなさざ波でも起こしえれば望外の喜びである。

２０２４年10月26日（80歳の日に）

石川捷治

統一戦線論
——戦間期ドイツの歴史的経験から未来へ

2025年 3 月20日　初版第 1 刷発行　　＊定価はカバーに表示してあります

著　者　石　川　捷　治 ©
発行者　萩　原　淳　平
印刷者　中　村　勝　弘

発行所　株式会社　晃　洋　書　房
〒615-0026　京都市右京区西院北矢掛町 7 番地
電話　075(312)0788番(代)
振替口座　01040-6-32280

装丁　尾崎閑也　　印刷・製本　中村印刷株式会社
ISBN978-4-7710-3889-9
JCOPY 〈㈳出版者著作権管理機構 委託出版物〉
本書の無断複写は著作権法上での例外を除き禁じられています.
複写される場合は，そのつど事前に，㈳出版者著作権管理機構
(電話 03-5244-5088, FAX 03-5244-5089, e-mail: info@jcopy.or.jp)
の許諾を得てください.

⦿著者紹介

石川　捷治（いしかわ　しょうじ）

1944（昭19）年10月　中国東北部・大連市に生まれる．大分県臼杵市へ引き揚げそこで育つ．父親はシベリア抑留で死亡．1967（昭42）年　佐賀大学文理学部卒業，72（昭47）年　九州大学大学院法学研究科博士課程単位修得退学．北九州大学法学部（５年間），九州大学法学部（30年間），久留米大学法学部（７年間）で研究・教育に従事する．その間，九州大学法学部長，九州大学法学研究院長（初代），九州大学韓国研究センター長（初代），久留米大学附属図書館長などを歴任．20世紀の政治史，地域研究，平和研究を専門とする．現在，九州大学名誉教授，福岡県自治体問題研究所代表理事などをつとめる．

〈主な著書〉

『危機の政治学―ファシズム論と政治過程』（共編著）昭和堂，1985年
『1930年代危機の国際比較』（共著）法律文化社，1986年
『福岡県評30年史』（共同執筆）福岡県労働組合評議会，1988年
『時代のなかの社会主義』（共著）法律文化社，1992年
『「1968年」―時代転換の起点』（共著）法律文化社，1995年
『自分からの政治学』（共編著）法律文化社，1996年，（改訂版）2002年
『地域から問う国家・社会・世界―「九州・沖縄」から何が見えるか』（共編著）ナカニシヤ出版，2000年
『終わらない20世紀―東アジア政治史 1894～』（共編著）法律文化社，2003年
『スペイン市民戦争とアジア―遙かなる自由と理想のために』（共著）九州大学出版会，2006年，（新版）2020年
『「あの時代」に戻さないために』（共著）自治体研究社，2014年　　　　ほか

⦿座談会 出席者紹介

星乃　治彦（ほしの　はるひこ）

1955年生まれ．福岡大学名誉教授，ドイツ現代史．著書に『赤いミュンツェンベルク』岩波書店・2009年，『ナチス前夜における抵抗の歴史』ミネルヴァ書房・2007年，『社会主義国における民衆の歴史』法律文化社・1994年ほか．

平井　一臣（ひらい　かずおみ）

1958年生まれ．鹿児島大学名誉教授，日本政治史，日韓関係，地域政治論．著書に『ベ平連とその時代―身ぶりとしての政治』有志舎・2020年，『首長の暴走―あくね問題の政治学』法律文化社・2011年，『「地域ファシズム」の歴史像―国家改造運動と地域政治社会』法律文化社・2000年ほか．

人名索引

本文・註にでてくる人名および引用・参考資料文献等の著編者名を示す.
イタリック体は引用・参考資料文献等のページを示す.

〈あ　行〉

〈か　行〉

〈さ　行〉

〈た　行〉

〈な・は行〉

〈ま・や行〉

〈ら・わ行〉

引用・参考資料文献等

諸般の事情（特に紙幅の関係）により，ここでの引用・参考資料文献の目録は包括的なものではない．引用・参考にした資料・文献の一部をサマリーとして掲げているにすぎない．不充分な点をお詫びすると同時に，より詳しくは［石川 1986b：63-72］［石川ほか 1992：128-133］［石川・中村尚樹 2020：161-164］を参照していただければ幸いである．

■序章・第Ｉ部 関係

〈資料的文献・同時代文献〉

Antifaschistische Aktion. (1965) *Dokumentation und Chronik Mai 1932 bis Januar 1933* (Berlin)

Arbeiterklasse siegt über Kapp und Lüttwitz. Quellen (1971), ausgewählt und bearbeitet von Erwin Könnemann, Brigitte Berthold, Gerhard Schulze (Berlin).

Bericht über den 2. Parteitag der Kommunistischen Partei Deutschlands (Spartakusbund) vom 20. bis 24. Oktober 1919 (Berlin 1919).

Bericht über den 3. Parteitag der Kommunistischen Partei Deutschlands (Spartakusbund) am 25. und 26. Februar 1920 (Berlin 1920).

Bericht über den 4. Parteitag der Kommunistischen Partei Deutschlands (Spartakusbund) am 14. und 15. April 1920 (Berlin 1920).

Bericht über den 5. Parteitag der Kommunistischen Partei Deutschlands (Sektion der Kommunistischen Internationale) vom 1. bis 3. November 1920 in Berlin (Berlin 1921).

Bericht über die Verhandlungen des Vereinigungsparteitages der U.S.P.D. (Linke) und der K.P.D. (Spartakusbund) (1921). *Abgehalten in Berlin vom 4. bis 7. Dezember 1920* (Berlin). (Anhang: Bericht über die 1. Frauen-Reichskonferenz am 8. Dezember 1920 in Berlin).

Bericht über die Verhandlungen des II. Parteitages der Kommunistischen Partei Deutschlands (Sektion der Kommunistischen Internationale) (1922). *Abgehalten in Jena vom 22. bis 26. August 1921* (Berlin).

Bericht über die Verhandlungen des III. (8) Parteitages der kommunistischen Partei Deutschlands (Sektion der Kommunistischen Internationale) (1923). *Abgehalten in*

Leipzig vom 28. Januar bis 1. Februar 1923 (Berlin).
Bericht über die Tätigkeit der Exekutive der Kommunistischen Internationale vom IV. bis V. Weltkongress (Hamburg 1924).
Bericht über die Verhandlungen des X. Parteitages der Kommunistischen Partei Deutschlands (Sektion der Kommunistischen Internationale) (1925). *Berlin vom 12. bis 17. Juli 1925* (Berlin).
Bulletin des III. Kongresses der Kommunistischen Internationale (1921). *Moskau, Nr. 1, 24. Juni 1921-Nr. 24, 20. Juli 1921* (Moskau).
Bulletin des IV. Kongresses der Kommunistischen Internationale (1922). *Moskau, Nr. 1-2, 11. November 1922-Nr. 31, 12. Dezember 1922* (Moskau).
Degras, J.(ed.)(1956) *The Communist International 1919-1943*, Documents,I-III(Londn 1956-1966).
Der deutsche Kommunismus. Dokumente (1963), hrsg. und kommentiert von Hermann Weber (Berlin/Köln).
Die Kommunistische Internationale. Zeitschrift des Exekutivkomitees der Kommunistischen Internationale 1921-1935 (Moskau, Berlin).
Die Kommunistische Internationale. Eine Dokumentation (1966), hrsg. von Hermann Weber (Hannover).
Die Lehren der deutschen Ereignisse. Das Präsidium des Exekutivkomitees der Kommunistischen Internationale zur deutschen Frage (1924), *Januar 1924* (Hamburg).
Die neue Zeit. Wochenschrift der deutschen Sozialdemokratie (1921-1924) (Stuttgart).
Die Rote Fahne (1920-1933) (Berlin).
Dokumente und Materialien zur Geschichte der deutschen Arbeiterbewegung (*DMGDA* と略) (1966,1975), hrsg. vom Institut für Marxismus-Leninismus beim Zentralkomitee der Sozialistischen Einheitspartei Deutschlands, Bd. VII(1919-1923)1966, VIII (1924-1929)1975(Berlin).
Die Internationale. Zeitschrift für Praxis und Theorie des Marxismus (1922-1924) (Berlin).
International Press Correspondence (英語版 Inprecorr, ドイツ語版 Inprekorr) (1921-1925) (Berlin).
Jahrbuch für Wirtschaft, Politik und Arbeiterbewegung (Hamburg 1922-1926).
Kuusinen,O. (1933) *Die international Lage und die Aufgaben der Sektionen der Kommunistisde Internetionale.XII.*Plenum des EKKI(Moskau).
Pieck,W. (1959) *Gesammelte Reden und Schriften*, Bd.II (Berlin).
Pieck,W. (1972) *Gesammelte Reden und Schriften,*Bd. V (Berlin).

Pirker, T. (Hg.) (1965) *Komintern und Faschismus:Dokumente zur Geschichte und Theorie des Faschismus* (Stuttgart).
Protokoll des Vierten Kongresses der Kommunistischen Internationale (1923). *Petrograd-Moskau, vom 5. November bis 5. Dezember 1922* (Hamburg).
Protokoll. Fünfter Kongress der Kommunistischen Internationale (Hamburg 1924).
Radek, K. (1921) *Der Weg der Kommunistischen Internationale. Referat über die Taktik der Kommunistischen Internationale, gehalten auf dem III. Weltkongress, Moskau, Juli 1921* (Hamburg).
Thälmann, E. (1956) *Reden und Aufsätze zur Geschichte der deutschen Arbeiterbewegung*, Bd. II (Berlin).
Thesen und Resolutionen des V. Weltkongresses der Kommunistischen Internationale. Moskau, vom 17. Juni bis 8. Juli 1924 (Hamburg 1924).
Ulbricht,W. (1963) *Zur Geschichte der Deutschen Arbeiterbewegung Aus Reden und Aufsätzen*, Bd.I, 1918-1933. (Berlin).
Schotte,W. (1932) *Das Kabinett Papen-Schleicher-Gayl*(Leipzig).
Sinowjew, G. (1924) *Die Weltpartei des Leninismus* (Hamburg).
Statisches Johrbuch für des Deutsche Reich,Jg.42(1923-1933)(Berlin).
村田陽一編訳（1978-85）『コミンテルン資料集』第１巻〜第６巻・別巻，大月書店.

〈研究等著作文献〉

Abendroth,W. (1967) *Faschisumus und Kapitalismus,Theorien uber die Sozialen Ursprünge und Funktion des Faschismus*(Frankfurt/Wien)［アーベントロート／広田司郎・山田和男訳(1969)『ドイツ社会民主党小史』ミネルヴァ書房］
Anderson,E.(1973)*Hammer or Anvil.The Story of the German Working-class Movement*(New York).
Angress, W. T. (1963) *Stillborn Revolution. The Communist Bid for Power in Germany, 1921-1923* (Princeton, New Jersey).
Angress, W. T. (1973) *Die Kampfzeit der KPD 1921-1923* (Düsseldorf).
Bahne, S.(1965) “Sozialfaschismus” in Deutschland,Zur Geshichte eines politishen Begriffs *International Review of Social History*, Vol.X.
Bahne, S.(1976) *Die KPD und das Ende von Weimar* (Frankfurt).
Bauer, O.(1967)Der Faschismus, in *Faschismus und Kapitalismus, Theorien uber die sozialen Ursprünge und die Funktion des Faschismus* (Frankfult ／ Wien).
Berlau, A. J. (1970) *The German Social Democratic Party 1914-1921* (New York).
Borkenau, F. (1953) *European Communism* (London).

Borkenau, F. (1939) *World Communism. A History of the Communist International* (New York) [ボルケナウ/佐野健治・鈴木隆共訳 (1968)『世界共産党史』合同出版]

Bracher, K. D. (1971) *Die Auflösung der Weimarer Republik, Eine Studie zum Problem des Machtverfalls in d. Demokratie* (Villingen).

Buchheim, K. (1960) *Die Weimarer Republik. Grundlagen und politische Entwicklung* (München).

Carsten, F. L. (1964) *Reichswehr und Politik. 1918-1933* (Köln).

Carr, E. H. (1954) *The Interregnum 1923-1924* (London).

Carr, E.H. (1982) *The Twilight of Comintern 1930-1935*. Macmillan Press Ltd. [カー/内田健二訳 (1986)『コミンテルンの黄昏:1930-1935』岩波書店]

Deustche Geschichte seit den Ersten Weltkrieg, I, II, III (Stuttgart 1973).

Drechsler, H. (1965) *Die Sozialistische Arbeiterpartei Deutschlands(SAPD).Ein Beitrag zur Geschichte der deutschen Arbeiterbewegung am Ende der Weimerer Republik* (Meisenheim).

Erger, J. (1967) *Der Kapp-Lüttwitz-Putsch. Ein Beitrag zur deutschen Innenpolitik 1919-20* (Düsseldorf).

Ersil, W. (1963) *Aktionseinheit stürzt Cuno. Zur Geschichte des Massenkampfes gegen die Cuno-Regierung 1923 im Mitteldeutschland* (Berlin).

Eyck, E. (1959) *Geschichte der Weimerer Republik* (Zürich, Stuttgart).

1. Vom Zusammenbruch d. Kaisertums bis zur Wahl Hindenburgs, 1954
2. Von der Konferenz von Locarno bis zu Hitlers Machtübernahme, 1956

Faschismus-Analyse und antifaschistischer Kampf eer Kommunistischen Internationale und der KPD 1923-1945 (1975).

Fischer, R. (1948) *Stalin und der deutsche Kommunismus. Der Übergang zur Konterrevolution* (Frankfurt a.M.) [フィッシャー/掛川徹訳 (2019)『スターリンとドイツ共産主義―ドイツ革命はなぜ挫折したのか』編集工房朔/星雲社]

Flechtheim, O. K. (1969) *Die Kommunistische Partei Deutschlands in der Weimarer Republik* (Offenbach a.M. 1948, Frankfurt a.M.) [フレヒトハイム/高田爾郎訳 (1980)『ワイマル共和国期のドイツ共産党』追補新版, ぺりかん社]

Geschichte der deutschen Arbeiterbewegung, Bd. 3,4 (1966) hrsg. von Institut für Marxismus-Leninismus beim Zentralkomitee der SED (Berlin).

Hallgarten, G. W. F. (1955) *Hitler, Reichswehr und Industrie. Zur Geschichte der Jahre 1918～1933* (Frankfurt a.M.).

Kolb, E. (1972) *Vom Kaiserreich zur Weimarer Republik* (Köln).

Die Kommunistische Internationale und ihre revolutionären Traditionen. (1970) Materialien der wissenschaftlichen Session anläßlich des 50. Jahrestages der Gründung der Kommunistischen Internationale Moskau, 25./26. März 1969 (Berlin).

Die Kommunistische Internationale. Kurzer historischer Abriß (1970) (Berlin).

Könnemann, E., Berthold. B.and Schulze. G.(1971) *Arbeiterklasse siegt uber Kapp und Lüttwitz*, Bd. I,II (Berlin).

Könnemann, E. and Krusch H. J. (1972) *Aktionseinheit contra Kapp-Putsch* (Berlin).

Krusch, H.-J. (1966) *Um die Einheitsfront und eine Arbeiterregierung. Zur Geschichte der Arbeiterbewegung im Bezirk Erzgebirge-Vogtland unter besonderer Berücksichtigung des Klassenkampfes im Zwickau-Oelsnitzer Steinkohlenrevier von Januar bis August 1923* (Berlin).

Lada, W. (1922) The Railway Men's Right to Strike as an International Problem (*Inprecorr*, Vol.2 No.10)

Lazitsch, B. and Drachkovitsch M. M. (1972) *Lenin and the Comintern, vol.1*, Hoover Institution Press .

Lucas, E. (1970) *Märzrevolution im Ruhrgebiet. Vom Generalstreik gegen d. Militärputsch z. bewaffneten Arbeiteraufstand*(Frankfurt).

MacKenzie, K. E. (1964) *Comintern and World Revolution* (London, New York).

Mammach,K. (1963) Bemerkungen über die Wende der KPD zum Kampf gegen dem Faschisms, in *BzG*, Jg.5

Matthias,E. and Morsey, R. (1960) *Das Ende der Parteien*, 1933(Düsseldorf).

Milatz,A. (1966) *Wähler und Wahlen in der Weimarer Republik* (Bonn).

Naumann, H.and Voigtländer, F.(1963) Zum Problem einer Arbeiterregierung nach dem Kapp-Putsch, in *BzG*, Jg. 5. Heft 3.

Neue Probleme der Geschichte der deutschen Arbeiterbewegung in Forschung und Lehre 1917-1945 (1965) (Berlin).

Poulantzas, N. (1973) *Faschismus und Diktatur,Die Kommunistische Internationale und der Faschimus.* (München)［プーランツァス／田中正人訳（1983）『ファシズムと独裁』批評社］

Prager, E. (1922) *Geschichte der U.S.P.D. Entstehung und Entwicklung der Unabhängigen Sozialdemokratischen Partei Deutschlands* (Berlin).

Raase, W. (1967) *Die Entwicklung der deutschen Gewerkschaftsbewegung in der Zeit der revolutionären Nachkriegskrise. Zur Geschichte der deutschen Gewerkschaftsbewegung von 1919 bis 1923* (Berlin).

Reisberg, A. (1971) *An den Quellen der Einheitsfrontpolitik. Der Kampf der KPD um*

die Aktionseinheit in Deutschland 1921–1922. Ein Beitrag zur Erforschung der Hilfe W. I. Lenins und der Komintern für die KPD (Berlin).
Reisberg, A. (1964) *Lenin und die Aktionseinheit in Deutschland* (Berlin).
Rosenberg, A. (1972) *Geschichte des Bolschewismus. Von Marx bis zur Gegenwart* (Berlin).
Rosenberg, A. (1955) *Entstehung und Geschichte der Weimarer Republik*, hrsg. von Kurt Kersten (Frankfurt a.M.) [ローゼンベルク／吉田輝夫訳（1970）『ヴァイマル共和国史』改訂増補版，東邦出版社]
Ruge, W. (1969) *Deutschland von 1917 bis 1933*(Berlin).
Thomas, H. (1977) *The Spanish Civil War*, 3rd ed Hamish Hamilton (London) [トマス／都築忠七訳（1988『スペイン市民戦争』新装版，ただし第１版の日本語訳，みすず書房]
Vietzke, S. (1966) *Die KPD auf dem Wege zur Brüsseler Konferenz* (Berlin).
Vietzke, S. and Wohlgemuth, H. (1966) *Deutschland und die deutsche Arbeiterbewegung in der Weimarer Republik 1919–1933* (Berlin).
Wagner,R. (1963) Der Kamf um die Proletarische Einheitsfront und Arbeiterregierung in Sachsen Unmitfelbar nach dem VIll. Parteitag der KPD(I)(II),in *BzG*, Heft IV, V/VI.
Weber, H. (1969) *Die Wandlung des deutschen Kommunismus. Die Stalinisierung der KPD in der Weimarer Republik*. Bd.1.2. (Frankfurt a.M.).
Wohlmeguth, H. (1968) *Die Entstehung der Kommunistischen Partei Deutschlands 1914 bis 1918* (Berlin).

〈年　表〉

Osterroth, F. and Schuter D. (1975) *Chronik der deutschen Sozialidemokratie* I, II(Berlin).
Geschichte der deutschen Arbeiterbewegung Chronik, II, Von 1917 bis 1945 (1966) (Berlin).

〈邦語文献〉

安部博純（1975）『日本ファシズム研究序説』未来社.
安部博純（1977）「日本ファシズムの研究視角」『歴史学研究』第451号.
安部博純（1981）「ファシズムの概念規定について」『北九州大学法政論集』第８巻第３・４合併号.
安部博純（1996）『日本ファシズム論』影書房.

安部博純・石川捷治編（1985）『危機の政治学―ファシズム論と政治過程』昭和堂.
石川捷治（1970）「統一戦線理論の形成過程―《労働者政府論》を中心として」『政治研究』第18号.
石川捷治（1973）「ワイマール・デモクラシーの危機と統一戦線―1920年の反カップ闘争」『九大法学』第26号.
石川捷治（1974）「政治危機と統一戦線（Ⅰ）―1923年のドイツ〈革命〉」『北九州大学法政論集』第1巻創刊号.
石川捷治（1975）「政治危機と統一戦線（Ⅱ）―1923年のドイツ〈革命〉」『北九州大学法政論集』第3巻1号.
石川捷治（1976）「コミンテルン第5回大会の再検討―統一戦線論の発展について」『北九州大学法政論集』第3巻4号.
石川捷治（1979a）「1932年の反ナチ統一戦線問題―ドイツ共産党の動向を中心として」『法政研究』第45巻第2号.
石川捷治（1979b）「コミンテルン初期のファシズム認識―ドイツ共産党の分析との関連を中心に」『法政研究』第46巻第1号.
石川捷治（1980）「ワイマール共和期の統一戦線運動―成立条件に関する一試論」『法政研究』第46巻第2～4合併号.
石川捷治（1981）「ドイツ共産主義運動の《個性》―コミュニズムと〈国民的伝統〉へのアプローチ」『法政研究』第47巻第2～4合併号.
石川捷治（1983）「ファッショ化過程における『不可逆的点』と統一戦線―プーランツァスの所論によせての覚書」『法政研究』第49巻第1～3合併号.
石川捷治（1985）「コミンテルンの転換――第7回世界大会論ノート」『法政研究』第51巻第3～4合併号.
石川捷治（1986a）「ドイツ共産党の戦略転換過程―1935年～1939年」『法政研究』第53巻第1号.
石川捷治（1986b）「ドイツの危機」[中川原徳仁編 1986]
石川捷治（1987）「統一戦線の史的発展段階論についての覚書き―1905年から今日まで」第54巻第1号.
石川捷治（2003）「社会主義者における『性』と政治―日本の1920-30年代を中心として」日本政治学会編『年報政治学2003』岩波書店.
石川捷治（2010）「統一戦線史論覚書―戦間期『危機の時代』と今日」『法政研究』第76巻第4号.
石川捷治（2011）「戦間期ヨーロッパ統一戦線運動再考」『鹿児島大学 法学論集』第45巻2号.
石川捷治・星乃治彦・木村朗・木永勝也・平井一臣・松井康浩（1992）『時代のなかの

社会主義』法律文化社.
石川捷治・平井一臣編（2003）『終わらない20世紀—東アジア政治史1894〜』法律文化社.
石川捷治・中村尚樹（2006・2020新版）『スペイン市民戦争とアジア—遙かなる自由と理想のために』九州大学出版会.
石川浩（1972）『戦後東ドイツ革命の研究』法律文化社.
今中次麿（1933）「ヒトラァ内閣成立の真相」『法政研究』第3巻2号.
岩井章（1976）『統一戦線論』毎日新聞社.
犬丸義一（1978）『日本人民戦線運動史』青木書店.
上杉重二郎（1969）『ドイツ革命運動史』上・下，青木書店.
上杉重二郎（1978）『統一戦線と労働者政府—カップ叛乱の研究』風間書房.
近江谷左馬之介（1975）『ドイツ革命と統一戦線』社会主義協会出版局.
岡義武（1955）『国際政治史』岩波書店.
岡本宏（1982-86）「統一戦線史序説 (1)〜(4)」『熊本法学』第32〜50号.
岡本宏（1988）『日本社会主義史研究』成文堂.
岡本宏（1989）「統一戦線の史的動態」『法学と政治学の諸相』熊本大学法学部創立10周年記念，成文堂.
岡本宏編（1995）『「1968年」時代転換の起点』法律文化社.
加来浩（1980）「『革命的社会主義者』（RS）の統一戦線構想—ドイツ社会民主党左派と統一戦線」『西洋史学』120巻.
加来浩（1983）「1928年のドイツ社会民主党の党内危機—建艦反対の人民決定をめぐって」『西洋史学論集』第21輯.
影山日出弥（1973）『国家イデオロギー論』青木書店.
加藤栄一（1973）『ワイマル体制の経済構造』東京大学出版会.
加藤哲郎（1986）『国家論のルネサンス』青木書店.
加藤哲郎（1991）『コミンテルンの世界像—世界政党の政治学的研究』青木書店.
加藤哲郎（2002）『国境を越えるユートピア—国民国家のエルゴロジー』平凡社.
加藤陽子（2006）「ファシズム論」『日本歴史』第700号.
川合貞吉（1983）『ある革命家の回想』谷沢書房.
北村厚（2014）『ヴァイマル共和国のヨーロッパ統合構想—中欧から拡大する道』ミネルヴァ書房.
キンドルバーガー, C.P.／石崎昭彦・木村一朗訳（1982）『大不況下の世界—1929〜1939』東京大学出版会.
熊野直樹（1996）『ナチス一党支配体制成立史序説—フーゲンベルクの入閣とその失脚をめぐって』法律文化社.
熊野直樹（2000）「ナチスの農村進出と農民—ヴァイマル共和制末期におけるチューリ

ンゲン州を中心に」『法政研究』第67巻第２号.
熊野直樹（2003）「統一戦線行動・『共産主義の危険』・ユンカー―ヴァイマル共和国末期におけるドイツ共産党の農村進出と農村同盟」『法政研究』第70巻第２号.
熊野直樹（2004）「『ファシストの危険』・反ファシズム統一戦線・労働者政府―1923年ドイツにおける社会主義とファシズム」［熊野・星乃編 2004］
熊野直樹（2012）「オルターナティヴ論とヴァイマル共和国の崩壊」『法政研究』第79巻第３号.
熊野直樹（2020）『麻薬の世紀―ドイツと東アジア1898―1950』東京大学出版会.
熊野直樹・星乃治彦編（2004）『社会主義の世紀―「解放」の夢にツカれた人たち』法律文化社.
黒川伊織（2014）『帝国に抗する社会運動―第一次日本共産党の思想と運動』有志舎.
黒川伊織（2020）『戦争・革命の東アジアと日本のコミュニスト1920―1970年』有志舎.
栗原優（1981）『ナチズム体制の成立―ワイマル共和国の崩壊と経済界』ミネルヴァ書房.
佐々木雄太（1987）『三〇年代イギリス外交戦略―帝国防衛と宥和の論理』名古屋大学出版会.
篠原一（1956）『ドイツ革命史序説―革命におけるエリートと大衆』岩波書店.
篠原一（1986）『ヨーロッパの政治―「歴史政治学試論」』東京大学出版会.
篠塚敏生（1984）『ドイツ革命の研究』多賀出版.
篠塚敏生（2008）『ヴァイマル共和国初期のドイツ共産党―中部ドイツでの1921年「３月行動」の研究』多賀出版.
清水慎三編（1968）『統一戦線論』青木書店.
庄司興吉（1985）「核時代の世界社会学」『社会学研究年報』1984年版，合同出版.
高橋進（1983）『ドイツ賠償問題の史的展開―国際紛争および連携政治の視角から』岩波書店.
谷川栄彦（1969）『東南アジア民族解放運動史―太平洋戦争まで』勁草書房.
田村栄子（1996）『若き教養市民層とナチズム―ドイツ青年・学生運動の思想の社会史』名古屋大学出版会.
田口富久治（1979）『マルクス主義国家論の新展開』青木書店.
ディミトロフ選集編集委員会（1972）『ディミトロフ選集２』大月書店.
東京大学社会科学研究所編（1980）『ファシズム期の国家と社会８　運動と抵抗』下，東京大学出版会.
富永幸生・下村由一・西川正雄・鹿毛達雄（1972）「ファシズム論史序説」『季刊 社会思想』２巻３号，社会思想社.
富永幸生・鹿毛達雄・下村由一・西川正雄（1978）『ファシズムとコミンテルン』東京

大学出版会.
中川原徳仁（2017-20）『中川原徳仁著作集』第 1 ～ 4 巻（第 3 巻は未刊），宮帯出版社.
中川原徳仁編（1986）『1930年代危機の国際比較』法律文化社.
中林賢二郎（1969）『労働運動と統一戦線』労働旬報社.
中林賢二郎（1976）『統一戦線史序説 1914～1923―インタナショナルにおける統一と分裂の論理』大月書店.
中林賢二郎ほか（1966）『講座 現代日本とマルクス主義Ⅱ 統一戦線』青木書店.
中村幹雄（1963）「1920年におけるルール蜂起とワイマール連合の退場」『史林』第46巻第 2 号.
西川正雄（1967）「ヒトラーの政権掌握―ファシズム成立に関する一考察」『思想』第512号.
西川正雄（1989）『第一次世界大戦と社会主義者たち』岩波書店.
西川正雄・山口定・吉見義昭（1980）「座談会 現段階におけるファシズム研究の課題」『歴史評論』第367号.
日本政治学会編（2001）『年報政治学2000　内戦をめぐる政治学的考察』岩波書店.
野原四郎（1978）『中国革命と大日本帝国』研文出版.
平島健司（1984）「ヘルマン・ミュラー大連合内閣の形成―ワイマール共和国における政治指導の可能性」『国家学会雑誌』第96巻11・12号.
星乃治彦（1981）「ヴァイマル共和制末期における反ファッショ運動の諸相―ドイツ共産党の『人民革命』構想をめぐって」『歴史評論』1981年 6 月号.
星乃治彦（1983）「ヴァイマル共和制末期の反ファッショ運動とドイツ共産党」『西洋史学論集』第21輯.
星乃治彦（1991）『東ドイツの興亡』青木書店.
星乃治彦（1998）『社会主義と民衆―社会主義の歴史的経験』大月書店.
星乃治彦（2001）「ドイツにおける反ファシズムのポテンシャル」『熊本県立大学文学部紀要』第58巻.
星乃治彦（2007）『ナチス前夜における「抵抗」の歴史』ミネルヴァ書房.
星乃治彦（2009）『赤いゲッベルス―ミュンツェンベルクとその時代』岩波書店.
三宅立（1965）「シュトレーゼマン大連合内閣の10月危機とドイツ国民党―『安定』過程の一分析」『史学雑誌』第74編第95号.
山極潔（1976）「スターリンと人民戦線―B・レイプゾン，K・シリーニャ『コミンテルンの政策転換』批判」『歴史学研究』435号.
山極潔（1981）『コミンテルンと人民戦線』青木書店.
山口定（1967・68）「秘密再軍備とドイツ社会民主党―ワイマール体制崩壊原因論の一視角 (1)～(5)」『立命館法学』71～73，75，76，80号.

山口定（1972）「『情念の時代』へ回帰するか」『朝日ジャーナル』686号.
山口定（1976a）『現代ファシズム論の諸潮流』有斐閣.
山口定（1976b）『ナチ・エリート─第三帝国の権力構造』中央公論社.
山口定（1979）『ファシズム』有斐閣.
山口定（1983）『現代ヨーロッパ政治史』下，福村出版.
山田徹（1978-81）「ドイツ共産党の統一戦線運動の構造（1）～（4）」『神奈川法学』第３巻２・３号～第17巻１号.
山田徹（1983）「ルール闘争期のドイツ共産党─統一戦線運動の展開と挫折」『神奈川法学』第18巻３
山本佐門（1981）『ドイツ社会民主党とカウツキー』北海道大学図書刊行会.
吉村励（1953）『ドイツ革命運動史：ワイマール体制下の階級闘争』青木書店.
吉村励（1958）「ドイツ経営協議会の発生・展開」大阪市立大学『経済学年報』第８集.
シュトゥルムタール，A.／神川信彦・神谷不二訳（1958）『ヨーロッパ労働運動の悲劇─1918～39年』岩波書店.
マティアス，F.／安世舟・山田徹（1984）『なぜヒトラーを阻止できなかったか─社会民主党の政治行動とイデオロギー』岩波書店.
レイプゾン，B. & シリーニャ，K.／石堂清倫訳（1966）『現代革命の理論─コミンテルンの政策転換』合同出版.

■第Ⅱ部 関係

雨宮昭一（1997）『戦時戦後体制論』岩波書店.
雨宮昭一（1999）『総力戦体制と地域自治：既成勢力の自己革新と市町村の政治』青木書店.
雨宮昭一（2008）『占領と改革　シリーズ日本近現代史⑦』岩波書店.
五十嵐仁ほか（2021）『市民と野党の共闘で政権交代を』あけび書房.
五十嵐仁（2024）『追撃 自民党大軍拡・腐敗政治─政権交代のために』学習の友社.
伊藤隆（1976）「昭和政治史研究への一視角」『思想』第624号.
磯谷季次（1984）『わが青春の朝鮮』影書房.
伊高浩昭（2004）『ボスニアからスペインへ─戦の傷跡をたどる』論創社.
及川智洋（2021）『戦後日本の「革新」勢力─抵抗と衰亡の政治史』ミネルヴァ書房.
大塚茂樹（2023）『「日本左翼史」に挑む─私の日本共産党論』あけび書房.
大藪龍介（2013）『国家とは何か─議会制民主主義国家本質論綱要』お茶の水書房.
大藪龍介（2020）『日本のファシズム─昭和戦争期の国家体制をめぐって』社会評論社.
岡本宏編（1995）『「1968」時代転換の起点』法律文化社.
小熊英二（2009）『1968─若者たちの叛乱とその背景』上・下，新曜社.

川合貞吉（1983）『ある革命家の回想』谷沢書房.
姜在彦（1993）『満州の朝鮮人パルチザン―1930年代の東満・南満を中心として』青木書店.
加藤哲郎（2007）『情報戦と現代史―日本国憲法へのもうひとつの道』花伝社.
加藤哲郎（2008）『ワイマール期ベルリンの日本人―洋行知識人の反帝ネットワーク』岩波書店.
金子勝（2013）『憲法の論理と安保の論理』勁草書房.
木村朗・前田朗編（2013）『21世紀のグローバル・ファシズム―侵略戦争と暗黒社会を許さないために』耕文社.
具島兼三郎（1946）『侵略戦争の主体―日本ファシズムの特質』『言論』創刊号.
具島兼三郎（1949）『ファシズム』岩波書店.
具島兼三郎（1969）『反安保の論理―70年代闘争への視点』三一書房.
具島兼三郎（1972）『現代のファシズム』青木書店.
児玉昌己（2004）『欧州議会と欧州統合― EU における議会制民主主義の形成と展開』成文堂.
児玉昌己（2011）『EU・ヨーロッパ統合の政治史―その成功と苦悩』（NHK カルチャーラジオ，歴史再発見）日本放送出版協会.
児玉昌己（2015）『欧州統合の政治史― EU 誕生の成功と苦悩』芦書房.
児玉昌己（2021）『現代欧州統合論― EU の連邦的統合の深化とイギリス』成文堂.
児玉昌己（2024）『ヨーロッパ統合とは何か― EU 政治研究余滴』芦書房.
児玉勇二・梓澤和幸・内山新吾編（2022）『市民と野党の共闘―未完の課題と希望』あけび書房.
斉藤孝（1989）『スペイン戦争―ファシズムと人民戦線』（1966年初版）中央公論社.
境家史郎（2023）『戦後日本政治史―占領期から「ネオ55年体制」まで』中央公論新社.
佐々木寛（2017）『市民政治の育て方―新潟が吹かせたデモクラシーの風』大月書店.
佐々木寛（2024）『市民エネルギーと地域主権―新潟「おらって」10年の挑戦』大月書店.
信夫清三郎（1965-67）『戦後日本政治史 1945-52』（全４冊）勁草書房.
信夫清三郎（1976-82）『日本政治史』（全４冊）南窓社.
信夫清三郎編（1974）『日本外交史 1853-1972』Ⅰ・Ⅱ，毎日新聞社.
下斗米伸夫（2021）『日本冷戦史 1945-1956』講談社.
想田和裕（2014）『熱狂なきファシズム―ニッポンの無関心を観察する』河出書房新社.
直諫の会（2023）『どうする、野党⁉―「大きな政治」と「新しい改革」で、永田町の常識を喝破！』幻冬舎.
堤未果（2023）『堤未果のショック・ドクトリン―政府のやりたい放題から身を守る方

法』幻冬舎.
友清高志（1987）『満洲慟哭』講談社.
中北浩爾（2017）『自民党―「一強」の実像』中央公論新社.
中北浩爾（2019）『自公政権とは何か―「連立」にみる強さの正体』筑摩書房.
中北浩爾（2022）『日本共産党―「革命」を夢見た100年』中央公論新社.
中野晃一（2015）『右傾化する日本政治』岩波書店.
中野晃一（2018）『私物化される国家―支配と服従の日本政治』KADOKAWA.
中村尚樹（2000）『名前を探る旅―ヒロシマ・ナガサキの絆』石風社.
中村尚樹（2010）『「被爆二世」を生きる』中央公論新社.
中村尚樹（2017）『占領は終わっていない―核・基地・冤罪 そして人間』緑風出版.
日本政治学会編（2001）『年報政治学2000 内戦をめぐる政治学的考察』岩波書店.
日本共産党中央委員会（2023）『日本共産党の百年 1922～2022』新日本出版社.
野原四郎（1978）『中国革命と大日本帝国』研文出版.
バク・カップ・トン（1975）『嘆きの朝鮮革命』三一書房.
原彬久（2000）『戦後史のなかの日本社会党―その理想主義とは何であったのか』中央公論新社.
平井一臣（2018）「1968年のベ平連―生成・共振・往還の運動のなかで」『思想』第1129号.
平井一臣（2020）『ベ平連とその時代―身ぶりとしての政治』有志舎.
星乃治彦（1994）『社会主義国における民衆の歴史―1953年6月17日東ドイツの情景』法律文化社.
星乃治彦（1998）『社会主義と民衆―初期社会主義の歴史的経験』大月書店.
星乃治彦（2002）『欧州左翼の現在―欧州統合と「グローバル化」の中のポスト・コムニズム』日本図書刊行会.
星乃治彦（2014）『台頭するドイツ左翼―共同と自己変革の力で』かもがわ出版.
松井隆志（2024）『流されながら抵抗する社会運動―鶴見俊輔『日常的思想の可能性』を読み直す』現代書館.
見田宗介（1996）『現代社会の理論―情報化・消費化社会の現在と未来』岩波書店.
宮下和裕（2007）『平成の自治体再編と住民―希望としての地方自治・再論』自治体研究社.
宮下和裕（2015）『憲法を守り活かす力はどこに―希望としての地方自治 PART Ⅲ』自治体研究社.
宮下和裕（2020）『地域から創る民主主義―福岡からの発信』自治体研究社.
三輪公忠（1978）『共同体意識の土着性』三一書房.
三輪公忠編（1980）『日本の1930年代』彩流社.

武藤一羊（1988）『政治的想像力の復権』御茶の水書房.
武藤一羊（1999）『〈戦後日本国家〉という問題―この蛹からどんな蛾が飛び立つのか』れんが書房新社.
武藤一羊（2011）『潜在的核保有と戦後国家―フクシマ地点からの総括』社会評論社.
藪野祐三（2009）『失われた政治―政局、政策、そして市民』法律文化社.
渡辺治（2018）『戦後史のなかの安倍改憲―安倍政権のめざす日本から 憲法の生きる日本へ』新日本出版社.
Weber, Hermann（1988）*Die DDR 1945-1986*（Munchen）［ヴェーバー, H.／斎藤哲・星乃治彦訳（1991）『ドイツ民主共和国史―「社会主義」ドイツの興亡』日本経済評論社］